山东省教育学高峰学科著作出版基金资助

光明社科文库
GUANGMING DAILY PRESS:
A SOCIAL SCIENCE SERIES

· 教育与语言书系 ·

论对等的人
——对应生活教育理论视野中的人

李春桥 | 著

光明日报出版社

图书在版编目（CIP）数据

论对等的人：对应生活教育理论视野中的人 / 李春桥著. --北京：光明日报出版社，2024.3
ISBN 978-7-5194-7835-3

Ⅰ.①论… Ⅱ.①李… Ⅲ.①教育—中国 Ⅳ.①G52

中国国家版本馆 CIP 数据核字（2024）第 056782 号

论对等的人：对应生活教育理论视野中的人
LUN DUIDENG DE REN：DUIYING SHENGHUO JIAOYU LILUN SHIYE ZHONG DE REN

著　　　者：李春桥	
责任编辑：李壬杰	责任校对：李　倩　李佳莹
封面设计：中联华文	责任印制：曹　净

出版发行：光明日报出版社
地　　址：北京市西城区永安路 106 号，100050
电　　话：010-63169890（咨询），010-63131930（邮购）
传　　真：010-63131930
网　　址：http：//book.gmw.cn
E - mail：gmrbcbs@ gmw.cn
法律顾问：北京市兰台律师事务所龚柳方律师
印　　刷：三河市华东印刷有限公司
装　　订：三河市华东印刷有限公司
本书如有破损、缺页、装订错误，请与本社联系调换，电话：010-63131930

开　　本：170mm×240mm	
字　　数：305 千字	印　　张：16
版　　次：2024 年 3 月第 1 版	印　　次：2024 年 3 月第 1 次印刷
书　　号：ISBN 978-7-5194-7835-3	
定　　价：95.00 元	

版权所有　　翻印必究

内容简介

本书《论对等的人——对应生活教育理论视野中的人》，在沿用先前著作中的遮蔽性思维、对应差异思维的基础上，将对应定位思维推进到五线定位思维。本书对现行教育理论关于人的简单性概念，逐一进行了遮蔽性分析与对应改造；具体包括现行教育理论的外显性教育活动论关于人的概念、主观性教育活动论关于人的概念、教育根据论关于人的概念、教育目的论关于人的概念、教育形式论关于人的概念、教育功能论关于人的概念、教师优越论关于人的概念、教育对象论关于人的概念、教育内容论关于人的概念、教育机制论关于人的概念、教育途径论关于人的概念、教育原则论关于人的概念、教育方法论关于人的概念以及教育策略论关于人的概念十四章内容。目的是将现行教育理论关于人的简单性概念，推进到对应生活教育理论关于人的丰富性或对等性概念，以便为对应生活教育活动确立出基本的人格追求。

目 录
CONTENTS

导论：对现行教育理论关于人的概念的遮蔽性分析与对应改造 ……………… 1

第一章 对现行外显性教育活动论中人的遮蔽性分析与对应改造 ………… **20**
    第一节 对现行外显性教育活动论中人的遮蔽性分析 ……………… 20
    第二节 对现行外显性教育活动论中人的对应改造 ………………… 27

第二章 对现行主观性教育活动论中人的遮蔽性分析与对应改造 ………… **36**
    第一节 对现行主观性教育活动论中人的遮蔽性分析 ……………… 36
    第二节 对现行主观性教育活动论中人的对应改造 ………………… 43

第三章 对现行教育根据论中人的遮蔽性分析与对应改造 ………………… **52**
    第一节 对现行教育根据论中人的遮蔽性分析 ……………………… 52
    第二节 对现行教育根据论中人的对应改造 ………………………… 59

第四章 对现行教育目的论中人的遮蔽性分析与对应改造 ………………… **69**
    第一节 对现行教育目的论中人的遮蔽性分析 ……………………… 69
    第二节 对现行教育目的论中人的对应改造 ………………………… 76

第五章 对现行教育形式论中人的遮蔽性分析与对应改造 ………………… **86**
    第一节 对现行教育形式论中人的遮蔽性分析 ……………………… 86
    第二节 对现行教育形式论中人的对应改造 ………………………… 93

第六章　对现行教育功能论中人的遮蔽性分析与对应改造 …… **103**
第一节　对现行教育功能论中人的遮蔽性分析 …… 103
第二节　对现行教育功能论中人的对应改造 …… 110

第七章　对现行教师优越论中人的遮蔽性分析与对应改造 …… **120**
第一节　对现行教师优越论中人的遮蔽性分析 …… 120
第二节　对现行教师优越论中人的对应改造 …… 126

第八章　对现行教育对象论中人的遮蔽性分析与对应改造 …… **135**
第一节　对现行教育对象论中人的遮蔽性分析 …… 135
第二节　对现行教育对象论中人的对应改造 …… 141

第九章　对现行教育内容论中人的遮蔽性分析与对应改造 …… **150**
第一节　对现行教育内容论中人的遮蔽性分析 …… 150
第二节　对现行教育内容论中人的对应改造 …… 157

第十章　对现行教育机制论中人的遮蔽性分析与对应改造 …… **166**
第一节　对现行教育机制论中人的遮蔽性分析 …… 166
第二节　对现行教育机制论中人的对应改造 …… 172

第十一章　对现行教育途径论中人的遮蔽性分析与对应改造 …… **181**
第一节　对现行教育途径论中人的遮蔽性分析 …… 181
第二节　对现行教育途径论中人的对应改造 …… 187

第十二章　对现行教育原则论中人的遮蔽性分析与对应改造 …… **196**
第一节　对现行教育原则论中人的遮蔽性分析 …… 196
第二节　对现行教育原则论中人的对应改造 …… 202

第十三章　对现行教育方法论中人的遮蔽性分析与对应改造 …… **212**
第一节　对现行教育方法论中人的遮蔽性分析 …… 212
第二节　对现行教育方法论中人的对应改造 …… 218

第十四章 对现行教育策略论中人的遮蔽性分析与对应改造 ········· **227**
　第一节　对现行教育策略论中人的遮蔽性分析 ················· **227**
　第二节　对现行教育策略论中人的对应改造 ··················· **233**

后记　关于对应定位思维的一点说明 ····························· **242**

导论：

对现行教育理论关于人的概念的遮蔽性分析与对应改造

一、现行教育理论关于人的概念的基本内容

现行教育理论关于人的概念，集中表现在关于学校教育的概念之中。关于学校教育的概念，在一本教材中写道："学校教育则是教育者根据一定社会的要求，有目的、有计划、有组织地对受教育者的身心施加影响，期望他们发生某种变化的活动。"[1] 按照现行教育理论的理解，学校教育属于一种活动，这种活动包括两种参加者，一种是教育者，另一种是受教育者。从两种参加者的关系看，教育者对于受教育者具有一定的影响。在学校教育中，哪些人是教育者，哪些人是受教育者呢？在现行教育理论的视野中，教育者主要指教师（另外还包括教学辅助人员以及教学管理人员等）；而受教育者则主要指学生。当然，师生双方的关系，也就是教师对学生的影响关系。由此，也可以说，教师是教育者，而学生则是受教育者；师生双方的关系，也就是教育者对于受教育者的关系——这也是现行教育理论关于人的概念的基本内容。

二、现行教育理论关于人的概念的属性

在现行教育理论关于人的概念的视野中，教师是教育者，学生是受教育者；师生关系，也就是教育者对于受教育者的影响关系。学校生活的实际，果真是这样的吗？在教育活动中，当教师作为教育者而对学生施加影响时，难道不会受到学生反向的影响并因此而成为受教育者吗？作为教育者与受教育者的不同地位或身份，难道不能推动教师产生返回自身的反思或反省的自返性教育或自我教育吗？而当学生作为受教育者在接受教师影响的同时，难道不会产生对教

---

[1] 袁振国. 当代教育学[M]. 北京：教育科学出版社，2004：4.

师的影响并因此而成为教育者吗？作为受教育者与教育者的不同地位或身份，难道不能推动学生产生返回自身的反思或反省的自返性教育或自我教育吗？在教育活动中，难道只有教师对学生的影响指向而没有学生对教师的影响指向吗？师生双方的双向度影响指向，难道不能对师生双方产生返回自身的自返性影响指向吗？在教育活动中，难道只有教师对学生的影响结果而没有学生对教师的影响结果吗？师生双方的相互性影响结果，难道不能对师生双方产生返回自身的自返性影响结果吗？而在教育活动之外呢？在教育活动之外，师生双方，难道不是相对独立的个人或自我吗？他们难道不具有自立自为的自在性吗？从上文中，我们不难发现，现行教育理论更注重关于人的概念，却根本无视学校实际生活中存在的这些具有内在对应性关系的问题，而仅仅从自己的主观愿望或主观价值出发，一厢情愿地将教师规定为教育者而将学生规定为受教育者；进而又将师生关系规定为教育者对于受教育者的关系。由此，我们就可以有根据地说，现行教育理论关于人的概念的属性，具有一定片面性或简单性。正因为现行教育理论关于人的概念的这种属性；所以，我们也将现行教育理论关于人的概念，称作单性人或简单人的概念。

三、现行教育理论关于人的简单概念的思维活动的切入点

现行教育理论关于人的概念中，既然将教师理解为教育者而将学生理解为受教育者并将师生关系理解为教育者对于受教育者的关系；那么，我们就可以据此逆向推论出现行教育理论关于人的概念的思维活动的起点或切入点，即人对人的简单影响性。正向地表达，现行教育理论关于人的概念，正是从人对人的简单影响性，切换到对教师与学生双方的理解。由此，才将教师理解为教育者即影响别人的人，将学生理解为受教育者即被别人所影响的人，将师生关系理解为教育者对于受教育者的关系即影响与被影响的关系。

四、现行教育理论关于人的简单概念的所见

首先，从师生双方的影响属性看，现行教育理论关于人的概念，能够把握到教师的影响性与学生的被影响性。其次，从师生双方的影响指向看，现行教育理论关于人的概念，能够把握到教师对于学生的影响指向。最后，从师生双方的影响结果看，现行教育理论关于人的概念，能够把握到教师对于学生的影响结果。总之，现行教育理论关于人的概念，从人对人的简单影响性，切到对师生双方的理解，能够把握到的基本内容，也就是具有影响性的教师对于具有

被影响性的学生的影响。

五、现行教育理论关于人的简单概念的根据

第一,从师生双方的影响属性看,作为教育者的教师,要向学生传授社会文化,就需要发挥自身的影响性,这是有根据的。与此对应,作为受教育者的学生,要接受教师所传授的社会文化,就需要保持自身的被影响性,这也是有根据的。第二,从师生双方的影响指向看,教师要发挥自身的影响性,就必然会将自身的影响指向学生,这是有根据的。第三,从师生双方的影响结果看,既然教师具有影响性并将自身的影响指向学生,那么,学生就必然会受到教师的影响。这也是有根据的。总之,现行教育理论关于人的概念,从人对人的简单影响性切到对师生双方的理解,所把握到的基本内容,从教师对于学生的教育来说,都是有根据的,因而也是合理的。

六、现行教育理论关于人的简单概念的价值

首先,从师生双方的影响属性看,现行教育理论关于人的概念,能够把握到教师的影响性与学生的被影响性,这能够支持教师发挥自身的影响性,也能够支持学生接受教师的影响。其次,从师生双方的影响指向看,现行教育理论关于人的概念,能够把握到教师对于学生的影响指向,这能够支持教师对于学生的影响,也能够支持学生接受教师的影响。最后,从师生双方的影响结果看,现行教育理论关于人的概念,能够把握到教师对于学生的影响结果,这能够支持教师对于学生影响的教育价值,也能够支持学生接受源于教师影响的教育价值。总之,现行教育理论关于人的概念,从人对人的简单影响性,切到对师生双方的理解,能够把握到的基本内容,从教师对于学生的简单教育来说,都具有积极的功能或价值。

七、现行教育理论关于人的简单概念的遮蔽

首先,从师生双方的影响属性看,现行教育理论关于人的概念,在把握到教育活动中教师的影响性与学生的被影响性的同时,却遮蔽了教师的被影响性与学生的影响性,进而还遮蔽了由影响性与被影响性所必然产生的师生双方的自返性或自我影响性(自我教育性)。而在教育活动之外,现行教育理论关于人的概念,还遮蔽了师生双方自立自为的自在性。其次,从师生双方的影响指向看,现行教育理论关于人的概念,在把握到教育活动中的教师对于学生的影响

指向的同时，却遮蔽了学生对于教师的影响指向，进而还遮蔽了由双方影响指向所必然产生的自返性影响指向或自我影响指向（自我教育指向）。而在教育活动之外，现行教育理论关于人的概念，还遮蔽了师生双方自立自为的自在性影响指向。最后，从师生双方的影响结果看，现行教育理论关于人的概念，在把握到教育活动中的教师对于学生的影响结果的同时，却遮蔽了学生对于教师的影响结果；进而还遮蔽了由双方影响结果所必然产生的自返性影响结果或自我影响结果（自我教育结果）。而在教育活动之外，现行教育理论关于人的概念，还遮蔽了师生双方自立自为的自在性影响结果。总之，现行教育理论关于人的概念，从人对人的简单影响性切到对师生双方的理解，在把握到教育活动中具有影响性的教师对具有被影响性的学生的影响的同时，却遮蔽了具有影响性的学生对具有被影响性的教师的影响，进而还遮蔽了由双方相互性影响所必然产生的双方的自返性影响。而在教育活动之外，现行教育理论关于人的概念，还遮蔽了师生双方自立自为的自在性影响。

八、现行教育理论关于人的简单概念存在遮蔽的根源

从思维运作看，现行教育理论关于人的概念之所以存在遮蔽性，是因为在其主观思维中存在抽象泛化的不足。首先，从师生双方的影响属性看，在教育活动中，教师对学生的任何影响，都必然会引起学生的反应并对教师产生影响——这也就是说，教师在具有影响性的同时，也具有被影响性，因此，教师就必然会具有由影响性与被影响性所产生的自返性或自我影响性。与此对应，学生在接受教师影响的同时，也必然会对教师产生主动影响——这也就是说，学生在具有被影响性的同时，也具有影响性，因此，学生就必然会具有由被影响性与影响性所产生的自返性或自我影响性。而在教育活动之外，教师与学生双方，都还具有自立自为的自在性。这清楚地表明，在实际的学校生活中，教师与学生双方，都分别具有影响性、被影响性、自返性以及自在性。然而，现行教育理论关于人的概念，却在其主观思维中，片面地抽取出教育活动中教师的影响性与学生的被影响性，并以偏概全地泛指师生双方在实际生活中所生成的具有对应性的属性，由此，便遮蔽了教育活动中教师的被影响性与学生的影响性，也遮蔽了师生双方的自返性或自我影响性，还遮蔽了教育活动之外师生双方的自在性。其次，从师生双方的影响指向看，在教育活动中，教师对学生的影响指向，必然会产生学生对教师反向的影响指向；而由于师生双方影响指向的不一致性，又必然会产生双方自返性的影响指向。而在教育活动之外，师生双方都还具有自立自为的自在性影响指向。这清楚地表明，在实际的学校生活中，师生双方的影响指向，必然是师生双方双向度的影响指向与自返性的影响指向以及自在性的影响指向。然而，现行教育理论关于人的概念，却在其主观思维中，片面地抽取出教育活动中教师对学生的影响指向，并以偏概全地泛指师生双方在实际生活中所生成的具有对应性的影响指向，由此，便遮蔽了教育活动中学生对教师的影响指向，也遮蔽了师生双方自返性的影响指向，还遮蔽了教育活动之外师生双方的自在性影响指向。最后，从师生双方的影响结果看，在教育活动中，教师对学生的任何影响，都必然会产生对学生的影响结果；而对学生的影响结果，又必然会对教师产生影响结果。同时由于师生双方影响结果的不一致性，又必然会产生双方自返性的影响结果。而在教育活动之外，师生双方都还具有自立自为的自在性影响结果。这清楚地表明，在实际的学校生活中，师生双方的影响结果，必然是师生双方具有相互性的影响结果与自返性的影响结果以及自在性的影响结果。然而，现行教育理论关于人的概念，却在其主观思维中，片面地抽取出教育活动中教师对学生的影响结果，并以偏概全地泛指师生双方在实际生活中所生成的具有对应性的影响结果，由此，便遮蔽了教育活动中学生对教师的影响结果，也遮蔽了师生双方自返性的影响结果，还遮蔽了教育活动之外师生双方的自在性影响结果。

九、现行教育理论关于人的简单概念的消极功能

现行教育理论关于人的概念，从人对人的简单影响性，切到对师生双方的理解，在有所见或有所把握的同时却又存在遮蔽。这些认识或思维中的遮蔽，对师生双方的实际生活教育会产生哪些消极影响呢？

第一，从师生双方的影响属性看，现行教育理论关于人的概念，在把握到教育活动中教师的影响性与学生的被影响性的同时，却遮蔽了教师的被影响性与学生的影响性，进而又遮蔽了由影响性与被影响性所必然产生的师生双方的自返性或自我影响性。而在教育活动之外，现行教育理论关于人的概念还遮蔽了师生双方的自在性。由此，便直接导致了如下不足性：在教育活动中，师生双方仅仅把握到教师的影响性与学生的被影响性，便必然会产生对这种简单属性的偏重而难以产生对师生双方影响性与被影响性以及自返性的对应关注。而在教育活动之外，师生双方还是仅仅把握到教师的影响性与学生的被影响性，便必然会产生对这种简单属性的偏重而难以产生对双方自在性的关注。

第二，从师生双方的影响指向看，现行教育理论关于人的概念，在把握到教育活动中教师对于学生的影响指向的同时，却遮蔽了学生对于教师的影响指向，进而又遮蔽了由双方影响指向所必然产生的自返性影响指向或自我教育指向。而在教育活动之外，现行教育理论关于人的概念，还遮蔽了师生双方的自在性影响指向。由此，便直接导致了如下不足性：在教育活动中，师生双方仅仅把握到教师对学生的影响指向，便必然会产生对这种简单指向的偏重而难以产生对师生双方双向度影响指向与自返性影响指向的对应关注。而在教育活动之外，师生双方还是仅仅把握到教师对学生的影响指向，便必然会产生对这种简单指向的偏重而难以产生对双方自在性影响指向的关注。

第三，从师生双方的影响结果看，现行教育理论关于人的概念，在把握到教育活动中教师对于学生的影响结果的同时，却遮蔽了学生对于教师的影响结果，进而又遮蔽了由双方影响结果所必然产生的自返性影响结果或自我教育结果。而在教育活动之外，现行教育理论关于人的概念，还遮蔽了师生双方的自在性影响结果。由此，便直接导致了如下不足性：在教育活动中，师生双方仅仅把握到教师对学生的影响结果，便必然会产生对这种简单结果的偏重而难以产生对师生双方相互性影响结果与自返性影响结果的对应关注。而在教育活动之外，师生双方还是仅仅把握到教师对学生的影响结果，便必然会产生对这种简单结果的偏重而难以产生对双方自在性影响结果的关注。

总之，现行教育理论关于人的概念，从人对人的简单影响性，切到对师生双方的理解，在把握到教育活动中具有影响性的教师对具有被影响性的学生的影响的同时，却遮蔽了具有影响性的学生对具有被影响性的教师的影响，进而又遮蔽了由双方相互性影响所必然产生的双方的自返性影响。而在教育活动之外，现行教育理论关于人的概念，还遮蔽了师生双方的自在性影响。归纳地看，这种关于人的概念，能够把握到教育活动中师生双方的简单属性、简单指向与简单影响，却遮蔽了师生双方的对应属性、对应指向与对应影响。而在教育活动之外，这种关于人的概念，还遮蔽了师生双方的自在性、自在性影响指向与自在性影响结果。不难理解，现行教育理论关于人的概念，直接导致了对师生双方理解的简单性以及以简单性为基础的等级性关系或不对等关系。所以，现行教育理论关于人的概念，应当被合理地反思与改造。

十、对现行教育理论关于人的简单概念的思维方法的改造

上文谈到，现行教育理论关于人的概念的遮蔽，主要根源于其主观思维中抽象泛化的不足。那么如何改造这种主观泛化的思维呢？这就需要从其背后的哲学基础谈起。

现行教育理论，虽然自认为是以实践哲学的观点来看待教育的，但是，这种实践哲学的观点，却是产生于欧洲近代的主体实践哲学的观点。这种主体实

践哲学，是作为对欧洲千年中世纪对人的压抑的反驳而出现的，为此，它当然就需要去强调人之为主体而对象为客体的方面——这当然也就是人的影响性与对象的被影响性的方面。作为德国近代主体哲学的代表，康德提出人为自然立法、为他人立法、为自我立法的系统思想，就是这种强调的证据。

然而，人为自然立法、为他人立法、为自我立法的实际后果，又是怎样的呢？从人与自然的关系看，在人与自然的活动中，人当然可以影响自然，但人对自然的影响必然会引起自然的变化或反应。而这种变化或反应，又必然会反过来对人产生影响并使人具有被影响性。由此，人便必然会产生由影响性与被影响性所带来的返回自身或反思自身的属性即自返性。同时，自然对人的影响性，也必然会回返到自然自身并使自然产生被影响性。由此，自然便必然会产生由影响性与被影响性所带来的返回自身的属性即自返性。而在人与自然的活动之外，人与自然双方都还是自立自为的存在——这也就是人与自然的自在性。这清楚地表明，人与自然双方的影响性、被影响性、自返性以及自在性都必然是对应的属性。然而，近代以来的主体实践哲学，却仅仅从其主观愿望出发，片面地抽取出人的影响性与自然的被影响性，并以偏概全地（思维泛化）泛指人与自然双方的对应属性；由此，便遮蔽了人的被影响性与自然的影响性，还遮蔽了人与自然双方的自返性以及自在性。从人与他人的关系看，在人与他人的社会活动中，人当然可以影响他人，但人对他人的影响必然会引起他人的变化或反应。而这种变化或反应，又必然会反过来对人产生影响并使人具有被影响性。由此，人便必然会产生由影响性与被影响性所带来的返回自身或反思自身的属性即自返性。同时，他人对人的影响性，也必然会回返到他人自身并使他人产生被影响性。由此，他人便必然会产生由影响性与被影响性所带来的返回自身的属性即自返性。而在人与他人的社会活动之外，人与他人双方都还是自立自为的存在——这也就是人与他人的自在性。这清楚地表明，人与他人双方的影响性、被影响性、自返性以及自在性都必然是对应的属性。然而，近代以来的主体实践哲学，却仅仅从其主观愿望出发，片面地抽取出人的影响性与他人的被影响性，并以偏概全地（思维泛化）泛指人与他人双方的对应属性。由此，便遮蔽了人的被影响性与他人的影响性，还遮蔽了人与他人双方的自返性以及自在性。从人与自我的关系看，在人与自我的活动中，人当然可以影响自我，但人对自我的影响必然会引起自我的变化或反应。而这种变化或反应，又必然会反过来对人产生影响并使人具有被影响性。由此，人便必然会产生由影响性与被影响性所带来的返回自身或反思自身的属性即自返性。同时，自我对人的影响性，也必然会回返到自我并使自我产生被影响性。由此，自我便必然会产生由影响性与被影响性所带来的返回自身的属性即自返性。而在人与自我的活动之外,人与自我双方都还是自立自为的存在——这也就是人与自我的自在性。这清楚地表明,人与自我双方的影响性、被影响性、自返性以及自在性都必然是对应的属性。然而,近代以来的主体实践哲学,却仅仅从其主观愿望出发,片面地抽取出人的影响性与自我的被影响性,并以偏概全地(思维泛化)泛指人与自我双方的对应属性。由此,便遮蔽了人的被影响性与自我的影响性,还遮蔽了人与自我双方的自返性以及自在性。总之,在人与自然、人与他人、人与自我这三个维度上,人与对象双方,都必然会具有对应的四重性即影响性、被影响性、自返性以及自在性。只不过,近代以来的主体实践哲学,仅仅把握了人的影响性与对象的被影响性,却没能把握到人的被影响性与对象的影响性;更没能进一步把握到人与对象双方的自返性以及自在性。这当然是由其主观抽象思维的泛化所造成的。

　　人与对象双方,既然都具有对应的影响性、被影响性、自返性以及自在性,那么在实践活动中,人与对象双方的对应关系属性,也就只能包含如下三种情况,即顺对应关系、逆对应关系、零对应关系。所谓人与对象双方的顺对应关系,是指人与对象双方影响性与被影响性的一致性匹配关系或和顺关系,即当人发挥影响性时,对象就接受人的影响,而当对象发挥影响性时,人也接受对象的影响。人与对象双方的和顺关系定位是一种理想状态,它能够带来人与对象双方的互补性或合成性变化或发展。我们以术语表达为上线定位,如千百年以来,人们期待或呼唤的人与自然、人与他人、人与自我之间的和谐相处,就是这种上线定位状态。所谓人与对象双方的逆对应关系,是指人与对象双方影响性与被影响性的不一致性匹配关系或矛盾关系,这包括如下三种定位关系。一是当人与对象双方的影响性与被影响性处于逆对应关系时,人便会从双方关系中返回自身,以反思或调整自身与对象的关系,这是人在实践活动中的中介性或过渡性定位,我们以术语表达为自返性定位。二是当人与对象双方的影响性与被影响性处于逆对应关系时,经过返回自身的过渡性定位,人便会协调矛盾或管控矛盾,以寻求双方的改造性或生成性变化或发展,这是人在实践活动中的现实性或操作性定位,我们以术语表达为中线定位。三是当人与对象双方的影响性与被影响性处于逆对应关系时,经过返回自身的过渡性定位,人就不能以自我为中心,以避免双方对应关系的破裂,这是人在实践活动中的禁止性或戒律性定位,我们以术语表达为下线或底线定位。所谓人与对象双方的零对应关系,是指人与对象双方彼此分立而不发生直接关系,或者说,人与对象的零对应关系,是人与对象在直接关系之外的对应关系。不难理解,人与对象在直接关系之外，就是自立自为的自在性关系，这种关系定位能够带来人与对象双方的自我变换或转换。由此，我们就以人与对象双方的对应关系为基础，得到人与对象双方的五线定位关系，即理想性或倡导性的上线定位、中介性或过渡性的自返定位、现实性或操作性的中线定位、禁止性或戒律性的下线或底线定位、自立自为性的自在定位。我们把以人与对象双方的对应关系为基础的五线定位的实践活动概念，以术语表达为五线定位活动概念，而在五线定位活动概念中，当然包含着五线定位的人的概念。这样以区别于以人与对象单一的影响性与被影响性为基础的单线定位活动概念，而在单线定位活动概念中，当然也包含着单线定位的人的概念。

十一、简单定位与五线定位活动概念的对应比较

单线定位与五线定位活动概念，在对实践活动的定位上，会具有哪些基本的不同呢？下面我们结合人与自然、人与他人、人与自我的关系，做出简略的考察。

在人与自然关系的定位上，两种活动概念的比较如下。

简单定位活动概念：定位的属性是，人与自然双方中的人的单一影响性与自然的单一被影响性。定位的指向是，人对自然单向度的影响指向，即人对自然的影响与自然的被影响。定位的结果是，人对自然单方面的影响结果，即人在利用自然的同时却导致了对自然的破坏——这当然也就是对人自身的伤害。概括地看，在简单定位活动概念的视野中，人与自然双方的活动，也就是人对自然的改造与自然的被改造活动，需要特别注意，这一概念只能反映人对自然的主观设想或理想愿望的简单活动。不难发现，在人与自然的关系上，简单定位活动概念视野中的人，只是具有单一影响性的人即单性人；而自然，也只是具有单一被影响性的简单对象。

五线定位活动概念：定位的属性是，人与自然双方对应的影响性、被影响性、自返性以及自在性。定位的指向是，人与自然双方的双向度影响指向与自返性影响指向以及自在性影响指向。定位的结果是，人与自然双方的相互性影响结果与自返性影响结果以及自在性影响结果；上线，人与自然和谐相处，这是关于人与自然一致性对应关系的理想定位；自返线，这是关于人与自然不一致性对应关系的过渡性定位；中线，管控或协调人与自然的矛盾或对抗，这是关于人与自然不一致性对应关系的操作定位；下线或底线，不能以双方中的任何一方为中心，以免人与自然关系的破裂，这是关于人与自然不一致性对应关系的戒律性定位；自在线，在上述四线定位之外，人与自然双方相对独立，彼此自为，这是关于人与自然双方各自的自我转换的定位。通过五线定位的人与自然的对应活动，人就可以满足对自然的主观愿望或理想，可以实现对人与自然双方关系的调整或改变，也可以在不伤害彼此的底线基础上，做出对自然的具有可操作性的现实选择，还可以实现双方各自的自我变换或转换。概括地看，在五线定位活动概念的视野中，人与自然双方的活动，也就是人与自然双方的对应性活动，需要特别注意，这一概念能够反映人对自然的理想、自返、操作、戒律与自在维度上的不同对应活动。不难发现，在人与自然的关系上，五线定位活动概念视野中的人，就是具有与自然不同对应性关系的丰富性的人或对等的人；而自然，也就是具有与人的不同对应性关系的多样性的自然或对等的自然。

在人与他人关系的定位上，两种活动概念的比较如下。

单线定位活动概念：定位的属性是，人与他人双方中的人的单一影响性与他人的单一被影响性。定位的指向是，人对他人单向度的影响指向，即人对他人的影响与他人的被影响。定位的结果是，人对他人单方面的影响结果，即人在满足自身需要的同时却导致了对他人的损害——这当然也就是对人自身的损害。概括地看，在单线定位活动概念的视野中，人与他人双方的活动，也就是人对他人的影响与他人的被影响活动，需要特别注意，这一概念只能反映人对他人的主观设想或理想愿望的简单活动。不难发现，在人与他人的关系上，单线定位活动概念视野中的人，只是具有单一影响性与被影响性的人即单性人。

五线定位活动概念：定位的属性是，人与他人双方对应的影响性、被影响性、自返性以及自在性。定位的指向是，人与他人双方的双向度影响指向与自返性影响指向以及自在性影响指向。定位的结果是，人与他人双方的相互性影响结果与自返性影响结果以及自在性影响结果；上线，人与他人和谐相处，这是关于人与他人一致性对应关系的理想定位；自返线，这是关于人与他人不一致性对应关系的过渡性定位；中线，管控或协调人与他人的矛盾或对抗，这是关于人与他人不一致性对应关系的操作定位；下线或底线，不能以双方中的任何一方为中心，以免人与他人关系的破裂，这是关于人与他人不一致性对应关系的戒律性定位；自在线，在上述四线定位之外，人与他人双方相对独立，彼此自为，这是关于人与他人双方各自的自我转换的定位。通过五线定位的人与他人对应的社会活动，人可以满足对他人的主观愿望或理想，可以实现对人与他人双方关系调整或改变，也可以在不伤害彼此的底线基础上，做出对他人的具有可操作性的现实选择，还可以实现双方各自的自我变换或转换。概括地看，在五线定位活动概念的视野中，人与他人双方的活动，也就是人与他人双方的对应性活动，需要特别注意，这一概念能够反映人对他人的理想、自返、操作、戒律与自在维度上的不同对应活动。不难发现，在人与他人的关系上，五线定位活动概念视野中的人，就是具有对应性的丰富的人或对等的人。

在人与自我关系的定位上，两种活动概念的比较如下。

单线定位活动概念：定位的属性是，人（角色）与自我双方中的人的单一影响性与作为对象的自我的被影响性。定位的指向是，人（角色）对自我单向度的影响指向，即人（角色）对自我的影响与自我的被影响。定位的结果是，人（角色）在满足需要的同时却导致了对自我的伤害——这当然也就是对人（角色）的伤害。概括地看，在单线定位活动概念的视野中，人与自我双方的活动，也就是人对自我的影响与自我的被影响活动，需要特别注意，这一概念只能反映人对自我的主观设想或理想愿望的简单活动。不难发现，在人（角色）与自我的关系上，单线定位活动概念视野中的人，只是具有单一影响性的人即单性人。

五线定位活动概念：定位的属性是，人（角色）与自我双方对应的影响性、被影响性、自返性以及自在性。定位的指向是，人（角色）与自我双方的双向度影响指向与自返性影响指向以及自在性影响指向。定位的结果是，人（角色）与自我双方的相互性影响结果与自返性影响结果以及自在性影响结果；上线，人（角色）与自我和谐相处，这是关于人与自我一致性对应关系的理想定位；自返线，这是关于人（角色）与自我不一致性对应关系的过渡性定位；中线，管控或协调人（角色）与自我的矛盾或对抗，这是关于人与自我不一致性对应关系的操作定位；下线或底线，不能以双方中的任何一方为中心，以免人（角色）与自我关系的破裂，这是关于人与自我不一致性对应关系的戒律性定位；自在线，在上述四线定位之外，人（角色）与自我双方相对独立，彼此自为，这是关于人（角色）与自我双方各自的自我转换的定位。通过五线定位的人与自我的对应活动，人可以满足对自我的主观愿望或理想，可以实现对人与自我双方关系的调整或改变，也可以在不伤害彼此的底线基础上，做出对自我的具有可操作性的现实选择，还可以实现双方各自的变换或转换。概括地看，在五线定位活动概念的视野中，人与自我双方的活动，也就是人与自我双方的对应性活动，需要特别注意，这一概念能够反映人对自我的理想、自返、操作、戒律与自在维度上的不同对应活动。不难发现，在人与自我的关系上，五线定位活动概念视野中的人，也是具有对应性的丰富的人或对等的人。

归纳地看，在人与自然、人与他人、人与自我的关系上，单线定位活动概念视野中的活动，都只能是一方对另一方的简单影响活动，处在这种简单影响活动中的人，也就只能是以单一属性为基础的单性人；而五线定位活动概念视野中的活动，则是一方与另一方的对应性活动，处在这种对应性活动中的人，也就是以对应性为基础的丰富的人或对等的人。

十二、对现行教育理论关于人的简单概念的切入点的改造

在本文的开始，我们就谈到，现行教育理论关于学校教育中人的概念的理解，是从人对人的简单影响性切入的。从人对人的简单影响性开始的教育活动的动态过程，又是怎样的呢？在上面谈到的五线定位活动概念视野中，征之于实际，我们看到，在教育活动中，教师对学生的任何影响性，都必然会对学生产生影响并引起学生的反应，而这种反应，又必然会反过来对教师产生影响并因此使教师具有被影响性。由此，教师又进一步会具有由影响性与被影响性所引起的反思或反省自身的自返性。同时，学生在接受教师影响的同时，也必然会对教师产生影响并引起教师的反应，而这种反应，又必然会反过来对学生产生影响并因此使学生具有被影响性。由此，学生又进一步会具有由影响性与被影响性所引起的反思或反省自身的自返性。而在教育活动之外，师生双方都还是相对独立的自我，双方因此而都具有自立自为的自在性。这清楚地表明，在实际生活中，教师与学生双方，都同时会具有影响性、被影响性、自返性以及自在性。由此，我们就将现行教育理论理解教师与学生的"人对人的简单影响性"的切入点，改造为对应生活教育理论理解教师与学生的"人与人的影响性、被影响性、自返性以及自在性的对应影响性"的切入点；简言之，也就是将"人对人的简单影响性"的切入点，改造为"人与人的对应影响性"的切入点。

十三、对现行教育理论关于人的简单概念的基本内容的改造

在对应生活教育理论的人与人的对应影响性的视野中，我们能够对现行教育理论关于人的简单概念，完成哪些基本的改造呢？下面，分而论之。

第一，从师生双方的影响属性看，教师与学生双方，都同时会具有影响性、被影响性、自返性以及自在性，而不是现行教育理论关于人的概念所把握到的教师的影响性与学生的被影响性。鉴于现行教育理论关于人的影响属性的偏差，我们愿意强调如下三点。一是强调教师的被影响性与学生的影响性以及师生双方的自返性。这里的关键是要走出现行教育理论关于人的影响属性的片面性认识，那就是认为教师只有影响性而学生只有被影响性的观点——那当然是抽象思维泛化的后果。在对应思维看来，在实际的教育活动中，教师与学生双方，都同时会具有影响性、被影响性以及自返性，因此就不能像现行教育理论那样仅仅关注教师的影响性与学生的被影响性，还要关注教师的被影响性与学生的影响性以及师生双方的自返性。二是强调师生双方的自在性。这里的关键是要走出现行哲学理论关于人或事物是普遍联系的观点——那当然是抽象思维泛化的后果。在对应思维看来，人或事物，首先是有区分的相对独立的存在，然后，才能够发生相互的联系。就师生关系而言，在教育活动之外，教师与学生都是相对独立的个人，双方各有自立自为的自在性，而绝不仅仅具有关系性。因此，就不能仅仅关注师生双方的关系性，还要关注双方的自在性。三是强调师生双方以对应性为基础的对等定位关系。既然师生双方都同时具有影响性、被影响性、自返性以及自在性，那么，在实际生活中，师生双方就要关注以双方对应影响的一致性与不一致性基础上的对等定位关系。这也就是我们以术语表达的五线定位的基本关系。这种对等定位的五线是：理想性的上线，即在师生双方影响性与被影响性的一致性基础上，走向双方互补性的转换或变换；过渡性的自返线，即在师生双方影响性与被影响性的不一致性基础上，返回自身，以调整自身与对方的关系；现实性的中线，即在师生双方影响性与被影响性的不一致性基础上，经由过渡性的自返线而走向双方的讨论或对话，以实现双方生成性的转换或变换；戒律性的底线，即在师生双方影响性与被影响性的不一致性基础上，经由过渡性的自返线，双方都不能以自我为中心而割裂或破坏双方的对应关系，以保障双方讨论或对话的进行；自立自为的自在线，即师生双方在上述四线定位之外，确立自立自为的自己，以实现自在自我的转换或变换。我们相信，在师生双方的影响属性维度上，经由五线定位的教育，就可以确立师生双方以影响性、被影响性、自返性以及自在性的对应为基础的对等关系，以实现丰富的人的多样影响属性的转换或变换，由此，也可以规避由现行教育理论关于人的简单影响属性所导致的不对等关系，以免简单的人的单一影响属性的单调或单薄。

第二，从师生双方的影响指向看，教师与学生双方，都同时会具有双向度的影响指向与自返性的影响指向以及自在性的影响指向，而不是现行教育理论关于人的概念所把握到的教师指向学生的单一影响指向。鉴于现行教育理论关于人的影响指向的偏差，我们愿意强调如下三点。一是强调学生对教师的影响指向以及师生双方的自返性影响指向。这里的关键是要走出现行教育理论关于人的影响指向的片面性认识，那就是认为教育影响的指向就是教师对学生影响指向的观点——那当然是抽象思维泛化的后果。在对应思维看来，在实际的教育活动中，教师与学生双方，都同时会具有相互影响的双向度影响指向以及自返性影响指向,因此就不能像现行教育理论那样仅仅关注教师对学生的影响指向,还要关注学生对教师的影响指向以及师生双方的自返性影响指向。二是强调师生双方的自在性影响指向。这里的关键是要走出现行哲学理论所谓人或事物是普遍联系的观点——那当然是抽象思维泛化的后果。在对应思维看来,人或事物,首先是有区分的相对独立的存在;然后,才能够发生相互的联系。就师生关系而言,在教育活动之外,教师与学生都是相对独立的人,双方各有自立自为的自在性,因此,就必然会具有自在性影响指向,而绝不仅仅具有关系性影响指向。因此,就不能仅仅关注师生双方的关系性影响指向,还要关注双方的自在性影响指向。三是强调师生双方以对应性影响指向为基础的对等定位关系。既然师生双方都同时具有对应性影响指向,那么,在实际生活中,师生双方就要关注以对应性影响指向的一致性与不一致性基础上的对等定位关系,这也就是我们以术语表达的五线定位的基本关系。这种对等定位的五线是:理想性的上线,即在师生双方对应性影响指向的一致性基础上,走向双方互补性的转换或变换;过渡性的自返线,即在师生双方对应性影响指向的不一致性基础上,返回自身,以调整自身与对方的关系;现实性的中线,即在师生双方对应性影响指向的不一致性基础上,经由过渡性的自返线而走向双方的讨论或对话,以实现双方生成性的转换或变换;戒律性的底线,即在师生双方对应性影响指向的不一致性基础上,经由过渡性的自返线,双方都不能以自我为中心而割裂或破坏双方的对应关系,以保障双方讨论或对话的进行;自立自为的自在线,即师生双方在上述四线定位之外,确立出自立自为的自己,以实现自在自我的转换或变换。我们相信,在师生双方的影响指向维度上,经由五线定位的教育,就可以确立师生双方以对应性影响指向为基础的对等关系,以实现丰富的人的多样影响指向的转换或变换,由此,也可以规避由现行教育理论关于人的简单影响指向所导致的不对等关系,以免简单的人的单一影响指向的机械或僵硬。

第三,从师生双方的影响结果看,教师与学生双方,都同时会具有相互性的影响结果、自返性的影响结果以及自在性的影响结果,而不是现行教育理论关于人的概念所把握到的教师对学生的单一影响结果。鉴于现行教育理论关于人的影响结果的偏差,我们愿意强调如下三点。一是强调学生对教师的影响结果以及师生双方的自返性影响结果。这里的关键是要走出现行教育理论关于人的影响结果的片面性认识,那就是认为教育影响的结果就是教师对学生影响结果的观点——这是抽象思维泛化的后果。在对应思维看来,在实际的教育活动中,教师对学生的影响结果,必然是师生双方的相互性影响结果以及自返性影响结果，所以，就不能像现行教育理论那样仅仅关注教师对学生的影响结果，而且还要关注学生对教师的影响结果以及师生双方的自返性影响结果。二是强调师生双方的自在性影响结果。这里的关键是要走出现行哲学理论所谓人或事物是普遍联系的观点——这是抽象思维泛化的后果。在对应思维看来，人或事物，首先是有区分的相对独立的存在，然后才能够发生相互的联系。就师生关系而言，在教育活动之外，教师与学生都是相对独立的人，双方各有自立自为的自在性，因此，就必然会具有自在性影响结果，而绝不仅仅具有关系性影响结果。因此，就不能仅仅关注师生双方的关系性影响结果，而且还要关注双方的自在性影响结果。三是强调师生双方以对应性影响结果为基础的对等定位关系。既然师生双方都同时具有对应性的影响结果，那么，在实际生活中，师生双方就要关注以双方对应性影响结果的一致性与不一致性基础上的对等定位关系，这也就是我们以术语表达的五线定位的基本关系。这种对等定位的五线是：理想性的上线，即在师生双方对应性影响结果的一致性基础上，走向双方互补性的转换或变换；过渡性的自返线，即在师生双方对应性影响结果的不一致性基础上，返回自身，以调整自身与对方的关系；现实性的中线，即在师生双方对应性影响结果的不一致性基础上，经由过渡性的自返线而走向双方的讨论或对话，以实现双方生成性的转换或变换；戒律性的底线，即在师生双方对应性影响结果的不一致性基础上，经由过渡性的自返线，双方都不能以自我为中心而割裂或破坏双方的对应关系，以保障双方讨论或对话的进行；自立自为的自在线，即师生双方在上述四线定位之外，确立自立自为的自己，以实现自在自我的转换或变换。我们相信，在师生双方的影响结果维度上，经由五线定位的教育，就可以确立师生双方以对应性影响结果为基础的对等关系，以实现丰富的人的多样影响结果，由此，也可以规避由现行教育理论关于人的简单影响结果所导致的不对等关系，以免简单的人的单一影响结果的贫乏或贫穷。

十四、对现行教育理论关于人的简单概念与对应生活教育理论关于人的对应概念的基本内容对应比较

为了更简明地把握两种关于人的概念的基本内容的不同，我们不妨将现行教育理论关于人的简单概念与对应生活教育理论关于人的对应概念做出如下对应比较。

现行教育理论关于人的简单概念——教师与学生的关系，就是具有影响性的教师对具有被影响性的学生的简单影响关系。在这里，需要特别注意：现行教育理论关于教师与学生的概念，仅仅是对师生双方的单一影响属性、单一影响指向与单一影响结果的简单把握,简言之,也就是对师生双方之为简单的人的简单把握。

对应生活教育理论关于人的对应概念——教师与学生的关系,就是同时具有影响性、被影响性、自返性以及自在性的师生双方的对应影响关系。在这里,需要特别注意:对应生活教育理论关于教师与学生的概念,是对师生双方的对应影响属性、对应影响指向与对应影响结果的对应把握,简言之,也就是对师生双方之为对等的人的对应把握。

十五、对现行教育理论关于人的简单概念与对应生活教育理论关于人的对应概念的不同思维路线的对应比较

为了从思维路线上更方便地把握两种关于人的概念的不同,我们也不妨将现行教育理论关于人的简单概念与对应生活教育理论关于人的对应概念做出如下对应比较。

现行教育理论关于人的简单概念的简单思维路线——教师与学生的关系,就是教师对学生的简单影响关系;或者说,教师与学生的关系,应该是教师对学生的简单影响关系。在这里,需要特别注意:现行教育理论关于教师与学生的概念的思维活动,仅仅是对教师的主观愿望这一条思维路线的简单反映,简言之,教师与学生的关系"应该是什么"。

对应生活教育理论关于人的对应概念的对应思维路线——教师与学生的关系,就是教师与学生的对应影响关系,这种对应影响关系包括,在理想维度上的"应该是什么",在自返维度上的"自身的调整是什么",在现实维度上的"实际是什么",在戒律维度上的"不能是什么",在自立自为维度上的"自在是什么"。在这里,需要特别注意:对应生活教育理论关于教师与学生的概念的思维路线,则是对师生双方的理想、自返、现实、戒律与自在五条思维路线的对应反映。

十六、小结

综合上述对现行教育理论关于人的概念的遮蔽性分析与对应改造,我们就能够看到这种遮蔽性分析与对应改造的基本研究步骤或方法。

第一,探寻思维活动的起点或切入点。这一操作过程要求我们根据现行教育理论关于人的概念的基本内容,去反向地推论其理解或把握人的思维起点或切入点。如本文前面谈到的,现行教育理论关于人的概念是从"人对人的简单影响性"切到对教师与学生的理解。这里需要仔细注意:探寻思维切入点的过程，内含一种对思维活动作反向推论的具体方法，我们将这种方法以术语表达为"思维活动还原法"或"思维还原法"，也就是由"思维的结果"去反向推论"思维的过程"，再继续推论"思维的起点或切入点"。由此，我们就将思维活动区分为"思维的起点或切入点""思维的过程""思维的结果"三个相对独立的环节，以便为分析思维活动奠定结构性基础。

第二，分析思维活动的遮蔽性。从具体操作上看，思维的遮蔽性分析涉及两个相互对应的方面。一是寻找从思维切入点上的所见或所得、根据及其积极作用。如本文前面谈到的，现行教育理论关于人的概念从"人对人的简单影响性"切到对教师与学生的理解，其有见地之处，就是具有影响性的教师对具有被影响性的学生的影响，其根据，就是教育传承社会文化的需要，其积极作用，就是方便于教师对学生的影响。二是寻找从思维切入点上的不足之处、根源及其消极作用。如本文前面谈到的，现行教育理论关于人的概念从"人对人的简单影响性"切到对教师与学生的理解，其缺陷就是具有影响性的学生反过来对具有被影响性的教师的影响与师生双方的自返性影响以及自在性影响，其根源，就是现行教育理论关于人的概念的片面抽象思维的泛化，其消极作用，就是不利于教师与学生双方的对应教育。

第三，确立对应体。经由思维的遮蔽性分析，我们就可以得到相互对应的存在即对应体；如本文前面谈到的，现行教育理论关于人的概念从"人对人的简单影响性"切到对教师与学生的理解，其有见地之处就是具有影响性的教师对具有被影响性的学生的影响；而不足之处则是具有影响性的学生反过来对具有被影响性的教师的影响与师生双方的自返性影响以及自在性影响。经过我们的遮蔽性分析，就可以确立"教师对学生的影响指向""学生对教师的影响指向""师生双方的自返性影响指向""师生双方的自在性影响指向"这四种相互对应的影响指向。

第四，对应力分析。确立了对应体之后，就需要去探索对应体双方的力量即对应力。具体地看，对应力分析包括如下三种基本情况：顺对应或正对应、逆对应或反对应以及零对应或无对应。顺对应或正对应，指的是双方之间的一致性关系或和顺关系；逆对应或反对应，指的是双方之间的不一致性关系或矛盾关系；零对应或无对应，指的是双方各自独立，没有对应关系。以上文谈到的"教师对学生的影响指向"与"学生对教师的影响指向"为例：师生双方接受对方的影响，属于双方的顺对应或正对应关系；师生双方反对对方的影响，属于双方的逆对应或反对应关系；师生双方各自分立，彼此无关，属于双方的零对应或无关对应关系。

17

第五，对应功能分析。沿着对应力分析的思路，我们看到，对应力的功能包括如下三种基本情况：顺对应或正对应的功能，是实现处于对应关系中的双方的互补或合成；逆对应或反对应的功能，是推动处于对应关系中的双方的新成或生成；零对应或无关对应的功能，是不能推动双方的变化，或者说，只能带来双方自立自为的变换或转换。以上文谈到的"教师对学生的影响指向"与"学生对教师的影响指向"的对应功能为例：师生双方的顺对应功能，就是实现双方的互补性转化，也就是教师补充学生，学生也补充教师；师生双方的逆对应功能，就是推动双方以相互讨论或相互批评为基础的新变化即生成，也就是教师改变学生，学生也改变教师；师生双方的零对应功能，则无法推动双方的变化，或者说，这种零对应功能，只能带来双方的自立自为的自我变换或转换。

第六，对应定位或五线定位。沿着对应的功能分析的思路，我们看到，对应定位的过程，从抽象理论来说，那就是受到客观与主观两方面因素限定的过程；从具体操作来说，那就是在客观限定下的主观选择过程，或者说，是以被动性为基础的主动选择过程。从上文谈到的"教师对学生的影响指向"与"学生对教师的影响指向"对应功能来看，在生活教育活动中，如何进行对应定位呢？这就是我们以术语表达的"五线定位法"。包括如下基本内容。

上线定位：即理想性或愿望性定位，这是以"教师对学生的影响指向"与"学生对教师的影响指向"的一致性为前提的对应定位，如学生接受教师的影响，同时教师也接受学生的影响。不难理解，这种以一致性为基础的对应定位，能带来双方的互补性或合成性变化或发展。

自返性定位：即返回自身的定位，这是以"教师对学生的影响指向"与"学生对教师的影响指向"的不一致性为前提的对应定位，如学生不接受教师的影响，或者教师也不接受学生的影响。不难理解，这种以不一致性为基础的对应定位，能够推动双方实现从双方关系中返回到自身的过渡。

中线定位：即现实性或操作性定位，这是以"教师对学生的影响指向"与"学生对教师的影响指向"的不一致性为前提的对应定位，如学生不接受教师的影响，或者教师也不接受学生的影响。不难理解，这种以不一致性为基础的对应定位，经由过渡性的自返线而走向双方的讨论或调整，能带来双方的协调性或生成性变化或发展。

下线或底线定位：即禁止性或戒律性定位，这是以"教师对学生的影响指向"与"学生对教师的影响指向"的不一致性为前提的对应定位，如学生不接受教师的影响，或者教师也不接受学生的影响。不难理解，这种定位，经由过渡性的自返线而走向双方的禁止或管控，能够避免双方对应教育关系的分裂或破裂。

自在性定位：即自立自为的定位，这是在上述四线定位之外的定位，如在教育或教学关系之外，师生双方彼此分立或彼此无关，双方按照自己的兴趣或爱好而展开自己的生命活动。不难理解，这种定位能够带来师生双方之为自我的最具实质性内容的个性或独特性。

这里需要特别提醒：对应定位的过程，不是现行教育理论关于人的概念所包含的简单主观定位的过程（主观规定教师对学生的简单影响性），而是客观限定中的主观规定过程，或者是被规定中的主动规定过程，这也就是五线定位的过程。不难理解，在实际生活中师生双方通过五线定位活动，可以满足双方的理想追求，可以实现双方的自返性过渡，可以适应双方的现实操作，可以警示双方的底线戒律，还可以匹配双方的自我追求——拥有这种对应定位或五线定位能力或素质的人，也就是我们以术语表达的丰富的人或对等的人，这区别于由现行教育理论关于人的概念所制造出的具有简单性的简单的人。需要指出，以人与人的对应性为基础而生成的教师与学生双方的五线定位关系，其实也就是具有差异性或丰富性的对等人际关系，而以简单性为基础而导致的教师对学生的简单定位关系，当然，就只能是等级性关系或不对等关系。

整合上面的内容，我们就能得到分析与改造现行教育理论关于人的概念的依次递进的六个基本步骤：探寻思维的切入点、分析思维的遮蔽性、确立对应体、分析对应力、分析对应功能、对应定位或五线定位。我们把这六个基本步骤概括起来，以术语表达为"遮蔽—对应分析与定位法"。在侧重于遮蔽性分析的情境中，可以简约地表达为"遮蔽性分析法"；在侧重于对应分析的情境中，可以简约地表达为"对应分析法"；而在侧重于对应定位的情境中，也可以简约地表达为"对应定位法"或"五线定位法"。不难理解，遮蔽性分析法与对应分析法，是侧重于人们的认识或理解的方法，也就是对应哲学的认识论；而对应定位法或五线定位法，则是侧重于人们的行为或操作的方法，也就是对应哲学的实践论或活动论。

最后，需要做出两点提示。第一，我们之所以对现行教育理论关于人的概念做出分析与改造，不仅是因为要改造现行教育基本理论的不足，而且还因为要改造其背后简单主观定位的人的概念的哲学观，以便在五线定位的人的概念的哲学基础上，去涵养出以人的对应性为基础的对等的人。第二，从以简单性为基础的人的概念，到以对应性为基础的人的概念的转换，其内在机制就是人的主观性在实际生活中所必然引起的客观性、自返性以及自在性，不了解人的主观性、客观性、自返性以及自在性的对应生成这一机制，就很难完成从简单人的概念到对等的人的概念的过渡。

第一章

对现行外显性教育活动论中人的遮蔽性分析与对应改造

第一节 对现行外显性教育活动论中人的遮蔽性分析

切问：

1. 现行教育理论将师生双方的活动形式理解为外显性的形式，其思维活动的切入点在哪里？我们如何才能探索到其思维活动的切入点？

2. 现行外显性教育活动论关于人的概念，从理解师生双方活动形式的切入点上，能够把握到哪些方面的内容呢？

3. 现行外显性教育活动论关于人的概念的根据是什么？这种关于人的概念，对学校教育活动会产生哪些积极作用？

4. 现行外显性教育活动论关于人的概念，从理解师生双方活动形式的切入点上，在有所把握的同时却又遮蔽了哪些内容呢？

5. 在思维运行中，现行外显性教育活动论关于人的概念，存在遮蔽的根源在哪里？

6. 现行外显性教育活动论关于人的概念，对师生双方的生活教育活动会产生怎样的消极作用？

一、现行外显性教育活动论关于人的概念的内容、属性及其思维活动的切入点

（一）现行外显性教育活动论关于人的概念的内容

现行教育理论主要是关于学校教育的理论，而其关于人的概念，就表现在关于学校教育的概念之中。关于学校教育的概念，在一本教育学教材中写道："它是根据一定社会的现实和未来的需要，遵循受教育者身心发展的规律，有目的、有计划、有组织地引导受教育者主动地学习，积极进行经验的改组和改造，促使他们提高素质、健全人格的一种活动，以便把受教育者培养成为适应一定社会的需要，促进社会的发展，追求和创造人的合理存在的人。"① 从这种理解中我们能够看到，现行教育理论将学校教育理解为一种活动。这种活动具有怎样的活动形式呢？那就是引文中所表达的"有目的、有计划、有组织"的形式，那也就是具有预先设计或规划的显在形式即外显性形式。直白地表达，在现行教育理论的视野中，学校教育的形式，也就是教育者对于受教育者的有预先设计或规划的外显性形式。不难理解，在这种外显性形式中，教育者与受教育者双方，或者师生双方，都具有外显性或显在性的活动形式——这就是现行外显性教育活动论关于人的概念的基本内容。

（二）现行外显性教育活动论关于人的概念的属性

按照现行外显性教育活动论关于人的理解，师生双方都具有外显性或显在性的活动形式。在实际生活中，师生双方的情况，果真是这样的吗？当教师对学生进行外显性教育活动时，学生难道不会产生自己内心隐在性的反应吗？学生内心的隐在性反应，难道不会对教师产生隐在性的影响吗？教师对学生的"根据""目的""计划"与"组织"，难道都是学生内心能够认可或接受的吗？学生内在的不认可或不接受，难道不会对自身产生隐在性的影响吗？师生双方显在性与隐在性活动的不一致，难道不能推动师生双方产生返回自身的自返性活动形式吗？而在教育活动之外，师生双方难道不能具有相对自立自为的自我活动形式吗？从上面的引文中我们不难发现现行外显性教育活动论关于人的概念，但它却根本无视实际生活中这些具有内在对应性的问题；仅仅从自己的主观愿望出发，将师生双方的活动形式简单地抽象为外显性形式，由此，我们就可以有根据地说，现行外显性教育活动论关于人的概念的属性，就是片面性或简单性。正因为现行外显性教育活动论关于人的概念具有内在的简单性，所以，我们也将现行外显性教育活动论关于人的概念以术语表达为具有单一外显性的人即单性人或简单人。

（三）现行外显性教育活动论关于人的概念的思维活动的切入点

现行外显性教育活动论关于人的概念，既然将师生双方的活动形式抽象为外显性形式，那么，我们就可以据此逆向推论出其思维活动的切入点，那就是"人对人的外显性规定"。正向地表达，现行外显性教育活动论关于人的概念，正是从人对人的外显性规定，切到对师生双方活动形式的理解，由此，才将师

---

① 王道俊，郭文安. 教育学 [M]. 北京：人民教育出版社，2009：26-27.

生双方的活动形式规定为外显性形式。

二、现行外显性教育活动论关于人的概念的所见、根据及其积极功能

（一）现行外显性教育活动论关于人的概念的所见

首先，从师生双方活动形式的属性看，现行外显性教育活动论关于人的概念，能够把握到师生双方活动形式的外显性。其次，从师生双方活动形式的影响指向看，现行外显性教育活动论关于人的概念，能够把握到教师活动对学生活动的外显性影响指向。最后，从师生双方活动形式的影响结果看，现行外显性教育活动论关于人的概念，能够把握到教师活动对学生活动的外显性影响结果。直白地说，也就是实现了教师对学生外显性的预先设计或规划。总之，现行外显性教育活动论关于人的概念，从人对人的外显性规定，切到对师生双方活动形式的理解，能够把握到的基本内容，也就是教师对于学生外显性的教育或影响。

（二）现行外显性教育活动论关于人的概念的根据

首先，从师生双方活动形式的属性看，作为学校教育活动的参加者，教师当然会具有对学生的外显性规定——按照现行外显性教育活动论的理解，教师是根据社会的现实和未来需要以及学生身心发展规律而对学生进行外显性规定的。而作为与教师相对应的学生，当然会具有自身在成长过程中的外显性需要。就此而论，现行外显性教育活动论所把握到的师生双方的外显性，就是有根据的。其次，从师生双方活动形式的影响指向看，既然教师对学生具有外显性规定；那么，教师就必然会具有对学生的外显性影响指向，这也是有根据的。最后，从师生双方活动形式的影响结果看，既然教师对学生具有外显性规定的影响指向，那么，教师就必然会具有对学生的外显性影响结果，这也是有根据的。总之，现行外显性教育活动论关于人的概念，从人对人的外显性规定，切到对师生双方活动形式的理解所把握到的基本内容，从教师对于学生外显性的教育来看，都是有根据的，因而也就是合理的。

（三）现行外显性教育活动论关于人的概念的积极功能

首先，从师生双方活动形式的属性看，现行外显性教育活动论关于人的概念，能够把握到师生双方活动的外显性，这能够支持师生双方更好地开展比如具体、直观、形象的具有外显性内容的教育。其次，从师生双方活动形式的影响指向看，现行外显性教育活动论关于人的概念，能够把握到教师对学生外显性的影响指向，这能够支持教师对学生的外在影响，也能够支持学生接受教师的外在影响。最后，从师生双方活动形式的影响结果看，现行外显性教育活动论关于人的概念，能够把握到教师对学生的外显性影响结果，这能够支持教师对学生外在性的影响结果，也能够支持学生接受教师的这种影响结果。总之，现行外显性教育活动论关于人的概念，从人对人的外显性规定，切到对师生双方活动形式的理解所把握到的基本内容，从教师对于学生外显性的教育来看，都具有积极的作用。

三、现行外显性教育活动论关于人的概念的遮蔽、根源及其消极功能

（一）现行外显性教育活动论关于人的概念的遮蔽

首先，从师生双方活动形式的属性看，现行外显性教育活动论关于人的概念，在把握到师生双方活动的外显性的同时，却遮蔽了师生双方活动的内隐性，进而又遮蔽了师生双方由外显性与内隐性所必然引起的自返性。而在教育活动之外，现行外显性教育活动论关于人的概念，还遮蔽了师生双方相对独立的自我的自在性。其次，从师生双方活动形式的影响关系看，现行外显性教育活动论关于人的概念，在把握到教师对学生的外显性影响指向的同时，却遮蔽了教师对学生的内隐性影响指向，还遮蔽了学生对教师的外显性与内隐性影响指向，进而又遮蔽了师生双方由外显性与内隐性的双向度影响指向所必然引起的自返性影响指向。而在教育活动之外，现行外显性教育活动论关于人的概念，还遮蔽了师生双方相对独立的自我的自在性影响指向。最后，从师生双方活动形式的影响结果看，现行外显性教育活动论关于人的概念，在把握到教师对学生的外显性影响结果的同时，却遮蔽了教师对学生的内隐性影响结果，还遮蔽了学生对教师的外显性与内隐性影响结果，进而又遮蔽了师生双方由外显性与内隐性的相互性影响结果所必然引起的自返性影响结果。而在教育活动之外，现行外显性教育活动论关于人的概念，还遮蔽了师生双方相对独立的自我的自在性影响结果。总之，现行外显性教育活动论关于人的概念，从人对人的外显性规定，切到对师生双方活动形式的理解，在把握到师生双方活动的外显性的同时，却遮蔽了师生双方活动的内隐性，进而又遮蔽了师生双方由外显性与内隐性影响所必然引起的自返性影响。而在教育活动之外，现行外显性教育活动论关于人的概念，还遮蔽了师生双方相对独立的自我的自在性影响。

（二）现行外显性教育活动论关于人的概念的遮蔽的根源

从思维运作看，现行外显性教育活动论关于人的概念，所以存在上述遮蔽，就是其主观抽象思维的泛化导致的。首先，从师生双方活动形式的属性看，在学校教育活动中，教师对学生的任何外显性规定，都必然会引起学生外显性与内隐性的反应并对教师产生外显性与内隐性的规定。同时，师生双方的外显性

与内隐性规定，又必然会推动师生双方产生回返自身的自返性规定。而在学校教育活动之外，师生双方都还具有自立自为的自在性规定。这清楚地表明，在学校生活中，师生双方都必然会同时具有对应的外显性、内隐性、自返性与自在性。然而，现行外显性教育活动论关于人的概念，却在其主观思维中，片面地抽取出师生双方活动的外显性，并以偏概全地泛指师生双方的对应属性，由此，便遮蔽了师生双方的内隐性，还遮蔽了师生双方的自返性与自在性。其次，从师生双方活动形式的影响指向看，在学校教育活动中，教师对学生任何外显性影响指向，都必然会引起学生的反应并对教师产生回返性指向。同时，师生双方的双向度影响指向，又必然会推动师生双方产生回返自身的自返性影响指向。而在学校教育活动之外，师生双方都还具有自立自为的自在性影响指向。这清楚地表明，在学校生活中，师生双方的影响指向，都是双向度影响指向、自返性影响指向以及自在性影响指向。然而，现行外显性教育活动论关于人的概念，却在其主观思维中片面地抽取出教师对学生的外显性影响指向，并以偏概全地泛指师生双方的对应影响指向，由此，便遮蔽了学生对教师的外显性影响指向，也遮蔽了师生双方的内隐性影响指向，还遮蔽了师生双方的自返性影响指向与自在性影响指向。最后，从师生双方活动形式的影响结果看，在学校教育活动中，教师对学生的任何外显性影响，都必然会对学生产生外显性与内隐性的影响结果并对教师产生回返性的影响结果。同时，师生双方的影响结果，又必然会推动师生双方产生回返自身的自返性影响结果。而在学校教育活动之外，师生双方都还具有自立自为的自在性影响结果。这清楚地表明，在学校生活中，师生双方的影响结果，都是双方外显性与内隐性的相互影响结果、自返性影响结果以及自在性影响结果。然而，现行外显性教育活动论关于人的概念，却在其主观思维中，片面地抽取出教师对学生的外显性影响结果，并以偏概全地泛指师生双方的对应影响结果，由此，便遮蔽了学生对教师的外显性影响结果，也遮蔽了师生双方的外显性与内隐性影响结果，还遮蔽了师生双方的自返性影响结果与自在性影响结果。

（三）现行外显性教育活动论关于人的概念的消极功能

现行外显性教育活动论关于人的概念，从人对人的外显性规定，切到对师生双方活动形式的理解，在有所把握的同时却又存在遮蔽。这些认识或思维中的遮蔽，对师生双方的生活教育活动会产生哪些消极影响呢？

第一，从师生双方活动形式的属性看，现行外显性教育活动论关于人的概念，在把握到教育活动中师生双方的外显性同时，却遮蔽了师生双方的内隐性，进而又遮蔽了师生双方由外显性与内隐性所必然引起的自返性。而在教育活动之外，现行外显性教育活动论关于人的概念，还遮蔽了师生双方的自在性。由此，便直接导致了如下不足：在教育活动中，师生双方仅仅把握到双方活动的外显性，便必然会产生对双方影响的外显性的偏重而难以产生对师生双方外显性、内隐性以及自返性的对应关注；而在教育活动之外，师生双方还是仅仅把握到双方活动的外显性，便必然会产生对外显性的偏重而难以产生对自在性的关注。

第二，从师生双方活动形式的影响关系看，现行外显性教育活动论关于人的概念，在把握到教育活动中教师对学生的外显性影响指向的同时，却遮蔽了教师对学生的内隐性影响指向，还遮蔽了学生对教师的外显性与内隐性影响指向，进而又遮蔽了师生双方由外显性与内隐性影响指向所必然引起的自返性影响指向。而在教育活动之外，现行外显性教育活动论关于人的概念，还遮蔽了师生双方的自在性影响指向。由此，便直接导致了如下不足：在教育活动中，师生双方仅仅把握到教师对学生的外显性影响指向，便必然会产生对这种单向度指向的偏重而难以产生对师生双方外显性与内隐性的双向度影响指向与自返性影响指向的对应关注；而在教育活动之外，师生双方还是仅仅把握到教师对学生的外显性影响指向，便必然会产生对外显性指向的偏重而难以产生对自在性指向的关注。

第三，从师生双方活动形式的影响结果看，现行外显性教育活动论关于人的概念，在把握到教育活动中教师对学生的外显性影响结果的同时，却遮蔽了教师对学生的内隐性影响结果，还遮蔽了学生对教师的外显性与内隐性影响结果，进而又遮蔽了师生双方由外显性与内隐性影响结果所必然引起的自返性影响结果。而在教育活动之外，现行外显性教育活动论关于人的概念，还遮蔽了师生双方的自在性影响结果。由此，便直接导致了如下不足：在教育活动中，师生双方仅仅把握到教师对学生的外显性影响结果，便必然会产生对学生单一外显性影响结果的偏重而难以产生对师生双方外显性与内隐性影响结果以及自返性影响结果的对应关注；而在教育活动之外，师生双方还是仅仅把握到教师对学生的外显性影响结果，便必然会产生对外显性结果的偏重而难以产生对自在性结果的关注。

总之，现行外显性教育活动论关于人的概念，从人对人的外显性规定，切到对师生双方活动形式的理解，从师生双方外显性、内隐性、自返性以及自在性的对应生活教育来看，确实存在严重的简单性偏差并因此而必须受到合理的反思与改造。

四、本节小结

综上所述，我们看到，现行外显性教育活动论关于人的概念，从人对人的外显性规定，切入到对师生双方活动形式的理解，虽然能够把握到教育活动中教师对学生单方面的外显性教育，也能够把握到这种外显性教育的根据并对学校的外显性教育活动产生积极的作用，但是，却遮蔽了师生双方在实际生活中所生成的外显性、内隐性、自返性以及自在性的对应影响或对应教育。从思维运作看，现行外显性教育活动论关于人的概念的遮蔽，是由其主观思维的抽象泛化所导致的。从实际看，这种抽象泛化的思维或认识，对师生双方的对应生活教育活动存在多方面的消极作用。因此，现行外显性教育活动论关于人的概念，就必然也必须被合理地反思与改造。

五、本节提示

在本节最后，需要做两点提示。第一，探寻现行外显性教育活动论关于人的概念的思维活动切入点的根据，就是现行外显性教育活动论关于人的概念的内容，或者说，我们是通过现行外显性教育活动论关于人的概念的内容而探寻到其思维活动切入点的。第二，对现行外显性教育活动论关于人的概念的思维活动切入点的遮蔽性分析，不是我们简单的主观分析，而是根据现行外显性教育活动论关于人的概念所包含的主观思维活动切入点的所见与不足而展开的，要特别注意，现行外显性教育活动论关于人的概念所包含的简单静态的主观思维，必然会遮蔽与其对应的动态的客观事实。

附言：

1. 师生双方的活动形式，可以从教师对学生的外在性规定开始，但是，关于师生双方活动形式的理论，却不能仅仅停留在这里。

2. 现行教育理论关于人的概念，仅仅把握到教师对学生的外显性规定而把握不到对应性规定，这决定了现行教育理论关于人的概念根本不可能具有对应的属性。

3. 现行教育理论关于人的概念，只能把握到教师对学生的外显性规定而把握不到对应性规定，这为实际教育活动中教师的固执或僵硬提供了直接的理论支撑。

4. 现行教育理论关于人的概念，是仅仅把握到教师对学生进行外显性规定的概念，这当然是典型的关于人的日常经验或简单概念，这种日常经验或简单概念，根本不可能具有反思的理论品质。

5. 仅仅把握到自身活动的外显性规定而把握不到对应性规定的教师，就是典型的简单的教师，这种简单的教师，根本不可能具有反思的人格品质。

6. 人的行为或活动，必然具有外显性、内隐性、自返性以及自在性的对应性，这直接决定了对应生活教育中人的丰富性或多样性。

第二节 对现行外显性教育活动论中人的对应改造

切问：

1. 从动态的生活事实看，现行外显性教育活动论关于人的概念所包含的"人对人的外显性规定"，其实都是"人与人的外显性、内隐性、自返性以及自在性的对应性规定"吗？

2. 从动态的生活事实看，师生双方活动形式的外显性、内隐性、自返性以及自在性，都是相互对应的属性吗？

3. 从动态的生活事实看，师生双方活动形式的影响指向，必然是外显性与内隐性的双向度影响指向、自返性影响指向以及自在性影响指向吗？

4. 从动态的生活事实看，师生双方活动形式的影响结果，必然是外显性与内隐性的相互性影响结果、自返性影响结果以及自在性影响结果吗？

5. 在实际生活中，师生双方活动形式的外显性、内隐性、自返性以及自在性，都不是抽象泛化的属性，而是具有边界对应关系的具体属性吗？我们需要从抽象泛化的思维，转换到具体的边界思维或对应思维吗？

6. 如果师生双方只有单一的外显性活动，那么，师生双方就只能成为具有单一属性的单性人吗？而如果师生双方都同时具有外显性、内隐性、自返性以及自在性的活动，那么，师生双方就会成为以这四种属性的对应为基础的具有丰富性或对等性的人吗？

一、对现行外显性教育活动论关于人的概念所包含的泛化思维的对应改造

上一节我们谈到，现行外显性教育活动论关于人的概念，之所以存在遮蔽，是因为在其思维运作中存在抽象泛化的不足。因此，要改造现行外显性教育活动论关于人的概念，就必须改造其抽象泛化的主观思维。如何改造这种思维呢？这首先就需要摆脱现行外显性教育活动论关于人的概念所包含的简单主观思维，而转向对生活事实或过程的关注，即由主观思维，转向事实思维。然后，还需要走出教育研究者简单泛化的抽象思维，而转向对生活事实或过程的客观与主观对应的边界思维，即由简单的泛化思维，转向对应的边界思维。

二、对现行外显性教育活动论关于人的概念所包含的思维切入点的对应改造

现行外显性教育活动论关于人的概念，从人对人的外显性规定开始，切到对师生双方活动形式的理解，这一切入点本身并不存在问题。现行外显性教育活动论关于人的概念的问题在于：它从人对人的外显性规定开始，切到对师生双方活动形式的理解，之后却并没有对这一动态影响的过程做出对应的考察，而是仅仅停留在人对人的外显性规定上，并将师生双方的活动形式抽象为外显性或外在性。

人对人的外显性规定的生活的动态过程，又是怎样的呢？征之于实际，我们看到，在教育活动中，教师对学生的任何外显性规定，都必然会引起学生外显性与内隐性的对应反应，而这种反应，又必然会反过来对教师产生外显性与内隐性的对应影响。同时，师生双方的外显性与内隐性又必然会推动师生双方产生返回自身的自返性影响。而在教育活动之外，师生双方都还具有自立自为的自在性影响。这清楚地表明，在实际生活中，师生双方都同时会具有外显性、内隐性、自返性以及自在性的对应性影响，而不是现行外显性教育活动论关于人的概念所把握到的教师对学生简单的外显性影响。由此，我们就将现行外显性教育活动论关于人的概念所包含的"人对人的外显性规定"的切入点，改造为"人与人的外显性、内隐性、自返性以及自在性的对应性规定"的切入点；简言之，也就是将现行外显性教育活动论关于人的概念所包含的"人对人的简单性规定"的切入点，改造为"人与人的对应性规定"的切入点。

三、对现行外显性教育活动论关于人的概念所包含的具体内容的对应改造

对应生活教育活动论关于人的概念，从人与人的对应性规定，切到对师生双方活动形式的理解，能够对现行外显性教育活动论关于人的概念做出哪些方面的改造呢？下面，分而论之。

第一，从师生双方活动形式的属性看，对应生活教育活动论关于人的概念，既能把握到在教育活动中师生双方活动的外显性、内隐性与自返性，又能把握

到在教育活动之外师生双方活动的自在性，而不是现行外显性教育活动论关于人的概念所把握到的在教育活动中师生双方活动的外显性。这里的道理是：在教育活动中，教师对学生的任何外显性规定，都必然会引起学生外显性与内隐性对应的反应，而学生的这种反应，又必然会反过来对教师产生外显性与内隐性对应的规定。同时，师生双方的外显性与内隐性又必然会推动师生双方产生自返性。而在教育活动之外，师生双方都还具有自立自为的自在性。这清楚地表明，在实际生活中，师生双方的外显性、内隐性、自返性以及自在性，都必然是对应的规定性，而不可能是现行外显性教育活动论关于人的概念所把握到的师生双方片面的外显性——这种片面的外显性，当然，只能是抽象泛化的形而上学的外显性。

第二，从师生双方活动形式的影响关系看，对应生活教育活动论关于人的概念，既能把握到在教育活动中师生双方外显性与内隐性的双向度影响指向与自返性影响指向，还能把握到在教育活动之外师生双方的自在性影响指向，而不是现行外显性教育活动论关于人的概念所把握到的教师对学生单方面的外显性影响指向。这里的道理是：在教育活动中，教师对学生的外显性影响指向，必然会引起学生外显性与内隐性的反应，而这种反应，又必然会引起教师外显性与内隐性的反应。同时，师生双方的双向度反应，又必然会推动师生双方产生自返性反应。而在教育活动之外，师生双方都还具有自在性影响指向。这清楚地表明，在实际生活中，教师对学生的外显性影响指向，必然是师生双方外显性与内隐性的双向度的影响指向、自返性影响指向以及自在性影响指向，而不可能是现行外显性教育活动论关于人的概念所把握到的教师对学生单向度的外显性影响指向——这种单向度的影响指向，当然，也只能是抽象泛化的形而上学的影响指向。

第三，从师生双方活动形式的影响结果看，对应生活教育活动论关于人的概念，既能把握到在教育活动中师生双方外显性与内隐性的相互性影响结果与自返性影响结果，又能把握到在教育活动之外师生双方的自在性影响结果，而不是现行外显性教育活动论关于人的概念所把握到的教师对学生单方面的外显性影响结果。这里的道理是：在教育活动中，教师对学生的任何外显性影响，都必然会产生学生外显性与内隐性对应的影响结果，而这种影响结果，又必然会产生教师外显性与内隐性对应的影响结果。同时，师生双方的相互性影响结果又必然会推动师生双方产生自返性的影响结果。而在教育活动之外，师生双方都还具有自在性影响结果。这清楚地表明，在实际生活中，教师对学生的任何外显性影响结果，都必然是师生双方外显性、内隐性、自返性以及自在性的对应影响结果，而不可能是现行外显性教育活动论关于人的概念所把握到的教师对学生单方面的外显性影响结果——这种单方面的影响结果，当然，也只能是抽象泛化的形而上学的影响结果。

四、对应生活教育活动论关于人的概念的积极功能

对应生活教育活动论关于人的概念，从人与人的对应性规定，切到对师生双方活动形式的理解，能够对实际的生活教育活动产生哪些方面的积极影响呢？下面，分而论之。

第一，从师生双方活动形式的属性看，对应生活教育活动论关于人的概念，能够对实际生活教育活动产生如下三方面的积极影响。首先，对应生活教育活动论关于人的概念，能够把握到在教育活动中师生双方活动的外显性、内隐性与自返性，因此，不仅能够支持师生双方按照外显性规定进行相互影响，而且能够支持师生双方按照自返性与内隐性规定去调整双方的相互影响。其次，对应生活教育活动论关于人的概念，能够把握到在教育活动之外师生双方活动的自在性，因此，能够支持师生双方按照自我规定做出自在的转换或变换。最后，对应生活教育活动论关于人的概念，既能把握到在教育活动中师生双方活动的外显性、内隐性与自返性，又能把握到在教育活动之外师生双方的自在性，因此，能够支持师生双方建构出以双方对应性为基础的对等关系。鉴于现行外显性教育活动论关于人的概念的遮蔽或偏差，我们愿意特别强调如下三点。首先，在教育活动中，关注师生双方活动形式的内隐性与自返性。这里的关键是要走出人们熟悉的现行外显性教育活动论关于人的概念的遮蔽，那就是认为师生双方的活动形式只有外显性的观点——那当然是简单抽象思维泛化的后果。在对应思维看来，在教育活动中，师生双方的活动形式，必然是外显性、内隐性与自返性的对应形式，所以，就不仅要关注师生双方活动形式的外显性，而且还要关注师生双方活动形式的内隐性与自返性。其次，在教育活动之外，关注师生双方活动形式的自在性。这里的关键也是要走出人们熟悉的现行外显性教育活动论关于人的概念的遮蔽，那就是认为师生双方的活动形式只是在教育活动中的形式的观点——那当然是简单抽象思维泛化的后果。在对应思维看来，在实际生活中，师生双方的活动形式，既存在于教育活动之中，也存在于教育活动之外。因此，就不能仅仅关注在教育活动中师生双方相互影响的形式，而且还要关注在教育活动之外师生双方的自在性活动形式。最后，关注师生双方在活动形式的属性维度上对等定位的生活教育关系即五线定位的生活教育关系。在实际生活中，既然师生双方都具有外显性、内隐性、自返性以及自在性的对应性,那么,师生双方就要关注在双方对应性规定一致性与不一致性前提下的五线定位关系。这种五线定位包含教育活动中的四线定位与教育活动之外的自在性定位。在教育活动中,四线定位的基本内容是:关注理想性的上线,即师生双方在外显性与内隐性规定的一致性前提下,走向对等的教育,以实现双方的互补性变化或发展;关注过渡性的自返线,即师生双方在外显性与内隐性规定的不一致性前提下,返回自身,以调整自身与对方的关系;关注现实性的中线,即师生双方在外显性与内隐性规定的不一致性前提下,经由过渡性的自返线而走向对话或讨论,以实现双方的生成性变化或发展;关注禁止性的底线,即师生双方在外显性与内隐性规定的不一致性前提下,经由过渡性的自返线,都不能破坏或割裂对应的教育关系。而在教育活动之外,师生双方都具有自立自为的自在性定位,以实现自我的自在性转换或变换。我们认为,在师生双方活动形式的属性维度上,经由五线定位的生活教育,就可以构建出师生双方以各自外显性、内隐性、自返性以及自在性的对应为基础的涉及理想、自返、现实、戒律与自在的对等关系,以实现师生双方活动形式的多样影响属性的转换或变换,由此,也可以规避由现行外显性教育活动论关于教师对学生的片面外显性规定所必然导致的不对等关系,以免师生双方活动形式的属性的单调或单薄。

  第二,从师生双方活动形式的影响指向看,对应生活教育活动论关于人的概念,能够对实际的生活教育活动产生如下三方面的积极影响。首先,对应生活教育活动论关于人的概念,能够把握到在教育活动中师生双方外显性与内隐性的双向度影响指向与自返性影响指向,因此,不仅能够支持师生双方的相互性影响指向,而且能够支持师生双方返回自身的影响指向。其次,对应生活教育活动论关于人的概念,能够把握到在教育活动之外师生双方的自在性影响指向,因此,能够支持师生双方回归自我的自在性影响指向。最后,对应生活教育活动论关于人的概念,既能把握到在教育活动中师生双方的双向度影响指向与自返性影响指向,又能把握到在教育活动之外师生双方的自在性影响指向,因此能够支持师生双方建构出以双方的对应性影响指向为基础的对等关系。鉴于现行外显性教育活动论关于人的概念的遮蔽或偏差,我们愿意特别强调如下三点。首先,在教育活动中,关注师生双方的内隐性影响指向与自返性影响指向。这里的关键是要走出人们熟悉的现行外显性教育活动论关于人的概念的遮蔽,那就是认为学校教育的影响指向是教师对学生外显性影响指向的观点——那当然是简单抽象思维泛化的后果。在对应思维看来,教师对学生的影响指向,必然是外显性与内隐性以及自返性对应的影响指向,所以,就不仅要关注师生双方的外显性影响指向,而且还要关注师生双方的内隐性影响指向与自返性影响指向。其次,在教育活动之外,关注师生双方的自在性影响指向。这里的关键也是要走出人们熟悉的现行外显性教育活动论关于人的概念的遮蔽,那就是认为师生双方的影响指向只是在教育活动中的影响指向的观点——那当然是简单抽象思维泛化的后果。在对应思维看来,在实际生活中,师生双方的影响指向,既存在于教育活动之中,也存在于教育活动之外。因此,就不能仅仅关注在教育活动中师生双方的双向度影响指向与自返性影响指向,而且还要关注在教育活动之外师生双方的自在性影响指向。最后,关注师生双方在活动形式的影响指向维度上对等定位的生活教育关系即五线定位的生活教育关系。在实际生活中,既然师生双方都具有外显性与内隐性的双向度影响指向、自返性影响指向以及自在性影响指向,那么,师生双方就要关注在双方对应性影响指向的一致性与不一致性前提下的五线定位关系。这种五线定位包含教育活动之中的四线定位与教育活动之外的自在性定位。在教育活动中,四线定位的基本内容是:关注理想性的上线,即师生双方在外显性与内隐性影响指向的一致性前提下,走向对等的教育,以实现双方的互补性变化或发展;关注过渡性的自返线,即师生双方在外显性与内隐性影响指向的不一致性前提下,返回自身,以调整自身与对方的关系;关注现实性的中线,即师生双方在外显性与内隐性影响指向的不一致性前提下,经由过渡性的自返线而走向对话或讨论,以实现双方的生成性变化或发展;关注禁止性的底线,即师生双方在外显性与内隐性影响指向的不一致性前提下,经由过渡性的自返线,都不能破坏或割裂对应的教育关系。而在教育活动之外,师生双方都具有自立自为的自在性影响指向,以实现自我的自在性转换或变换。我们认为,在师生双方活动形式的影响指向维度上,经由五线定位的生活教育,就可以构建出师生双方以对应性影响指向为基础的涉及理想、自返、现实、戒律与自在的对等关系,以实现师生双方活动形式多样影响指向的转换或变换,由此,也可以规避由现行外显性教育活动论关于教师对学生的简单影响指向所必然导致的不对等关系,以免师生双方活动形式单一影响指向的机械或僵硬。

第三,从师生双方活动形式的影响结果看,对应生活教育活动论关于人的概念,能够对实际的生活教育活动产生如下三方面的积极影响。首先,对应生活教育活动论关于人的概念,能够把握到在教育活动中师生双方外显性与内隐性的相互性影响结果与自返性影响结果,因此,不仅能够支持师生双方的相互性影响结果,而且能够支持师生双方返回自身的影响结果。其次,对应生活教育活动论关于人的概念,能够把握到在教育活动之外师生双方的自在性影响结果，因此，能够支持师生双方回归自我的自在性影响结果。最后，对应生活教育活动论关于人的概念，既能把握到在教育活动中师生双方的相互性影响结果与自返性影响结果，又能把握到在教育活动之外师生双方的自在性影响结果，因此能够支持师生双方建构出以双方的对应性影响结果为基础的对等关系。鉴于现行外显性教育活动论关于人的概念的遮蔽或偏差，我们愿意特别强调如下三点。首先，在教育活动中，关注师生双方的内隐性影响结果与自返性影响结果。这里的关键是要走出人们熟悉的现行外显性教育活动论关于人的概念的遮蔽，那就是认为学校教育的影响结果是教师对学生外显性影响结果的观点——那当然是简单抽象思维泛化的后果。在对应思维看来，教师对学生的影响结果，必然是外显性、内隐性以及自返性对应的影响结果，所以，就不仅要关注师生双方的外显性影响结果，而且还要关注师生双方的内隐性影响结果与自返性影响结果。其次，在教育活动之外，关注师生双方的自在性影响结果。这里的关键也是要走出人们熟悉的现行外显性教育活动论关于人的概念的遮蔽，那就是认为师生双方的影响结果只是在教育活动中的影响结果的观点——那当然是简单抽象思维泛化的后果。在对应思维看来，在实际生活中，师生双方的影响结果，既存在于教育活动中，也存在于教育活动之外。因此，就不能仅仅关注在教育活动中师生双方的相互性影响结果与自返性影响结果，而且还要关注在教育活动之外师生双方的自在性影响结果。最后，关注师生双方在活动形式的影响结果维度上对等定位的生活教育关系即五线定位的生活教育关系。在实际生活中，既然师生双方都具有外显性与内隐性的相互性影响结果、自返性影响结果以及自在性影响结果，那么，师生双方就要关注在双方对应性影响结果的一致性与不一致性前提下的五线定位关系。这种五线定位包含教育活动中的四线定位与教育活动之外的自在性定位。在教育活动中，四线定位的基本内容是：关注理想性的上线，即师生双方在外显性与内隐性影响结果的一致性前提下，走向对等的教育，以实现双方的互补性变化或发展；关注过渡性的自返线，即师生双方在外显性与内隐性影响结果的不一致性前提下，返回自身，以调整自身与对方的关系；关注现实性的中线，即师生双方在外显性与内隐性影响结果的不一致性前提下，经由过渡性的自返线而走向对话或讨论，以实现双方的生成性变化或发展；关注禁止性的底线，即师生双方在外显性与内隐性影响结果的不一致性前提下，经由过渡性的自返线，都不能破坏或割裂对应的教育关系。而在教育活动之外，师生双方都具有自立自为的自在性影响结果，以完成自我的自在性转换或变换。我们认为，在师生双方活动形式的影响结果维度上，经由五线定位的生活教育，就可以构建出师生双方以对应性影响结果为基础的涉

33

及理想、自返、现实、戒律与自在的对等关系,以实现师生双方活动形式多样影响结果的丰富或丰满,由此,也可以规避由现行外显性教育活动论关于教师对学生的简单影响结果所必然导致的不对等关系,以免师生双方活动形式单一影响结果的贫乏或贫穷。

五、本节小结

综上所述,我们对现行外显性教育活动论关于人的概念的改造,涉及三层基本内容。首先,由现行外显性教育活动论关于人的概念所包含的主观思维路线,转换到事实思维路线,之后在事实思维路线基础上,将现行外显性教育活动论关于人的概念所包含的单一主观泛化的思维路线,改造为主观与客观的对应思维路线。其次,在对应思维路线上,将现行外显性教育活动论关于人的概念所包含的认识师生双方活动形式的"人对人的外显性规定"的思维切入点,改造为"人与人的外显性、内隐性、自返性以及自在性的对应性规定"的思维切入点。最后,在"人与人的外显性、内隐性、自返性以及自在性的对应性规定"视野中,分别对师生双方活动形式的属性、影响指向与影响结果这些基本生活教育关系,做出了对应的考察。此外,我们分别考察了对应生活教育活动论关于人的概念,在师生双方活动形式的属性、影响指向与影响结果这些基本维度上,对实际生活教育所产生的积极影响,以推动人们从现行的外显性教育活动论关于人的概念,转换到对应生活教育活动论关于人的概念。

为了更简明地把握两种教育理论关于人的概念的不同,我们不妨将其中所包含的不同思维路线,做出如下比较。

外显性教育活动论关于人的概念的单线定位路线——师生双方活动形式的关系,就是教育活动中教师对学生的外显性规定形式,这里需要特别注意,外显性教育活动论关于人的概念,仅仅是对教师的单一主观性这一条思维路线的反应。

对应生活教育活动论关于人的概念的五线定位路线——师生双方活动形式的关系,就是实际生活中师生双方外显性、内隐性、自返性以及自在性的对应规定形式。它包含双方对应规定的理想的上线、过渡的自返线、现实的中线、戒律的底线以及自在线,这里需要特别注意,对应生活教育活动论关于人的概念,是对师生双方对应规定的理想、自返、现实、戒律以及自在的五条思维路线的反应。

六、本节提示

在本节最后，需要做两点提示。第一，由"人对人的外显性规定"，到"人与人的外显性、内隐性、自返性以及自在性的对应性规定"的过渡环节，就是由对师生双方活动形式的主观抽象思维，转向对师生双方活动形式的客观与主观的对应思维。第二，从"以单一外显性为基础的人的概念"，到"以外显性、内隐性、自返性以及自在性的对应为基础的人的概念"的过渡环节，就是教师对学生的外显性规定在实际生活中所必然引起的师生双方的内隐性、自返性以及自在性规定，不了解师生双方的外显性、内隐性、自返性以及自在性规定的对应生成这一机制，就很难完成从以简单性为基础的不对等的人的概念，到以对应性为基础的对等的人的概念的过渡。

附言：

1. 从教师对学生的外显性规定开始的教育活动，其实，都是师生双方外显性、内隐性、自返性以及自在性的对应规定的活动。

2. 对教师与学生的外显性、内隐性、自返性以及自在性的评价，都应该是具体的边界评价，而不能是抽象的泛化评价。

3. 仅仅把握到师生双方活动形式外显性的现行教育理论，必然是外显性泛化的简单教育论，此种理论，很难避免表演性或形式性的属性。

4. 师生双方活动形式的外显性与内隐性的不一致性所生成的张力，正是推动师生双方走向自我反思或反省的最基本的动力。

5. 师生双方自立自为的自在性，正是推动师生双方走向自我丰富性的可靠保证，遗憾的是，这却是现行教育理论根本无法把握到的属性。

6. 现行教育理论所把握到的仅仅具有外显性的人，就是典型的偏执的人或不对等的人，而对应生活教育理论所把握到的具有外显性、内隐性、自返性以及自在性的相互对应与相互转换的人，才可能成为以对应性为基础的对等的人。

第二章

对现行主观性教育活动论中人的遮蔽性分析与对应改造

第一节 对现行主观性教育活动论中人的遮蔽性分析

切问：

1. 现行教育理论，将师生关系理解为教师对学生进行主观性规定的关系，其思维活动的切入点在哪里？我们如何才能探索到其思维活动的切入点？

2. 现行主观性教育活动论关于人的概念，从自己理解师生关系的切入点上，能够把握到师生关系哪些方面的内容呢？

3. 现行主观性教育活动论关于人的概念的根据是什么？这种主观性活动论关于人的概念，对实际的学校教育活动会产生哪些积极作用？

4. 现行主观性教育活动论关于人的概念，从自己理解师生关系的切入点上，在对师生关系有所把握的同时，却又遮蔽了哪些内容呢？

5. 在思维运行中，现行主观性教育活动论关于人的概念，存在遮蔽的根源在哪里？

6. 现行主观性教育活动论关于人的概念，对师生双方的生活教育活动会产生怎样的消极作用？

一、现行主观性教育活动论关于人的概念的内容、属性及其思维活动的切入点

（一）现行主观性教育活动论关于人的概念的内容

现行教育理论，主要是关于学校教育的理论，而其关于人的概念，就表现在关于学校教育的概念之中。关于学校教育的概念，在一本教育学教材中写道："它是根据一定社会的现实和未来的需要，遵循受教育者身心发展的规律，有目的、有计划、有组织地引导受教育者主动地学习,积极进行经验的改组和改造,促使他们提高素质、健全人格的一种活动,以便把受教育者培养成为适应一定社会的需要,促进社会的发展,具有追求和创造意识的合理存在的人。"[1] 从这种理解中我们可以看到,现行教育理论将学校教育理解为一种活动。从参加这种活动的双方关系看,那就是教育者对于或指向受教育者的主观性活动——这也就是教师对于或指向学生的主观性活动。简约地表达,在现行教育理论关于人的概念的视野中,师生双方的关系,也就是教师对学生的主观性活动——这就是现行主观性教育活动论关于人的概念的基本内容。

(二)现行主观性教育活动论关于人的概念的属性

按照现行主观性教育活动论关于人的概念的理解,师生双方的关系,也就是教师对学生的主观性关系。在实际生活中,师生双方的情况,果真是这样的吗?在教育活动中,当教师对学生进行主观性教育活动时,学生难道不会产生主观性与客观性的反应吗?学生的这种反应,难道不会对教师产生主观性与客观性的影响吗?由此,师生双方的主观性与客观性,难道不会推动师生双方产生回返自身的自返性吗?教师对学生的"根据""目的""计划"与"组织",难道都是学生能够认可或接受的吗?学生的不认可或不接受,难道不会对教师产生客观的影响吗?而在教育活动之外,师生双方,难道不能具有自立自为的自在性吗?从上面的引文中,我们不难发现现行教育理论关于人的概念,但其却根本无视实际生活中这些具有内在对应性关系的问题,而仅仅从自己的主观愿望出发,将师生关系简单地抽象为教师对学生的主观性关系。由此,我们就可以有根据地说,现行主观性教育活动论关于人的概念的属性,就是片面性或简单性。正因为现行主观性教育活动论关于人的概念具有内在的简单性,所以,我们也将现行主观性教育活动论关于人的概念以术语表达为具有单一主观性的人,即单性人或简单人。

(三)现行主观性教育活动论关于人的概念的思维活动的切入点

现行主观性教育活动论关于人的概念,既然将师生关系理解为主观性关系,那么,我们就可以据此逆向推论出其思维活动的切入点,那就是"人对人的主观性规定"。正向地表达,现行主观性教育活动论关于人的概念,从人对人的主观性规定,切到对师生关系的理解,由此才将师生关系规定为教师对学生的主观性关系。

---

[1] 王道俊,郭文安. 教育学[M]. 北京:人民教育出版社,2009:26-27.

二、现行主观性教育活动论关于人的概念的所见、根据及其积极功能

（一）现行主观性教育活动论关于人的概念的所见

首先，从师生双方的活动属性看，现行主观性教育活动论关于人的概念，能够把握到教师对学生的主观规定性与学生在客观上的被规定性。其次，从师生双方的活动指向看，现行主观性教育活动论关于人的概念，能够把握到教师的主观规定性对学生的影响指向。最后，从师生双方的活动结果看，现行主观性教育活动论关于人的概念，能够把握到教师的主观规定性对学生的影响结果。总之，现行主观性教育活动论关于人的概念，从人对人的主观性规定，切到对师生关系理解，能够把握到的基本内容，也就是教师对学生的主观性规定的教育或影响。

（二）现行主观性教育活动论关于人的概念的根据

首先，从师生双方的活动属性看，作为学校教育活动的参加者，教师当然会具有对学生的主观规定性——按照现行教育活动论的理解，教师是根据社会需要而对学生进行教育的。同样地，作为学校教育活动的参加者，学生也当然会受到教师的主观性规定。就此而论，现行主观性教育活动论关于人的概念所把握到的教师对学生的主观规定性与学生的被规定性，就是有根据的。其次，从师生双方的活动指向看，教师要对学生进行主观性规定，就必然会对学生进行"有根据、有目的、有计划、有组织"的"引导"，而学生当然也会受到教师的引导，这也是有根据的。最后，从师生双方的活动结果看，既然教师对学生进行了主观性规定，既然教师对学生进行了有根据、有目的、有计划、有组织的引导，那么，学生也必然会受到教师的影响而发生变化或发展，这也是有根据的。总之，现行主观性教育活动论关于人的概念，从人对人的主观性规定，切到对师生关系的理解，所把握到的基本内容，从教师对学生单方面的教育来看，都是有根据的，因而也就是合理的。

（三）现行主观性教育活动论关于人的概念的积极功能

首先，从师生双方的活动属性看，现行主观性教育活动论关于人的概念，能够把握到教师对学生的主观规定性与学生的被规定性，这能够支持教师更好地发挥自己对学生的主观规定性，也能够支持学生在保持自身被规定性的前提下更好地接受教师的主观规定性。其次，从师生双方的活动指向看，现行主观性教育活动论关于人的概念，能够把握到教师对学生有根据、有目的、有计划、有组织的引导，这能够支持教师对学生的主观性影响，也能够支持学生接受教师的这种影响。最后，从师生双方的活动结果看，现行主观性教育活动论关于

人的概念，能够把握到教师对学生主观性规定的影响结果，这能够支持教师对学生主观性规定的影响结果，也能够支持学生接受教师主观性规定的影响结果。总之，现行主观性教育活动论关于人的概念，从人对人的主观性规定，切到对师生关系的理解，所把握到的基本内容，从教师对学生单方面的教育来看，都具有积极的价值或作用。

三、现行主观性教育活动论关于人的概念的遮蔽、根源及其消极功能

（一）现行主观性教育活动论关于人的概念的遮蔽

首先，从师生双方的活动属性看，在教育活动中，现行主观性教育活动论关于人的概念，在把握到教师对学生的主观规定性与学生的被规定性的同时，却遮蔽了学生对教师的主观与客观规定性以及教师的被规定性，进而又遮蔽了师生双方由主观规定性与被规定性所必然产生的自返性。而在教育活动之外，现行主观性教育活动论关于人的概念，还遮蔽了师生双方的自立自为的自在性。其次，从师生双方的活动指向看，在教育活动中，现行主观性教育活动论关于人的概念，在把握到教师对学生的主观规定性的影响指向的同时，却遮蔽了学生对教师的主观与客观规定性的影响指向，进而又遮蔽了师生双方由双向度影响指向所必然产生的自返性影响指向。而在教育活动之外，现行主观性教育活动论关于人的概念，还遮蔽了师生双方自立自为的自在性影响指向。最后，从师生双方的活动结果看，在教育活动中，现行主观性教育活动论关于人的概念，在把握到教师对学生的主观规定性的影响结果的同时，却遮蔽了学生对教师的主观与客观规定性的影响结果，进而又遮蔽了师生双方由相互性影响结果所必然引起的自返性影响结果。而在教育活动之外，现行主观性教育活动论关于人的概念，还遮蔽了师生双方自立自为的自在性影响结果。总之，现行主观性教育活动论关于人的概念，从人对人的主观性规定，切到对师生关系的理解，在把握到教育活动中教师对学生的主观性规定的影响的同时，却遮蔽了学生对教师的主观与客观性规定的影响，进而又遮蔽了师生双方由主观性与客观性所必然引起的自返性影响。而在教育活动之外，还遮蔽了师生双方的自在性影响。

（二）现行主观性教育活动论关于人的概念的遮蔽的根源

从思维运作看，现行主观性教育活动论关于人的概念，所以存在上述遮蔽，是其主观抽象思维的泛化导致的。首先，从师生双方的活动属性看，在教育活动中，教师对学生的任何主观性，都必然会引起学生主观性与客观性的反应并对教师产生主观性与客观性的影响。同时，师生双方又必然会具有由主观性与客观性所引起的自返性。而在教育活动之外，师生双方都还具有自立自为的自

在性。这清楚地表明,在实际生活中,师生双方都同时会具有主观规定性、被规定性、自返性以及自在性。然而,现行主观性教育活动论关于人的概念,却在其主观思维中片面地抽取出教师对学生的主观规定性与学生的被规定性,并以偏概全地泛指师生双方在实际生活中所生成的对应属性,由此,便遮蔽了学生对教师的主观规定性与教师的被规定性,还遮蔽了师生双方的自返性以及自在性。其次,从师生双方的活动指向看,在教育活动中,教师对学生任何主观规定的影响指向,都必然会引起学生的反应并对教师产生回返性的指向。同时,师生双方又必然会具有由双向度影响指向所必然引起的自返性影响指向。而在教育活动之外,师生双方都还具有自立自为的自在性影响指向。这清楚地表明,在实际生活中,师生双方的影响指向,必然是双向度影响指向与自返性影响指向以及自在性影响指向。然而,现行主观性教育活动论关于人的概念,却在其主观思维中片面地抽取出教师对学生的主观性影响指向,并以偏概全地泛指师生双方在实际生活中所生成的对应影响指向,由此,便遮蔽了学生对教师的主观与客观影响指向,还遮蔽了师生双方的自返性影响指向以及自在性影响指向。最后,从师生双方的活动结果看,在教育活动中,教师对学生的任何主观性规定的影响结果,都必然会对学生产生客观性的影响结果并对教师产生回返性的影响结果。同时,师生双方又必然会产生由相互性影响结果所带来的自返性影响结果。而在教育活动之外,师生双方都还具有自在性影响结果。这清楚地表明,在实际生活中,师生双方的影响结果,必然是双方的相互性影响结果与自返性影响结果以及自在性影响结果。然而,现行主观性教育活动论关于人的概念,却在其主观思维中,片面地抽取出教师对学生的主观性影响结果,并以偏概全地泛指师生双方在实际生活中所生成的对应影响结果,由此,便遮蔽了学生对教师的主观性与客观性影响结果,还遮蔽了师生双方的自返性影响结果与自在性影响结果。

(三)现行主观性教育活动论关于人的概念的消极功能

现行主观性教育活动论关于人的概念,从人对人的主观性规定,切到对师生关系的理解,在有所把握的同时,却又存在遮蔽。这些认识或思维中的遮蔽,对师生双方的生活教育活动,会产生哪些消极影响呢?

首先,从师生双方的活动属性看,现行主观性教育活动论关于人的概念,在把握到教育活动中教师对学生的主观规定性与学生的被规定性的同时,却遮蔽了学生对教师的主观与客观规定性以及教师的被规定性,进而又遮蔽了师生双方由主观与客观规定性所必然产生的自返性规定。而在教育活动之外,现行主观性教育活动论关于人的概念,还遮蔽了师生双方的自在性规定。由此,便直接导致了如下不足性：在教育活动中，师生双方仅仅把握到教师对学生的主观规定性，便必然会产生对这种主观性影响的偏重而难以产生对师生双方主观性、客观性与自返性影响的对应关注；而在教育活动之外，师生双方还是仅仅把握到教师对学生的主观规定性，便必然会产生对这种主观性的偏重而难以产生对自在性的关注。

其次，从师生双方的活动指向看，现行主观性教育活动论关于人的概念，在把握到教育活动中教师对学生的主观影响指向的同时，却遮蔽了学生对教师的主观与客观影响指向，进而又遮蔽了师生双方由双向度影响指向所必然产生的自返性影响指向。而在教育活动之外，现行主观性教育活动论关于人的概念，还遮蔽了师生双方的自在性影响指向。由此，便直接导致了如下不足性。在教育活动中，师生双方仅仅把握到教师对学生的主观影响指向，便必然会产生对这种单向度主观指向的偏重而难以产生对师生双方主观与客观的双向度指向以及自返性影响指向的对应关注；而在教育活动之外，师生双方还是仅仅把握到教师对学生的主观影响指向，便必然会产生对这种单向度主观指向的偏重而难以产生对自在性影响指向的关注。

最后，从师生双方的活动结果看，现行主观性教育活动论关于人的概念，在把握到教育活动中教师对学生的主观影响结果的同时，却遮蔽了学生对教师的主观与客观影响结果，进而又遮蔽了师生双方由主观与客观的相互性影响结果所必然带来的自返性影响结果。而在教育活动之外，现行主观性教育活动论关于人的概念，还遮蔽了师生双方的自在性影响结果。由此，便直接导致了如下不足性。在教育活动中，师生双方仅仅把握到教师对学生的主观性影响结果，便必然会产生对学生单一主观性影响结果的偏重而难以产生对师生双方相互性影响结果与自返性影响结果的对应关注。而在教育活动之外，师生双方还是仅仅把握到教师对学生的主观性影响结果，便必然会产生对学生单一主观性影响结果的偏重而难以产生对自在性影响结果的关注。

总之，现行主观性教育活动论关于人的概念，从人对人的主观性规定，切到对师生双方关系的理解，从师生双方主观性、客观性、自返性以及自在性的对应生活教育来看，确实存在严重的简单性偏差并因此而必须受到合理的反思与改造。

四、本节小结

综上所述，我们看到，现行主观性教育活动论关于人的概念，从人对人的主观性规定，切到对师生双方关系的理解，虽然能够把握到教师对学生的主观性教育，也能够把握到这种主观性教育的根据并对学校的主观性教育活动产生积极的作用，但是，却遮蔽了师生双方在实际生活中所生成的主观性、客观性、自返性以及自在性的对应影响或对应教育。从思维运作看，现行主观性教育活动论关于人的概念的遮蔽，是由其主观思维的抽象泛化所导致的。从实际看，这种抽象泛化的思维或认识，对师生双方的对应生活教育活动存在多方面的消极作用。因此，现行主观性教育活动论关于人的概念，必然被合理地反思与改造。

五、本节提示

在本节最后，需要做两点提示。第一，探寻现行主观性教育活动论关于人的概念的思维活动切入点的根据，就是现行主观性教育活动论关于人的概念的内容，或者说，我们是通过现行主观性教育活动论关于人的概念的内容而探寻到其思维活动切入点的。第二，对现行主观性教育活动论关于人的概念的思维活动切入点的遮蔽性分析，不是简单的主观分析，而是根据现行主观性教育活动论关于人的概念所包含的主观思维活动切入点的所见与不足而展开的，要特别注意，现行主观性教育活动论关于人的概念所包含的简单静态的主观思维，必然会遮蔽与其对应的动态的客观事实。

附言：

1. 师生双方的关系，可以从教师对学生的主观规定开始，但是，关于师生双方关系的理论，却不能仅仅停留在这里。

2. 现行教育理论关于人的概念，仅仅把握到教师对学生的主观规定性而把握不到对应规定性，这决定了现行教育理论关于人的概念不可能具有内在的对应性。

3. 现行教育理论关于人的概念，只能把握到教师的主观规定性而把握不到教师的对应规定性，这为实际教育活动中教师的放纵或任性，提供了直接的理论支撑。

4. 现行教育理论关于人的概念，仅仅把握到教师对学生的主观规定性，这当然是典型的单性人的概念，这种简单概念，根本不可能具有反思的理论品质。

5. 仅仅把握到自身活动的主观规定性而把握不到对应规定性的教师，就是典型的简单的教师，这种简单的教师，根本不可能具有反思的人格品质。

6. 人的行为或活动，必然具有主观性、客观性、自返性以及自在性的对应性，这直接决定了关于人的概念必须具有对应的属性。

第二节 对现行主观性教育活动论中人的对应改造

切问：

1. 从动态的生活事实看，现行主观性教育活动论关于人的概念所包含的"教师对学生的主观性规定"，其实都是"师生双方主观性、客观性、自返性以及自在性的对应性规定"吗？

2. 从动态的生活事实看，师生双方活动的主观性、客观性、自返性以及自在性，都是相互对应的属性吗？

3. 从动态的生活事实看，师生双方活动的影响指向，必然是双方双向度的影响指向与自返性的影响指向以及自在性的影响指向吗？

4. 从动态的生活事实看，师生双方活动的影响结果，必然是双方相互性的影响结果与自返性的影响结果以及自在性的影响结果吗？

5. 在实际生活中，师生双方活动的主观性、客观性、自返性以及自在性，都不是抽象泛化的属性，而是具有边界对应关系的具体属性吗？我们需要从抽象泛化的思维，转换到具体的边界思维或对应思维吗？

6. 如果教师与学生双方只有单一的主观规定性与被规定性活动，那么，师生双方就只能产生具有等级性或不对等性的关系吗？而如果师生双方都同时会具有主观性、客观性、自返性以及自在性的活动，那么，师生双方就可能生成以这四种属性的对应为基础的具有对等性的关系吗？

一、对现行主观性教育活动论关于人的概念所包含的泛化思维的对应改造

上一节我们谈到，现行主观性教育活动论关于人的概念之所以存在遮蔽，是因为在其思维运作中存在抽象泛化的不足。因此，要改造现行主观性教育活动论关于人的概念，就必须改造其抽象泛化的主观思维。如何改造这种思维呢？这首先就需要摆脱现行主观性教育活动论关于人的概念所包含的简单主观思维，而转向对教育活动事实或过程的关注，即由主观思维，转向事实思维。然后，还需要走出教育研究者简单泛化的抽象思维，而转向对教育活动的客观与主观对应的边界思维，即由简单的泛化思维，转向对应的边界思维。

二、对现行主观性教育活动论关于人的概念所包含的思维切入点的对应改造

现行主观性教育活动论关于人的概念,从人对人的主观规定性开始,切到对师生双方关系的理解,这一切入点本身并不存在问题。现行主观性教育活动论关于人的概念的问题在于:从人对人的主观规定性开始,切到对师生双方关系的理解,之后却并没有对这一动态影响的过程做出对应的考察,而是仅仅停留在人对人的主观规定性这里,并将师生关系抽象为教师对学生的简单主观规定性关系。

教师对学生的主观性规定的生活教育活动的动态过程,又是怎样的呢?征之于实际,我们看到,在教育活动中,教师对学生的任何主观性规定,都必然会引起学生主观性与客观性的反应,而这种反应,又必然会反过来对教师产生主观性与客观性的影响。同时,师生双方又必然会具有由主观性与客观性所引起的自返性。而在教育活动之外,师生双方都还具有自立自为的自在性。这清楚地表明,在实际生活中,师生双方都同时会具有主观性、客观性、自返性以及自在性的影响或教育,而不是现行主观性教育活动论关于人的概念所把握到的教师对学生的简单主观性影响或教育。由此,我们就将现行主观性教育活动论关于人的概念所包含的"人对人的主观性规定"的切入点,改造为"人与人的主观性、客观性、自返性以及自在性的对应性规定"的切入点;简言之,也就是将现行的主观性教育活动论关于人的概念所包含的"人对人的主观性规定"的切入点,改造为"人与人的对应性规定"的切入点。

三、对现行主观性教育活动论关于人的概念所包含的具体内容的对应改造

对应生活教育活动论关于人的概念,从人与人的对应性规定,切到对师生双方关系的理解,能够对现行的主观性教育活动论关于人的概念,做出哪些方面的改造呢?下面,分而论之。

第一,从师生双方的活动属性看,对应生活教育活动论关于人的概念,既能把握到在教育活动中师生双方的主观性、客观性与自返性,又能把握到在教育活动之外师生双方的自在性,而不是现行主观性教育活动论关于人的概念所把握到的教师对学生的片面主观性。这里的道理是:在教育活动中,教师对学生的任何主观性规定,都必然会引起学生主观性与客观性的反应,而学生的这种反应,又必然会反过来对教师产生主观性与客观性的规定。同时,师生双方的主观性与客观性又必然会引起师生双方的自返性。而在教育活动之外,师生双方还具有自立自为的自在性。这清楚地表明,在实际生活教育活动中,师生

双方的主观性、客观性、自返性以及自在性，都必然是对应的规定性，而不可能是现行外显性教育活动论关于人的概念所把握到的教师对学生的片面主观性——这种片面的主观规定性，当然，只能是抽象泛化的形而上学的主观规定性。

第二，从师生双方的活动指向看，对应生活教育活动论关于人的概念，既能把握到在教育活动中师生双方的双向度影响指向与自返性影响指向，又能把握到在教育活动之外师生双方的自在性影响指向，而不是现行主观性教育活动论关于人的概念所把握到的教师对学生单方面的主观性影响指向。这里的道理是：在教育活动中，教师对学生的主观性与客观性影响指向，都必然会引起学生的反应，而这种反应，又必然会引起教师的反应。同时，师生双方的双向度影响指向，又必然会引起师生双方的自返性指向。而在教育活动之外，师生双方都还具有自在性影响指向。这清楚地表明，在实际的生活教育活动中，师生双方的影响指向，必然是双向度影响指向与自返性影响指向以及自在性影响指向，而不可能是现行主观性教育活动论关于人的概念所把握到的教师对学生单向度的影响指向——这种单向度的影响指向，当然，也只能是抽象泛化的形而上学的影响指向。

第三，从师生双方的活动结果看，对应生活教育活动论关于人的概念，既能把握到在教育活动中师生双方的相互性影响结果与自返性影响结果，又能把握到在教育活动之外师生双方的自在性影响结果，而不是现行主观性教育活动论关于人的概念所把握到的教师对学生单方面的主观性影响结果。这里的道理是：在教育活动中，教师对学生的主观性与客观性影响，都必然会产生对学生的主观性与客观性影响结果，而这种结果，又必然会产生对教师的影响结果。同时，师生双方的相互性影响结果，又必然会产生师生双方的自返性影响结果。而在教育活动之外，师生双方都还具有自在性影响结果。这清楚地表明，在实际的生活教育活动中，师生双方的影响结果，必然是相互性影响结果与自返性影响结果以及自在性影响结果，而不可能是现行主观性教育活动论关于人的概念所把握到的教师对学生单方面的影响结果——这种单方面的影响结果，当然，也只能是抽象泛化的形而上学的影响结果。

四、对应生活教育活动论关于人的概念的积极功能

对应生活教育活动论关于人的概念，从人与人的对应性规定，切到对师生双方关系的理解，能够对师生双方的生活教育活动产生哪些方面的积极影响呢？下面，分而论之。

第一，从师生双方的活动属性看，对应生活教育活动论关于人的概念，能够对实际生活教育活动产生如下三方面的积极影响。首先，对应生活教育活动论关于人的概念，能够把握到在教育活动中师生双方活动的主观性、客观性与自返性，因此，不仅能够支持师生双方按照主观性规定进行相互影响，而且能够支持师生双方按照自返性与客观性规定去调整双方的相互影响。其次，对应生活教育活动论关于人的概念，能够把握到在教育活动之外师生双方活动的自在性，因此，能够支持师生双方按照自我规定做出自在的转换或变换。最后，对应生活教育活动论关于人的概念，既能把握到在教育活动中师生双方活动的主观性、客观性与自返性，又能把握到在教育活动之外师生双方的自在性，因此，能够支持师生双方建构出以双方对应性为基础的对等关系。鉴于现行主观性教育活动论关于人的概念的遮蔽或偏差，我们愿意特别强调如下三点。1. 在教育活动中，关注师生双方活动的客观性与自返性。这里的关键是要走出人们熟悉的现行主观性教育活动论关于人的概念的遮蔽，那就是认为师生双方的活动只是教师对学生的主观性活动的观点——那当然是简单抽象思维泛化的后果。在对应思维看来，在教育活动中，师生双方的活动，必然是主观性、客观性与自返性的对应活动，因此，就不仅要关注师生双方活动的主观性，而且还要关注师生双方活动的客观性与自返性。2. 在教育活动之外关注师生双方活动的自在性。这里的关键也是要走出人们熟悉的现行主观性教育活动论关于人的概念的遮蔽，那就是认为师生双方的关系只是在教育活动中的关系的观点——那当然是简单抽象思维泛化的后果。在对应思维看来，在实际生活中，师生双方的关系，既存在于教育活动中，也存在于教育活动之外。因此，就不能仅仅关注在教育活动中师生双方的相互影响关系，而且还要关注在教育活动之外师生双方的自在性关系。3. 关注师生双方在关系属性维度上对等定位的生活教育关系即五线定位的生活教育关系。在实际生活中，既然师生双方都具有主观性、客观性、自返性以及自在性的对应性；那么，师生双方就要关注在双方对应性规定的一致性与不一致性前提下的五线定位关系。这种五线定位包含教育活动中的四线定位与教育活动之外的自在性定位。在教育活动中，四线定位的基本内容是：关注理想性的上线，即师生双方在主观性与客观性规定的一致性前提下，走向对等的教育，以实现双方的互补性变化或发展；关注过渡性的自返线，即师生双方在主观性与客观性规定的不一致性前提下，返回自身，以调整自身与对方的关系；关注现实性的中线，即师生双方在主观性与客观性规定的不一致性前提下，经由过渡性的自返线而走向对话或讨论，以实现双方的生成性变化或发展；关注禁止性的底线，即师生双方在主观性与客观性规定的不一致性前提下，经由过渡性的自返线，都不能破坏或割裂对应的教育关系。而在教育活动之外，师生双方都还具有自立自为的自在性定位，以实现自我的自在性转换或变换。我们认为，在师生双方的活动属性维度上，经由五线定位的生活教育，就可以构建出师生双方以各自主观性、客观性、自返性以及自在性为基础的涉及理想、自返、现实、戒律与自在的对等关系，以实现师生双方活动的多样影响属性的转换或变换，由此，也可以规避由现行主观性教育活动论关于教师对学生的片面主观性规定所必然导致的不对等关系，以免师生双方活动的属性的单调或单薄。

　　第二，从师生双方的影响指向看，对应生活教育活动论关于人的概念，能够对实际的生活教育活动产生如下三方面的积极影响。首先，对应生活教育活动论关于人的概念，能够把握到在教育活动中师生双方的主观性与客观性的双向度影响指向与自返性影响指向，因此，不仅能够支持师生双方的相互性影响指向，而且能够支持师生双方返回自身的影响指向。其次，对应生活教育活动论关于人的概念，能够把握到在教育活动之外师生双方的自在性影响指向，因此，能够支持师生双方回归自身的自在性影响指向。最后，对应生活教育活动论关于人的概念，既能把握到在教育活动中师生双方的双向度影响指向与自返性影响指向，又能把握到在教育活动之外师生双方的自在性影响指向，因此能够支持师生双方建构出以双方的对应性影响指向为基础的对等关系。鉴于现行主观性教育活动论关于人的概念的遮蔽或偏差，我们愿意特别强调如下三点。
1. 在教育活动中，关注师生双方的客观性影响指向与自返性影响指向。这里的关键是要走出人们熟悉的现行主观性教育活动论关于人的概念的遮蔽，那就是认为学校教育的影响指向是教师对学生主观性影响指向的观点——这当然是简单抽象思维泛化的后果。在对应思维看来，教师对学生的影响指向，必然是主观性与客观性以及自返性对应的影响指向，所以，就不仅要关注师生双方的主观性影响指向，而且还要关注师生双方的客观性影响指向与自返性影响指向。
2. 在教育活动之外，关注师生双方的自在性影响指向。这里的关键也是要走出人们熟悉的现行主观性教育活动论关于人的概念的遮蔽，那就是认为师生双方的影响指向只是在教育活动中的影响指向的观点——还当然是简单抽象思维泛化的后果。在对应思维看来，在实际生活中，师生双方的影响指向，既存在于教育活动中，也存在于教育活动之外。因此，就不能仅仅关注在教育活动中师生双方的双向度影响指向与自返性影响指向，而且还要关注在教育活动之外师生双方的自在性影响指向。3. 关注师生双方在影响指向维度上对等定位的生活教育关系即五线定位的生活教育关系。在实际生活中，既然师生双方都具有主观性与客观性的双向度影响指向与自返性影响指向以及自在性影响指向，那么，师生双方就要关注在双方对应性影响指向的一致性与不一致性前提下的五线定位关系。这种五线定位包含教育活动中的四线定位与教育活动之外的自在性定位。在教育活动中，四线定位的基本内容是：关注理想性的上线，即师生双方在主观性与客观性影响指向的一致性前提下，走向对等的教育，以实现双方的互补性变化或发展；关注过渡性的自返线，即师生双方在主观性与客观性影响指向的不一致性前提下，返回自身，以调整自身与对方的关系；关注现实性的中线，即师生双方在主观性与客观性影响指向的不一致性前提下，经由过渡性的自返线而走向对话或讨论，以实现双方的生成性变化或发展；关注禁止性的底线，即师生双方在主观性与客观性影响指向的不一致性前提下，经由过渡性的自返线，都不能破坏或割裂对应的教育关系。而在教育活动之外，师生双方都还具有自立自为的自在性影响指向，以实现自我的自在性转换或变换。我们认为，在师生双方的影响指向维度上，经由五线定位的生活教育，就可以构建出师生双方以对应性影响指向为基础的涉及理想、自返、现实、戒律与自在的对等关系，以实现师生双方活动的多样影响指向的转换或变换，由此，也可以规避由现行主观性教育活动论关于教师对学生的简单影响指向所必然导致的不对等关系，以免师生双方活动的单一影响指向的机械或僵硬。

第三，从师生双方的影响结果看，对应生活教育活动论关于人的概念，能够对实际的生活教育活动产生如下三方面的积极影响。首先，对应生活教育活动论关于人的概念，能够把握到在教育活动中师生双方的主观性与客观性的相互性影响结果与自返性影响结果，因此，不仅能够支持师生双方的相互性影响结果，而且能够支持师生双方返回自身的影响结果。其次，对应生活教育活动论关于人的概念，能够把握到在教育活动之外师生双方的自在性影响结果，因此，能够支持师生双方回归自我的自在性影响结果。最后，对应生活教育活动论关于人的概念，既能把握到在教育活动中师生双方的相互性影响结果与自返性影响结果，又能把握到在教育活动之外师生双方的自在性影响结果，因此能够支持师生双方建构出以双方的对应性影响结果为基础的对等关系。鉴于现行主观性教育活动论关于人的概念的遮蔽或偏差，我们愿意特别强调如下三点。

1. 在教育活动中，关注师生双方的客观性影响结果与自返性影响结果。这里的关键是要走出人们熟悉的现行主观性教育活动论关于人的概念的遮蔽，那就是认为学校教育的影响结果是教师对学生主观性影响结果的观点——这当然是简单抽象思维泛化的后果。在对应思维看来，教师对学生的影响结果，必然是主观性与客观性以及自返性对应的影响结果，所以，就不仅要关注师生双方的主观性影响结果，而且还要关注师生双方的客观性影响结果与自返性影响结果。2. 在教育活动之外关注师生双方的自在性影响结果。这里的关键也是要走出人们熟悉的现行主观性教育活动论关于人的概念的遮蔽，那就是认为师生双方的影响结果只是在教育活动中的影响结果的观点——那当然是简单抽象思维泛化的后果。在对应思维看来，在实际生活中，师生双方的影响结果，既存在于教育活动中，也存在于教育活动之外。因此，就不能仅仅关注在教育活动中师生双方的相互性影响结果与自返性影响结果，而且还要关注在教育活动之外师生双方的自在性影响结果。3. 关注师生双方在影响结果维度上对等定位的生活教育关系即五线定位的生活教育关系。在实际生活中，既然师生双方都具有主观性与客观性的相互性影响结果与自返性影响结果以及自在性影响结果，那么，师生双方就要关注在双方对应性影响结果的一致性与不一致性前提下的五线定位关系。这种五线定位包含教育活动中的四线定位与教育活动之外的自在性定位。在教育活动中，四线定位的基本内容是：关注理想性的上线，即师生双方在主观性与客观性影响结果的一致性前提下，走向对等的教育，以实现双方的互补性变化或发展；关注过渡性的自返线，即师生双方在主观性与客观性影响结果的不一致性前提下，返回自身，以调整自身与对方的关系；关注现实性的中线，即师生双方在主观性与客观性影响结果的不一致性前提下，经由过渡性的自返线而走向对话或讨论，以实现双方的生成性变化或发展；关注禁止性的底线，即师生双方在主观性与客观性影响结果的不一致性前提下，经由过渡性的自返线，都不能破坏或割裂对应的教育关系。而在教育活动之外，师生双方都还具有自立自为的自在性影响结果，以完成自我的自在性转换或变换。我们认为，在师生双方的影响结果维度上，经由五线定位的生活教育，就可以构建出师生双方以对应性影响结果为基础的涉及理想、自返、现实、戒律与自在的对等关系，以实现师生双方活动的多样影响结果的丰富或丰满，由此，也可以规避由现行主观性教育活动论关于教师对学生的简单影响结果所必然导致的不对等关系，以免师生双方活动的单一影响结果的贫乏或贫穷。

五、本节小结

综上所述，我们对现行主观性教育活动论关于人的概念的改造，涉及三方面基本内容。首先，由现行主观性教育活动论关于人的概念所包含的主观思维路线，转换到事实思维路线，之后在事实思维路线基础上，将现行主观性教育活动论关于人的概念所包含的单一主观泛化的思维路线，改造为主观与客观的对应思维路线。其次，在对应思维路线上，将现行主观性教育活动论关于人的概念所包含的认识师生双方关系的"人对人的主观性规定"的思维切入点，改造为"人与人的主观性、客观性、自返性以及自在性的对应性规定"的思维切入点。最后，在"人与人的主观性、客观性、自返性以及自在性的对应性规定"视野中，分别对师生双方的活动属性、指向与结果这些基本生活教育关系，做出对应的考察。此外，我们分别考察了对应生活教育活动论关于人的概念，在师生双方的活动属性、指向与结果这些基本维度上，对师生双方的实际生活教育所产生的积极影响，以推动人们从现行主观性教育活动论关于人的概念，转换到对应生活教育活动论关于人的概念。

为了更简明地把握两种教育活动论关于人的概念的不同，我们不妨将其中所包含的不同思维路线，做出如下比较。

主观性教育活动论关于人的概念的单线定位路线——师生关系，就是教师对学生的主观性规定关系，这里需要特别注意，主观性教育活动论关于人的概念，仅仅是对教师的单一主观性这一条思维路线的反应。

对应生活教育活动论关于人的概念的五线定位路线——师生关系，就是教师与学生双方主观性、客观性、自返性以及自在性的对应性规定关系，它包含双方对应性影响的理想的上线、过渡的自返线、现实的中线、戒律的底线以及自在线，这里需要特别注意，对应生活教育活动论关于人的概念，是对师生双方对应性影响的理想、自返、现实、戒律以及自在的五条思维路线的反应。

六、本节提示

在本节最后，需要做两点提示。第一，由"人对人的主观性规定"，到"人与人的主观性、客观性、自返性以及自在性的对应性规定"的过渡环节，就是由对师生关系的主观抽象思维，转向对师生关系的客观与主观的对应思维。第二，从"以单一主观性为基础的人的概念"，到"以主观性、客观性、自返性以及自在性的对应为基础的人的概念"的过渡环节，就是教师对学生的主观性规定在实际生活中所必然引起的师生双方的客观性、自返性以及自在性规定，不了解师生双方的主观性、客观性、自返性以及自在性规定的对应生成这一机制，就很难完成从以简单性为基础的不对等的人的概念，到以对应性为基础的对等的人的概念的过渡。

附言：

1. 从教师对学生的主观影响开始的教育活动，其实，都是师生双方主观性、客观性、自返性以及自在性的对应影响活动。

2. 对师生双方主观性、客观性、自返性以及自在性的评价，都应该是具体的边界评价，而不能是抽象的泛化评价。

3. 现行教育理论关于人的概念，只能把握到教师主观性而不能把握到对应性，这种主观性泛化的简单概念，很难避免任意性或专制性的恶劣的属性。

4. 师生双方主观影响与客观影响的不一致所生成的张力，正是推动师生双方返回自身并做出调整的基础性力量。

5. 仅仅明白人的主观性而不能同时明白人的对应性的人，其实，也就是简单的人。

6. 现行教育理论所把握到的只有主观性的人，其实也就是典型的任性的人或不对等的人，而对应生活教育理论所把握到的具有主观性、客观性、自返性以及自在性的相互对应与相互转换的人，才可能成为以对应性为基础的对等的人。

第三章

对现行教育根据论中人的遮蔽性分析与对应改造

第一节 对现行教育根据论中人的遮蔽性分析

切问：

1. 现行教育理论，将学校教育活动的根据理解为社会与人的发展规律，其理解人的思维活动的切入点在哪里？我们如何才能探索到其理解人的思维活动的切入点？

2. 现行教育根据论关于人的概念，从自己理解师生双方活动根据的切入点上，能够把握到师生双方活动根据的哪些方面的内容呢？

3. 现行教育根据论关于人的概念的根据是什么？这种根据论，对实际的教育活动会产生哪些积极作用？

4. 现行教育根据论关于人的概念，从自己理解师生双方活动根据的切入点上，在对双方活动的根据有所把握的同时，却又遮蔽了哪些内容呢？

5. 在思维运行中，现行教育根据论关于人的概念，存在遮蔽的根源在哪里？

6. 现行教育根据论关于人的概念，对实际的生活教育活动会产生怎样的消极作用？

一、现行教育根据论关于人的概念的内容、属性及其思维活动的切入点

（一）现行教育根据论关于人的概念的内容

在教育的根据这一维度上，现行学校教育理论涉及社会与人两个方面。从社会的方面来说，那就是社会发展的规律，或者说是社会发展过程中出现的重复性的联系。从人的方面来说，那就是人的身心发展的规律，或者说是人的身

心发展过程中出现的重复性的联系。由于关于社会方面的规律或重复性联系，离不开关于人的方面的规律或重复性联系，因此从社会与人两个方面来看，现行教育根据论关于人的概念，也就是人的变化或发展过程中的规律性或重复性的联系。当然，那也就是学生在变化或发展过程中所表现出来的规律性或重复性的联系——这就是现行教育根据论关于人的概念的基本内容。

(二) 现行教育根据论关于人的概念的属性

按照现行教育根据论关于人的概念的理解，师生双方的活动根据，就是学生发展过程中的规律性联系。师生双方活动根据的实际情况，果真是这样的吗？在教育活动中，教师只是根据学生的发展规律而对学生进行教育吗？学生的发展规律，难道能够脱离开学生发展的偶然而单独存在吗？难道教师不能根据学生发展的偶然而对学生进行教育吗？教师根据学生发展的规律与偶然而对学生进行的教育，难道不能反过来对教师产生影响吗？师生双方根据规律与偶然所发生的影响，难道不能发生相互影响吗？这种相互影响，难道不能推动师生双方产生返回自身的自返性影响吗？而在教育活动之外，师生双方的活动，难道不能根据自立自为的自在性吗？然而，现行教育根据论关于人的概念，却根本无视生活教育实际中存在的这些具有内在对应性的问题，而仅仅将师生双方的活动根据简单地抽象为学生发展过程中的规律性联系。由此，我们就可以有根据地说，现行教育根据论关于人的概念的属性，就是片面性或简单性。

(三) 现行教育根据论关于人的概念的思维活动的切入点

现行教育根据论关于人的概念，既然将师生双方的活动根据简单地抽象为学生身心发展的规律性，那么，我们就可以据此逆向推论出其思维活动的切入点，那就是"规律对偶然的制约性"或"规律性对偶然性的制约性"。正向地表达，现行教育根据论关于人的概念，从人的变化或发展过程中规律性对偶然性的制约性，切到对师生双方活动根据的理解，由此，才将师生双方的活动根据简单地抽象为学生身心发展的规律性。

二、现行教育根据论关于人的概念的所见、根据及其积极功能

(一) 现行教育根据论关于人的概念的所见

首先，从师生双方活动根据的属性看，现行教育根据论关于人的概念，能够把握到教师活动根据的规律性，也能够把握到学生活动根据的偶然性。其次，从师生双方活动根据的影响指向看，现行教育根据论关于人的概念，能够把握到教师活动根据的规律性对于学生活动根据的偶然性的影响指向。最后，从师生双方活动根据的影响结果看，现行教育根据论关于人的概念，能够把握到教

师活动根据的规律性对于学生活动根据的偶然性的影响或改造。总之，现行教育根据论关于人的概念，从规律性对偶然性的制约性，切到对师生双方活动根据的理解，能够把握到的内容，就是教师活动根据的规律性对于学生活动根据的偶然性的影响或改造。

（二）现行教育根据论关于人的概念的根据

首先，从师生双方活动根据的属性看，学校教育是教师与学生共同参与的一种社会活动，而社会活动，当然需要一定的规律性或重复性，而不可能是师生双方的任意性或随意性活动。基于学校教育活动的这种规律性或重复性的需要，教师要对学生进行教育，就必须按照学生身心发展过程中所表现出来的规律性或重复性的内容而展开，这当然是有根据的。其次，从师生双方活动根据的影响指向看，现行教育根据论关于人的概念，能够把握到教师活动根据的规律性对于学生活动根据的偶然性的影响指向。从学校教育活动最基本的传承功能看，教师要把社会在发展过程中所积累起来的经验传授给学生，就必须将自身活动指向学生，这也是有根据的。最后，从师生双方活动根据的影响结果看，现行教育根据论关于人的概念，能够把握到教师活动根据的规律性对于学生活动根据的偶然性的影响或改造。从学校教育活动的结果看，既然教师按照学生的发展规律对学生进行了教育，那么学生活动的偶然性就必然会受到影响或改造，这也是有根据的。总之，现行教育根据论关于人的概念，从规律性对偶然性的制约性，切到对师生双方活动根据的理解，所把握到的基本内容，从教师对学生单方面的教育而言，都是有根据的，因而就是合理的。

（三）现行教育根据论关于人的概念的积极功能

首先，从师生双方活动根据的属性看，现行教育根据论关于人的概念，能够把握到教师活动根据的规律性，也能够把握到学生活动根据的偶然性，这能够为师生双方的教育活动提供可靠或合理的基础。其次，从师生双方活动根据的影响指向看，现行教育根据论关于人的概念，能够把握到教师活动根据的规律性对学生活动根据的偶然性的影响指向，这能够支持教师指向学生的教育影响。最后，从师生双方活动根据的影响结果看，现行教育根据论关于人的概念，能够把握到教师活动根据的规律性对学生活动根据的偶然性的影响或改造，这能够支持教师对于学生的教育结果。总之，现行教育根据论关于人的概念，从规律性对偶然性的制约性，切到对师生双方活动根据的理解，所把握到的基本内容，从教师对学生单方面的教育来看，都具有积极的作用或价值。

三、现行教育根据论关于人的概念的遮蔽、根源及其消极功能

（一）现行教育根据论关于人的概念的遮蔽

首先，从师生双方活动根据的属性看，现行教育根据论关于人的概念，在把握到教育活动中教师活动根据的规律性与学生活动根据的偶然性的同时，却遮蔽了教师活动根据的偶然性与学生活动根据的规律性，进而又遮蔽了师生双方活动由规律性与偶然性所必然产生的自返性。而在教育活动之外，现行教育根据论关于人的概念，还遮蔽了师生双方活动根据的自在性。其次，从师生双方活动根据的影响指向看，现行教育根据论关于人的概念，在把握到教育活动中教师活动根据的规律性对学生活动根据的偶然性的影响指向的同时，却遮蔽了学生活动根据的规律性对教师活动根据的偶然性的影响指向，进而又遮蔽了师生双方活动由规律性与偶然性的双向度影响指向所必然产生的自返性影响指向。而在教育活动之外，现行教育根据论关于人的概念，还遮蔽了师生双方活动根据的自在性影响指向。最后，从师生双方活动根据的影响结果看，现行教育根据论关于人的概念，在把握到教育活动中教师活动根据的规律性对学生活动根据的偶然性的影响结果的同时，却遮蔽了学生活动根据的规律性对教师活动根据的偶然性的影响结果，进而又遮蔽了师生双方活动由规律性与偶然性的相互性影响结果所必然产生的自返性影响结果。而在教育活动之外，现行教育根据论关于人的概念，还遮蔽了师生双方活动根据的自在性影响结果。总之，现行教育根据论关于人的概念，从规律性对偶然性的制约性，切到对师生双方活动根据的理解，在把握到教育活动中教师活动根据的规律性对学生活动根据的偶然性的影响的同时，却遮蔽了学生活动根据的规律性对教师活动根据的偶然性的影响，进而又遮蔽了师生双方活动由规律性与偶然性的相互性影响所必然产生的自返性影响。而在教育活动之外，现行教育根据论关于人的概念，还遮蔽了师生双方活动根据的自在性影响。

（二）现行教育根据论关于人的概念的遮蔽的根源

从思维运作看，现行教育根据论关于人的概念，所以存在上述遮蔽，是其主观抽象思维的泛化导致的。首先，从师生双方活动根据的属性看，在教育活动中，教师对学生活动根据的任何规律性，都只能存在并表现于师生活动的偶然性之中，同样地，学生对教师活动根据的任何规律性，也都只能存在并表现于师生活动的偶然性之中。同时，师生双方活动根据的规律性与偶然性又必然会引起师生双方活动根据的自返性。而在教育活动之外，师生双方的活动根据，都还具有自立自为的自在性。这清楚地表明，在实际的生活教育活动中，师生

双方活动根据的规律性、偶然性、自返性以及自在性都是相互对应的属性。然而，现行教育根据论关于人的概念，却在其主观思维中，片面地抽取出教师对学生活动根据的规律性与学生活动根据的偶然性，并以偏概全地泛指师生双方活动根据的对应性，由此，便遮蔽了教师活动根据的偶然性与学生活动根据的规律性，还遮蔽了师生双方活动根据的自返性与自在性。其次，从师生双方活动根据的影响指向看，在教育活动中，教师根据规律性或偶然性对学生的影响指向，都必然会引起学生规律性或偶然性的反应并反作用于教师。同时，师生双方规律性与偶然性的双向度影响指向又必然会引起双方自返性的影响指向。而在教育活动之外，师生双方的活动根据，都还具有自立自为的自在性影响指向。这清楚地表明，在实际的生活教育活动中，师生双方活动根据的影响指向，必然是双向度的影响指向与自返性的影响指向以及自在性的影响指向。然而，现行教育根据论关于人的概念，却在其主观思维中片面地抽取出教师活动根据对学生活动根据的影响指向，并以偏概全地泛指师生双方在实际生活中所产生的对应影响指向，由此，便遮蔽了学生活动根据对教师活动根据的影响指向，还遮蔽了师生双方活动根据的自返性影响指向与自在性影响指向。最后，从师生双方活动根据的影响结果看，在教育活动中，教师根据规律性或偶然性对学生的影响指向，都必然会对学生产生影响结果，而这一影响结果，又必然会反过来对教师产生影响结果。同时，师生双方的相互性影响结果又必然会引起双方自返性的影响结果。而在教育活动之外，师生双方的活动根据，都还具有自立自为的自在性影响结果。这清楚地表明，在实际的生活教育活动中，师生双方活动根据的影响结果，必然是双方相互性的影响结果与自返性的影响结果以及自在性的影响结果。然而，现行教育根据论关于人的概念，却在其主观思维中，片面地抽取出教师活动根据对学生活动根据的影响结果，并以偏概全地泛指师生双方在实际生活中所产生的对应影响结果，由此，便遮蔽了学生活动根据对教师活动根据的影响结果，还遮蔽了师生双方活动根据的自返性影响结果与自在性影响结果。

（三）现行教育根据论关于人的概念的消极功能

现行教育根据论关于人的概念，从规律性对偶然性的制约性，切到对师生双方活动根据的理解，在有所把握的同时，却又存在遮蔽。这些认识或思维中的遮蔽，对师生双方的生活教育活动，会产生哪些消极影响呢？

第一，从师生双方活动根据的属性看，现行教育根据论关于人的概念，在把握到教育活动中教师活动根据的规律性与学生活动根据的偶然性的同时，却遮蔽了教师活动根据的偶然性与学生活动根据的规律性，进而又遮蔽了师生双方活动由规律性与偶然性所必然引起的自返性。而在教育活动之外，现行教育根据论关于人的概念，还遮蔽了师生双方活动根据的自在性。由此，便直接导致了如下不足性。在教育活动中，师生双方仅仅把握到教师活动根据的规律性与学生活动根据的偶然性，便必然会产生对这种片面属性的偏重而难以产生对师生双方活动的规律性与偶然性以及自返性的对应关注。而在教育活动之外，师生双方还是仅仅把握到教师活动根据的规律性与学生活动根据的偶然性，便必然会产生对这种片面属性的偏重而难以产生对双方活动的自在性的关注。

第二，从师生双方活动根据的影响指向看，现行教育根据论关于人的概念，在把握到教育活动中教师活动根据对学生活动根据的影响指向的同时，却遮蔽了学生活动根据对教师活动根据的影响指向，进而又遮蔽了师生双方双向度影响指向所必然引起的自返性影响指向。而在教育活动之外，现行教育根据论关于人的概念，还遮蔽了师生双方的自在性影响指向。由此，便直接导致了如下不足性：在教育活动中，师生双方仅仅把握到教师活动根据对学生活动根据的影响指向，便必然会产生对这种单方影响指向的偏重而难以产生对师生双方的双向度影响指向与自返性影响指向的对应关注。而在教育活动之外，师生双方还是仅仅把握到教师活动根据对学生活动根据的影响指向，便必然会产生对这种影响指向的偏重而难以产生对双方自在性影响指向的关注。

第三，从师生双方活动根据的影响结果看，现行教育根据论关于人的概念，在把握到教育活动中教师活动根据对学生活动根据的影响结果的同时，却遮蔽了学生活动根据对教师活动根据的影响结果，进而又遮蔽了师生双方由相互性影响结果所必然引起的自返性影响结果。而在教育活动之外，现行教育根据论关于人的概念，还遮蔽了师生双方的自在性影响结果。由此，便直接导致了如下不足性。在教育活动中，师生双方仅仅把握到教师活动根据对学生活动根据的影响结果，便必然会产生对这种单方影响结果的偏重而难以产生对师生双方的相互性影响结果与自返性影响结果的对应关注。而在教育活动之外，师生双方还是仅仅把握到教师活动根据对学生活动根据的影响结果，便必然会产生对这种影响结果的偏重而难以产生对双方自在性影响结果的关注。

总之，现行教育根据论关于人的概念，从规律性对偶然性的制约性，切到对师生双方活动根据的理解，从师生双方生活教育活动根据的规律性、偶然性、自返性以及自在性的内在对应性关系来看，确实存在严重的简单性偏差并因此而必须受到合理的反思与改造。

四、本节小结

综上所述，我们看到，现行教育根据论关于人的概念，从规律性对偶然性的制约性，切到对师生双方活动根据的理解，虽然能够把握到教师活动根据的规律性与学生活动根据的偶然性，也能够把握到这种单方面根据的合理性并对学校的简单教育活动产生积极的作用，但是，却遮蔽了教师活动根据的偶然性与学生活动根据的规律性，还遮蔽了师生双方活动根据的自返性以及自在性。从思维运作看，现行教育根据论关于人的概念的遮蔽，是由其主观思维的抽象泛化所导致的。从实际看，这种抽象泛化的思维或认识，对师生双方的对应生活教育活动存在多方面的消极作用。因此，现行教育根据论关于人的概念，就必然也因此而必须被合理地反思与改造。

五、本节提示

在本节最后，需要做两点提示。第一，探寻现行教育根据论关于人的概念的思维活动切入点的根据，就是现行教育根据论关于人的概念的内容，或者说，我们是通过现行教育根据论关于人的概念的内容而探寻到其思维活动的切入点的。第二，对现行教育根据论关于人的概念的思维活动切入点的遮蔽性分析，不是我们简单的主观分析，而是根据现行教育根据论关于人的概念所包含的主观思维活动切入点的所见与不足而展开的，要特别注意，现行教育根据论关于人的概念所包含的简单静态的主观思维，必然会遮蔽与其对应的动态的客观事实。

附言：

1. 教师根据规律性而开始的教育活动，其实，都必然是规律性、偶然性、自返性以及自在性的对应教育活动。

2. 不管是规律性还是偶然性，也不管是自返性还是自在性，都只能是在对应中才能相互彰显的属性。

3. 现行教育根据论关于人的概念，因为只能把握到人的发展的规律性，所以必然是规律性泛化的简单概念，此种概念，很难避免固执、僵硬与封闭的劣质。

4. 正是人生状态转换的规律性、偶然性、自返性以及自在性，才能构成关于丰富的人或对等的人的对应生活教育的人性基础。

5. 仅仅知道人或事物变化的规律性而不知道偶然性与自返性以及自在性的人，其实，也就是简单的人。

6. 社会与人的变化的规律性，奠定了常规教育的基础，而社会与人的变化的偶然性、自返性与自在性，则构成应变教育、反思性教育以及自在性教育的前提——正如规律性对应着偶然性、自返性与自在性一样，常规教育也对应着应变教育、反思性教育与自在性教育。

第二节　对现行教育根据论中人的对应改造

切问：

1. 从动态的生活事实看，现行教育根据论关于人的概念所包含的"规律性对偶然性的制约性"，其实都是"规律性、偶然性、自返性以及自在性的对应制约性"吗？

2. 从动态的生活事实看，师生双方活动根据的规律性、偶然性、自返性以及自在性，都只能是在相互对应中才能存在的属性吗？

3. 从动态的生活事实看，师生双方活动根据的影响指向，必然是双向度的影响指向与自返性的影响指向以及自在性的影响指向吗？

4. 从动态的生活事实看，师生双方活动根据的影响结果，必然是双方相互性的影响结果与自返性的影响结果以及自在性的影响结果吗？

5. 在实际生活中，师生双方活动根据的规律性、偶然性、自返性以及自在性，都不是抽象泛化的属性，而是具有边界对应关系的具体属性吗？我们需要从抽象泛化的思维，转换到具体的边界思维或对应思维吗？

6. 教师仅仅根据学生的发展规律而进行的教育，必然会成为机械重复性的简单教育吗？教师根据人的发展的规律性、偶然性、自返性以及自在性而进行的教育，才可能成为具有内在张力的对应生活教育吗？

一、对现行教育根据论关于人的概念所包含的泛化思维的对应改造

上一节我们谈到，现行教育根据论关于人的概念，之所以存在遮蔽，是因为在其思维运作中存在抽象泛化的不足。因此，要改造现行教育根据论关于人的概念，就必须改造其抽象泛化的主观思维。如何改造这种思维呢？这首先

需要摆脱现行教育根据论关于人的概念所包含的简单主观思维，而转向对教育活动事实或过程的关注，即由主观思维转向事实思维。然后，还需要走出教育研究者简单泛化的抽象思维，而转向对教育活动的客观与主观对应的边界思维，即由简单的泛化思维，转向对应的边界思维。

二、对现行教育根据论关于人的概念所包含的思维切入点的对应改造

现行教育根据论关于人的概念，从规律性对偶然性的制约性开始，切到对师生双方活动根据的理解，这一切入点本身并不存在问题。现行教育根据论关于人的概念的问题在于：从规律性对偶然性的制约性开始，切到对师生双方活动根据的理解，之后却并没有对这一动态影响的过程做出对应的考察，而是仅仅停留在规律性对偶然性的制约性这里，并将教师活动的根据抽象为学生发展的单方面的规律性。

师生双方活动的动态过程，又是怎样的呢？征之于生活的实际，我们看到，在教育活动中，人的发展规律，都只能存在或表现于师生双方的具体或偶然的教育活动之中。如果脱离师生双方具体或偶然的教育活动，那么所谓人的发展规律，就只能是人的主观思维中抽象泛化的不健康的产物。同时，师生双方规律性与偶然性的差异性，又必然会引起师生双方返回自身的自返性。而在教育活动之外，师生双方活动的根据，都还具有自立自为的自在性。从实际生活的动态过程中，我们不难发现，现行教育根据论关于人的概念所包含的"规律性对偶然性的制约性"的切入点，其实，只能是"规律性、偶然性、自返性以及自在性的对应制约性"的切入点。由此，我们就将现行教育根据论关于人的概念所包含的"规律性对偶然性的制约性"的切入点，改造为"规律性、偶然性、自返性以及自在性的对应制约性"的切入点。

三、对现行教育根据论关于人的概念所包含的具体内容的对应改造

对应生活教育根据论关于人的概念，从师生双方规律性、偶然性、自返性以及自在性的对应制约性，切到对师生双方活动根据的理解，能够对现行的简单教育根据论关于人的概念，做出哪些方面的改造呢？下面，分而论之。

第一，从师生双方活动根据的属性看，对应生活教育根据论关于人的概念，既能把握到教育活动中师生双方活动根据的规律性与偶然性以及自返性，又能把握到教育活动之外师生双方活动根据的自在性，而不是现行简单教育根据论关于人的概念所把握到的教师活动根据的规律性与学生活动根据的偶然性。这

里的道理是：在教育活动中，师生双方活动的规律性，只能存在或表现于师生双方活动的具体或偶然性之中，而师生双方活动的具体性或偶然性，也必然包含内在的同一性或规律性。同时，师生双方规律性与偶然性的差异性，又必然会引起师生双方的自返性。而在教育活动之外，师生双方活动的根据，都还具有自立自为的自在性。这清楚地表明，在实际的生活教育过程中，师生双方活动的规律性、偶然性、自返性以及自在性，都必然是对应的规定性，而不可能是现行简单教育根据论关于人的概念所把握到的教师活动根据的规律性与学生活动根据的偶然性——这种片面的规律性与偶然性，当然，也只能是抽象泛化的形而上学的规律性与偶然性。

第二，从师生双方活动根据的影响指向看，对应生活教育根据论关于人的概念，既能把握到教育活动中师生双方活动根据的规律性与偶然性的双向度影响指向与自返性影响指向，又能把握到教育活动之外师生双方活动根据的自在性影响指向，而不是现行简单教育根据论关于人的概念所把握到的教师活动根据的规律性对于学生活动根据的偶然性的单方面影响指向。这里的道理是：在教育活动中，教师根据规律性与偶然性对于学生的影响指向，都必然会引起学生的反应，而这种反应，又必然会引起教师的反应。同时，师生双方规律性与偶然性的双向度影响指向，又必然会引起师生双方的自返性影响指向。而在教育活动之外，师生双方的活动，都还具有自立自为的自在性影响指向。这清楚地表明，在实际的生活教育过程中，教师根据规律性与偶然性对于学生的影响指向，都必然是师生双方双向度的影响指向与自返性的影响指向以及自在性的影响指向，而不可能是现行简单教育根据论关于人的概念所把握到的教师活动根据的规律性对于学生活动根据的偶然性的单一影响指向——这种单向度的影响指向，当然也只能是抽象泛化的形而上学的影响指向。

第三，从师生双方活动根据的影响结果看，对应生活教育根据论关于人的概念，既能把握到教育活动中师生双方活动的规律性与偶然性的相互性影响结果与自返性影响结果，又能把握到教育活动之外师生双方活动的自在性影响结果，而不是现行简单教育根据论关于人的概念所把握到的教师活动规律性对于学生活动偶然性的单方面影响结果。这里的道理是：在教育活动中，教师根据规律性与偶然性对于学生的影响，都必然会对学生产生影响结果，而这种影响结果，又必然会对教师产生影响结果。同时，师生双方规律性与偶然性的相互性影响结果，又必然会引起师生双方的自返性影响结果。而在教育活动之外，师生双方的活动，都还具有自立自为的自在性影响结果。这清楚地表明，在实际的生活教育过程中，教师根据规律性与偶然性对于学生的影响结果，都必然是师生双方相互性的影响结果与自返性的影响结果以及自在性的影响结果,而不可能是现行简单教育根据论关于人的概念所把握到的教师活动规律性对于学生活动偶然性的单方面的影响结果——这种影响结果,当然也只能是抽象泛化的形而上学的影响结果。

四、对应生活教育根据论关于人的概念的积极功能

对应生活教育根据论关于人的概念,从师生双方规律性、偶然性、自返性以及自在性的对应制约性,切到对师生双方活动根据的理解,能够对实际的生活教育活动产生哪些方面的积极影响呢?下面,分而论之。

第一,从师生双方活动根据的属性看,对应生活教育根据论关于人的概念,能够对实际的生活教育活动产生如下三方面的积极影响。首先,对应生活教育根据论关于人的概念,在教育活动中,能够把握到师生双方活动根据的规律性与偶然性以及自返性,因此,不仅能够支持师生双方进行以规律性为基础的常规教育,也能够支持师生双方进行以偶然性为基础的应变教育,还能够支持师生双方进行以自返性为基础的反思性教育。其次,对应生活教育根据论关于人的概念,在教育活动之外,能够把握到师生双方活动根据的自在性,因此,能够支持师生双方进行以自为性为基础的自在性教育或自我教育。最后,对应生活教育根据论关于人的概念,既能把握到教育活动中师生双方活动根据的规律性与偶然性以及自返性,又能把握到教育活动之外师生双方活动根据的自在性,因此,能够支持师生双方构建出以规律性、偶然性、自返性以及自在性为基础的对等影响关系。鉴于现行简单教育根据论关于人的概念的遮蔽或偏差,我们愿意特别强调如下三点。1. 在教育活动中,关注教师活动根据的偶然性与学生活动根据的规律性以及师生双方活动根据的自返性。这里的关键是要走出人们熟悉的现行简单教育根据论关于人的概念的遮蔽,那就是认为教师活动的根据是规律性而学生活动的根据是偶然性的观点——那当然是简单抽象思维泛化的后果。在对应思维看来,师生双方活动的根据,必然是规律性与偶然性以及自返性的根据,因此,就不仅要关注教师活动的规律性与学生活动的偶然性,而且还要关注教师活动的偶然性与学生活动的规律性以及师生双方活动的自返性。2. 在教育活动之外,关注师生双方活动根据的自在性。这里的关键也是要走出人们熟悉的现行简单教育根据论关于人的概念的遮蔽,那就是认为师生双方活动的根据只存在于教育活动中的观点——这当然是简单抽象思维泛化的后果。在对应思维看来,在实际生活中,师生双方活动的根据,既存在于教育活动中,也存在于教育活动之外,因此,就不能仅仅关注在教育活动中师生双方活动根据的规律性、偶然性与自返性，而且还要关注在教育活动之外师生双方活动根据的自在性。3. 关注师生双方在活动根据的属性维度上对等定位的生活教育关系即五线定位的生活教育关系。在实际生活中，既然师生双方活动的根据都具有规律性、偶然性、自返性以及自在性的对应性，那么，师生双方就要关注在双方对应性影响的一致性与不一致性前提下的五线定位关系。这种五线定位包含教育活动中的四线定位与教育活动之外的自在性定位。在教育活动中，四线定位的基本内容是：关注理想性的上线，即师生双方在活动根据的规律性与偶然性的一致性前提下，走向对等的教育，以实现双方的互补性变化或发展；关注过渡性的自返线，即师生双方在活动根据的不一致性前提下，返回自身，以调整自身与对方的关系；关注现实性的中线，即师生双方在活动根据的不一致性前提下，经由过渡性的自返线而走向对话或讨论，以实现双方的生成性变化或发展；关注禁止性的底线，即师生双方在活动根据的不一致性前提下，经由过渡性的自返线，都不能破坏或割裂对应的教育关系。而在教育活动之外，师生双方的活动根据都还具有自立自为的自在性定位，以实现自我的自在性转换或变换。我们认为，在师生双方活动根据的属性维度上，经由五线定位的生活教育，就可以构建出师生双方以各自活动根据的规律性、偶然性、自返性以及自在性为基础的涉及理想、自返、现实、戒律与自在的对等关系，以实现师生双方活动根据的多样影响属性的转换或变换，由此，也可以规避由现行简单教育根据论关于教师活动的规律性与学生活动的偶然性所必然导致的不对等关系，以免师生双方活动根据的属性的单调或单薄。

　　第二，从师生双方活动根据的影响指向看，对应生活教育根据论关于人的概念，能够对实际的生活教育活动产生如下三方面的积极影响。首先，对应生活教育根据论关于人的概念，能够把握到在教育活动中师生双方的规律性与偶然性的双向度影响指向与自返性影响指向，因此，不仅能够支持师生双方的相互性影响指向，而且能够支持师生双方返回自身的影响指向。其次，对应生活教育根据论关于人的概念，能够把握到在教育活动之外师生双方的自在性影响指向，因此，能够支持师生双方回归自身的自在性影响指向。最后，对应生活教育根据论关于人的概念，既能把握到在教育活动中师生双方的双向度影响指向与自返性影响指向，又能把握到在教育活动之外师生双方的自在性影响指向，因此能够支持师生双方建构出以双方的对应性影响指向为基础的对等关系。鉴于现行简单教育根据论关于人的概念的遮蔽或偏差，我们愿意特别强调如下三点。1. 在教育活动中，关注教师对学生的偶然性影响指向与学生对教师的规律性影响指向以及师生双方的自返性影响指向。这里的关键是要走出人们熟悉的现行简单教育根据论关于人的概念的遮蔽，那就是认为师生双方活动根据的影响指向是教师活动的规律性对学生活动的偶然性的影响指向的观点——这当然是简单抽象思维泛化的后果。在对应思维看来，教师对学生的影响指向，必然是师生双方规律性与偶然性以及自返性对应的影响指向，因此，就不仅要关注教师对学生的规律性影响指向与学生对教师的偶然性影响指向，而且还要关注教师对学生的偶然性影响指向与学生对教师的规律性影响指向以及师生双方的自返性影响指向。2. 在教育活动之外，关注师生双方的自在性影响指向。这里的关键也是要走出人们熟悉的现行简单教育根据论关于人的概念的遮蔽，那就是认为师生双方的影响指向只是在教育活动中的影响指向的观点——这当然是简单抽象思维泛化的后果。在对应思维看来，在实际生活中，师生双方的影响指向，既存在于教育活动中，也存在于教育活动之外。因此，就不能仅仅关注在教育活动中师生双方的双向度影响指向与自返性影响指向，而且还要关注在教育活动之外师生双方的自在性影响指向。3. 关注师生双方在影响指向维度上对等定位的生活教育关系即五线定位的生活教育关系。在实际生活中，既然师生双方都具有规律性与偶然性的双向度影响指向与自返性影响指向以及自在性影响指向，那么，师生双方就要关注在双方对应性影响指向的一致性与不一致性前提下的五线定位关系。这种五线定位包含教育活动中的四线定位与教育活动之外的自在性定位。在教育活动中，四线定位的基本内容是：关注理想性的上线，即师生双方在规律性与偶然性影响指向的一致性前提下，走向对等的教育，以实现双方的互补性变化或发展；关注过渡性的自返线，即师生双方在规律性与偶然性影响指向的不一致性前提下，返回自身，以调整自身与对方的关系；关注现实性的中线，即师生双方在规律性与偶然性影响指向的不一致性前提下，经由过渡性的自返线而走向对话或讨论，以实现双方的生成性变化或发展；关注禁止性的底线，即师生双方在规律性与偶然性影响指向的不一致性前提下，经由过渡性的自返线，都不能破坏或割裂对应的教育关系。而在教育活动之外，师生双方都还具有自立自为的自在性影响指向，以实现自我的自在性转换或变换。我们认为，在师生双方活动根据的影响指向维度上，经由五线定位的生活教育，就可以构建出师生双方以对应性影响指向为基础的涉及理想、自返、现实、戒律与自在的对等关系，以实现师生双方活动根据多样影响指向的转换或变换，由此，也可以规避由现行简单教育根据论关于教师对学生的简单影响指向所必然导致的不对等关系，以免师生双方活动根据单一影响指向的机械或僵硬。

第三，从师生双方活动根据的影响结果看，对应生活教育根据论关于人的概念，能够对实际的生活教育活动产生如下三方面的积极影响。首先，对应生活教育根据论关于人的概念，能够把握到在教育活动中师生双方的规律性与偶然性的相互性影响结果与自返性影响结果，因此，不仅能够支持师生双方的相互性影响结果，而且能够支持师生双方返回自身的影响结果。其次，对应生活教育根据论关于人的概念，能够把握到在教育活动之外师生双方的自在性影响结果，因此，能够支持师生双方回归自我的自在性影响结果。最后，对应生活教育根据论关于人的概念，既能把握到在教育活动中师生双方的相互性影响结果与自返性影响结果，又能把握到在教育活动之外师生双方的自在性影响结果，因此，能够支持师生双方建构出以双方的对应性影响结果为基础的对等关系。鉴于现行简单教育根据论关于人的概念的遮蔽或偏差，我们愿意特别强调如下三点。1. 在教育活动中，关注教师对学生的偶然性影响结果与学生对教师的规律性影响结果以及师生双方的自返性影响结果。这里的关键是要走出人们熟悉的现行简单教育根据论关于人的概念的遮蔽，那就是认为师生双方活动根据的影响结果是教师活动的规律性对学生活动的偶然性的影响结果的观点——那当然是简单抽象思维泛化的后果。在对应思维看来，教师对学生的影响结果，必然是师生双方规律性与偶然性以及自返性对应的影响结果，因此，就不仅要关注教师对学生的规律性影响结果与学生对教师的偶然性影响结果，而且还要关注教师对学生的偶然性影响结果与学生对教师的规律性影响结果以及师生双方的自返性影响结果。2. 在教育活动之外，关注师生双方的自在性影响结果。这里的关键也是要走出人们熟悉的现行简单教育根据论关于人的概念的遮蔽，那就是认为师生双方的影响结果只是在教育活动中的影响结果的观点——这当然是简单抽象思维泛化的后果。在对应思维看来，在实际生活中，师生双方的影响结果既存在于教育活动中，也存在于教育活动之外，因此，就不能仅仅关注在教育活动中师生双方的相互性影响结果与自返性影响结果，而且还要关注在教育活动之外师生双方的自在性影响结果。3. 关注师生双方在活动根据的影响结果维度上对等定位的生活教育关系即五线定位的生活教育关系。在实际生活中，既然师生双方的活动都具有规律性与偶然性的相互性影响结果与自返性影响结果以及自在性影响结果，那么，师生双方就要关注在双方对应性影响结果的一致性与不一致性前提下的五线定位关系。这种五线定位包含教育活动中的四线定位与教育活动之外的自在性定位。在教育活动中，四线定位的基本内容是：关注理想性的上线，即师生双方在规律性与偶然性影响结果的一致性前提下，走向对等的教育，以实现双方的互补性变化或发展；关注过渡性的自返线，即师生双方在规律性与偶然性影响结果的不一致性前提下，返回自身，以调整自身与对方的关系；关注现实性的中线，即师生双方在规律性与偶然性影响结果的不一致性前提下，经由过渡性的自返线而走向对话或讨论，以实现双方的生成性变化或发展；关注禁止性的底线，即师生双方在规律性与偶然性影响结果的不一致性前提下，经由过渡性的自返线，都不能破坏或割裂对应的教育关系。而在教育活动之外，师生双方都还具有自立自为的自在性影响结果，以完成自我的自在性转换或变换。我们认为，在师生双方活动根据的影响结果维度上，经由五线定位的生活教育，就可以构建出师生双方以对应性影响结果为基础的涉及理想、自返、现实、戒律与自在的对等关系，以实现师生双方活动根据的多样影响结果的丰富或丰满，由此，也可以规避由现行简单教育根据论关于教师对学生的简单影响结果所必然导致的不对等关系，以免师生双方活动根据的单一影响结果的贫乏或贫穷。

五、本节小结

综上所述，我们对现行简单教育根据论关于人的概念的改造，涉及三层基本内容。首先，由现行简单教育根据论关于人的概念所包含的主观思维路线，转换到事实思维路线，之后在事实思维路线基础上，将现行简单教育根据论关于人的概念所包含的单一主观泛化的思维路线，改造为主观与客观的对应思维路线。其次，在对应思维路线上，将现行简单教育根据论关于人的概念所包含的认识师生双方活动根据的"规律性对偶然性的制约性"的思维切入点，改造为"规律性、偶然性、自返性以及自在性的对应制约性"的思维切入点。最后，在"规律性、偶然性、自返性以及自在性的对应制约性"视野中，分别对师生双方活动根据的属性、指向与结果这些基本教育关系，做出了对应的考察。此外，我们还分别考察了对应生活教育根据论关于人的概念，在师生双方活动根据的属性、指向与结果这些基本维度上，对实际生活教育活动所产生的积极影响，以推动人们从现行的简单教育根据论关于人的概念，转换到对应生活教育根据论关于人的概念。

为了更简明地把握两种教育根据论关于人的概念的不同，我们不妨将其中所包含的不同思维路线做出如下比较。

简单教育根据论关于人的概念的单线定位路线——师生双方活动根据的关系，就是教师活动根据的规律性与学生活动根据的偶然性以及前者对后者的影响或改造关系,这里需要特别注意,简单教育根据论关于人的概念,仅仅是对教师单一主观性这一条思维路线的反应。

对应生活教育根据论关于人的概念的五线定位路线——师生双方活动根据的关系,就是师生双方活动根据的规律性、偶然性、自返性以及自在性的对应影响或改造关系,它包含双方活动根据的对应影响的理想的上线、过渡的自返线、现实的中线、戒律的底线以及自在线,这里需要特别注意,对应生活教育根据论关于人的概念,是对师生双方活动根据的对应影响的理想、自返、现实、戒律与自在五条思维路线的反应。

六、本节提示

在本节最后,需要做两点提示。第一,由"规律性对偶然性的制约性"这一思维活动切入点,到"规律性、偶然性、自返性以及自在性的对应制约性"思维活动切入点的过渡环节,就是由对师生双方活动根据的主观抽象思维,转向对师生双方活动根据的客观与主观的对应思维。第二,从"以单一规律性或偶然性为基础的人的概念",到"以规律性、偶然性、自返性以及自在性的对应为基础的人的概念"的过渡环节,就是师生双方有规律性的活动在实际生活中所必然引起的师生双方的规律性、偶然性、自返性以及自在性的活动。不了解师生双方活动的规律性、偶然性、自返性以及自在性的对应生成这一机制,就很难完成从以简单性为基础的不对等的人的概念,到以对应性为基础的对等的人的概念的过渡。

附言:

1. 教师根据规律性而对学生开始的教育活动,其实都是师生双方规律性、偶然性、自返性以及自在性的对应教育活动。

2. 对师生双方活动规律性、偶然性、自返性以及自在性的认识,都应该是对应的边界认识,而不能是抽象泛化的认识。

3. 现行教育根据论关于人的概念,仅仅把握到教师活动根据的规律性而没能把握到偶然性与自返性以及自在性,其实质,就是典型的形而上学的偏论。

4. 不能把握到师生双方活动的偶然性的人,也就根本不可能把握到师生双方活动的规律性,因为规律性与偶然性,都只能是在相互对应中才能存在的属性。

5. 仅仅明白人的行为或活动的规律性而不能同时明白偶然性、自返性与自在性的人，其实也就是简单的人。

6. 教师根据规律性而对学生进行教育的现行教育理论，正反映出人们在简单生活中的简单教育的内在机制，而师生双方根据规律性、偶然性、自返性以及自在性而进行的对应生活教育理论，则体现出人们在对应生活中的对应教育的内在机理。

第四章

对现行教育目的论中人的遮蔽性分析与对应改造

第一节 对现行教育目的论中人的遮蔽性分析

切问:

1. 现行教育目的论,将师生双方的教育目的理解为教师的社会性目的与学生的个体性目的,其思维活动的切入点在哪里?我们如何才能探索到其思维活动的切入点?

2. 现行教育目的论关于人的概念,从自己理解师生双方教育目的的切入点上,能够把握到哪些方面的内容呢?

3. 现行教育目的论关于人的概念的根据是什么?这种目的论,对实际的教育活动会产生哪些积极作用?

4. 现行教育目的论关于人的概念,从自己理解师生双方教育目的的切入点上,在对双方的教育目的有所把握的同时,却又遮蔽了哪些内容呢?

5. 在思维运行中,现行教育目的论关于人的概念,存在遮蔽的根源在哪里?

6. 现行教育目的论关于人的概念,对实际的生活教育活动会产生怎样的消极作用?

一、现行教育目的论关于人的概念的内容、属性及其思维活动的切入点

(一)现行教育目的论关于人的概念的内容

现行教育目的论关于人的概念,表现在关于学校教育的概念之中。关于学校教育的概念,在一本教育学教材中写道:"学校教育则是教育者根据一定社会的要求,有目的、有计划、有组织地对受教育者的身心施加影响,期望他们发

生某种变化的活动。"① 从这种理解中我们很容易看到，现行教育理论，将学校教育的目的理解为"一定社会的要求"。什么是"一定社会的要求"？按照现行教育理论的理解，那当然就是教师代表社会而对学生提出的要求。由此，我们也就很容易看到，现行教育目的论关于人的概念，也就是教师的社会性目的与学生的个体性目的——这就是现行教育目的论关于人的概念的基本内容。

（二）现行教育目的论关于人的概念的属性

按照现行教育目的论关于人的概念的理解，师生双方的教育目的，就是教师的社会性目的与学生的个体性目的。在实际生活中，师生双方的目的，果真是这样的吗？在教育活动中，难道只有教师的社会性目的，而没有教师的个体性目的吗？与此对应，难道只有学生的个体目的，而没有学生的社会目的吗？师生双方教育目的的社会性与个体性，难道只有一致性关系而没有不一致性关系吗？师生双方教育目的的社会性与个体性的不一致性，难道不能推动师生双方产生返回自身的自返性吗？而在教育活动之外，师生双方难道不会产生自立自为的自在性目的吗？然而，从上面的引文中，我们看到，现行教育目的论关于人的概念，却根本无视生活实际中这些具有内在对应性关系的问题，而仅仅从自己的主观愿望出发，将师生双方的教育目的简单地抽象为教师的社会性目的与学生的个体性目的。由此，我们就可以有根据地说，现行教育目的论关于人的概念的属性，就是片面性或简单性。

（三）现行教育目的论关于人的概念的思维活动的切入点

现行教育目的论关于人的概念，既然将师生双方的教育目的理解为教师的社会性目的与学生的个体性目的，那么，我们就可以据此逆向推论出其思维活动的切入点，那就是"社会要求对个体要求的制约性"，简言之，也就是"社会性对个体性的制约性"。正向地表达，现行教育理论，从社会性对个体性的制约性，切到对师生双方教育目的的理解，由此，才将师生双方的教育目的理解为教师的社会性目的与学生的个体性目的。

二、现行教育目的论关于人的概念的所见、根据及其积极功能

（一）现行教育目的论关于人的概念的所见

首先，从师生双方教育目的的属性看，现行教育目的论关于人的概念，能够把握到教师所代表的教育目的的社会性，也能够把握到学生教育目的的个体性。其次，从师生双方教育目的的影响指向看，现行教育目的论关于人的概念，

---

① 袁振国. 当代教育学 [M]. 北京：教育科学出版社，2004：4.

能够把握到教师所代表的社会性目的对学生个体性目的的影响指向。最后,从师生双方教育目的的影响结果看,现行教育目的论关于人的概念,能够把握到教师所代表的社会性目的对学生个体性目的的影响结果。总之,现行教育目的论关于人的概念,从社会性对个体性的制约性,切到对师生双方教育目的的理解,能够把握到的基本内容,也就是教师所代表的社会性目的对学生个体性目的的影响或改造。

(二) 现行教育目的论关于人的概念的根据

首先,从师生双方教育目的的属性看,按照现行教育理论的理解,教师就是代表社会目的而对具有个体性的学生进行教育的,就此而论,现行教育目的论所把握到的教师所代表的教育目的的社会性与学生教育目的的个体性,就是有根据的。其次,从师生双方教育目的的影响指向看,教师要对学生进行有目的的影响,就必然会将自身的目的指向学生,这也是有根据的。最后,从师生双方教育目的的影响结果看,既然教师代表社会对学生进行了有目的的预设,既然教师将自身的影响指向了学生,那么,学生就必然会受到教师的影响而发生变化或发展,这也是有根据的。总之,现行教育目的论关于人的概念,从社会性对个体性的制约性,切到对师生双方教育目的的理解,所把握到的基本内容,从教师对学生的教育来看,都是有根据的,因而也就是合理的。

(三) 现行教育目的论关于人的概念的积极功能

首先,从师生双方教育目的的属性看,现行教育目的论关于人的概念,能够把握到教师所代表的教育目的的社会性,这能够支持教师按照社会要求展开对学生的教育,也能够支持学生按照社会要求接受教师的教育。其次,从师生双方教育目的的影响指向看,现行教育目的论关于人的概念,能够把握到教师对学生有根据、有计划、有组织的影响指向,这能够支持教师对学生的影响,也能够支持学生接受教师的影响。最后,从师生双方教育目的的影响结果看,现行教育目的论关于人的概念,能够把握到教师所代表的社会目的对于学生个体目的的影响结果,这能够支持教师对学生的影响结果,也能够支持学生接受教师的影响结果。总之,现行教育目的论关于人的概念,从社会性对个体性的制约性切到对师生双方教育目的的理解,所把握到的基本内容,从教师对学生单方面的教育来看,都具有积极的价值或作用。

三、现行教育目的论关于人的概念的遮蔽、根源及其消极功能

(一) 现行教育目的论关于人的概念的遮蔽

首先,从师生双方教育目的的属性看,现行教育目的论关于人的概念,在

把握到教育活动中教师教育目的的社会性与学生教育目的的个体性的同时,却遮蔽了教师教育目的的个体性与学生教育目的的社会性,进而又遮蔽了师生双方教育目的由社会性与个体性所必然引起的自返性。而在教育活动之外,现行教育目的论关于人的概念,还遮蔽了师生双方教育目的的自在性。其次,从师生双方教育目的的影响指向看,现行教育目的论关于人的概念,在把握到教育活动中教师教育目的的社会性对学生教育目的的个体性的影响指向的同时,却遮蔽了学生教育目的的社会性对教师教育目的的个体性的影响指向,进而又遮蔽了师生双方由双向度影响指向所必然引起的自返性影响指向。而在教育活动之外,现行教育目的论关于人的概念,还遮蔽了师生双方教育目的的自在性影响指向。最后,从师生双方教育目的的影响结果看,现行教育目的论关于人的概念,在把握到教育活动中教师教育目的的社会性对学生教育目的的个体性的影响结果的同时,却遮蔽了学生教育目的的社会性对教师教育目的的个体性的影响结果,进而又遮蔽了师生双方由相互性影响结果所必然引起的自返性影响结果。而在教育活动之外,现行教育目的论关于人的概念,还遮蔽了师生双方教育目的的自在性影响结果。总之,现行教育目的论关于人的概念,从社会性对个体性的制约性切到对师生双方教育目的的理解,在把握到教育活动中教师教育目的的社会性对学生教育目的的个体性的影响的同时,却遮蔽了学生教育目的的社会性对教师教育目的的个体性的影响,进而又遮蔽了师生双方教育目的由社会性与个体性所必然引起的自返性影响。而在教育活动之外,现行教育目的论关于人的概念,还遮蔽了师生双方教育目的的自在性影响。

(二)现行教育目的论关于人的概念的遮蔽的根源

从思维运作看,现行教育目的论关于人的概念,所以存在上述遮蔽,是其主观抽象思维的泛化导致的。首先,从师生双方教育目的属性看,在教育活动中,教师教育目的的社会性,只有通过师生双方教育目的的个体性才能存在并发挥作用,而师生双方教育目的的个体性,也都必然包含具有同一性的社会性。同时,师生双方教育目的的社会性与个体性又必然会引起师生双方的自返性。而在教育活动之外,师生双方的教育目的,都还具有自立自为的自在性。这清楚地表明,在实际生活中,师生双方的教育目的,都同时具有社会性、个体性、自返性与自在性。然而,现行教育目的论关于人的概念,却在其主观思维中,片面地抽取出教师教育目的的社会性与学生教育目的的个体性,并以偏概全地泛指师生双方教育目的的对应性,由此,便遮蔽了教师教育目的的个体性与学生教育目的的社会性,也遮蔽了师生双方教育目的的自返性与自在性。其次,从师生双方教育目的的影响指向看,在教育活动中,教师对学生的影响指向必然会引起学生的反应,而学生的反应也必然会对教师产生影响指向。同时,师生双方双向度的影响指向,又必然会产生双方自返性的影响指向。而在教育活动之外,师生双方的教育目的,都还具有自在性的影响指向。这清楚地表明,在实际生活中,师生双方教育目的的影响指向,都必然是双向度的影响指向与自返性的影响指向以及自在性的影响指向。然而,现行教育目的论关于人的概念,却在其主观思维中片面地抽取出教师对学生的影响指向,并以偏概全地泛指师生双方在实际生活中所产生的对应性影响指向,由此,便遮蔽了学生对教师的影响指向,也遮蔽了师生双方的自返性影响指向与自在性影响指向。最后,从师生双方教育目的的影响结果看,在教育活动中,教师对学生的影响结果,都必然会对教师产生回返性的影响结果。同时,师生双方相互性的影响结果,又必然会产生双方自返性的影响结果。而在教育活动之外,师生双方的教育目的,都还具有自在性的影响结果。这清楚地表明,在实际生活中,师生双方教育目的的影响结果,都必然是相互性的影响结果与自返性的影响结果以及自在性的影响结果。然而,现行教育目的论关于人的概念,却在其主观思维中片面地抽取出教师对学生的影响结果,并以偏概全地泛指师生双方在实际生活中所产生的对应性影响结果,由此,便遮蔽了学生对教师的影响结果,也遮蔽了师生双方的自返性影响结果与自在性影响结果。

(三)现行教育目的论关于人的概念的消极功能

现行教育目的论关于人的概念,从社会性对个体性的制约性,切到对师生双方教育目的的理解,在有所把握的同时,却又存在遮蔽。这些认识或思维中的遮蔽,对实际的对应生活教育活动,会产生哪些消极影响呢?

首先,从师生双方教育目的的属性看,现行教育目的论关于人的概念,在把握到教育活动中教师教育目的的社会性与学生教育目的的个体性的同时,却遮蔽了教师教育目的的个体性与学生教育目的的社会性,进而又遮蔽了师生双方教育目的由社会性与个体性所必然产生的自返性。而在教育活动之外,现行教育目的论关于人的概念,还遮蔽了师生双方教育目的的自在性。由此,便直接导致了如下不足性:在教育活动中,师生双方仅仅把握到教师教育目的的社会性与学生教育目的的个体性,便必然会产生对师生双方教育目的简单性的偏重而难以产生对双方教育目的的社会性与个体性以及自返性的对应关注。而在教育活动之外,师生双方还是仅仅把握到教师教育目的的社会性与学生教育目的的个体性,便必然会产生对这种简单性的偏重而难以产生对双方教育目的的自在性的关注。

其次,从师生双方教育目的的影响指向看,现行教育目的论关于人的概念,在把握到教育活动中教师教育目的的社会性对学生教育目的个体性的影响指向的同时,却遮蔽了学生教育目的的社会性对教师教育目的个体性的影响指向,进而又遮蔽了师生双方由双向度影响指向所必然产生的自返性影响指向。而在教育活动之外,现行教育目的论关于人的概念,还遮蔽了师生双方教育目的的自在性影响指向。由此,便直接导致了如下不足性:在教育活动中,师生双方仅仅把握到教师对学生的影响指向,便必然会产生对这种单向度影响指向的偏重而难以产生对师生双方双向度影响指向与自返性影响指向的对应关注。而在教育活动之外,师生双方还是仅仅把握到教师对学生的影响指向,便必然会产生对这种单向度的偏重而难以产生对双方自在性影响指向的关注。

最后,从师生双方教育目的的影响结果看,现行教育目的论关于人的概念,在把握到教育活动中教师教育目的的社会性对学生教育目的的个体性的影响结果的同时,却遮蔽了学生教育目的的社会性对教师教育目的的个体性的影响结果,进而又遮蔽了师生双方由相互性影响结果所必然产生的自返性影响结果。而在教育活动之外,现行教育目的论关于人的概念,还遮蔽了师生双方教育目的的自在性影响结果。由此,便直接导致了如下不足性:在教育活动中,师生双方仅仅把握到教师对学生的影响结果,便必然会产生对这种单方面影响结果的偏重而难以产生对师生双方相互性影响结果与自返性影响结果的对应关注。而在教育活动之外,师生双方还是仅仅把握到教师对学生的影响结果,便必然会产生对这种单方面结果的偏重而难以产生对双方自在性影响结果的关注。

总之,现行教育目的论关于人的概念,从社会性对个体性的制约性,切到对师生双方教育目的的理解,从师生双方生活教育目的的社会性、个体性、自返性以及自在性的对应关系来看,确实存在严重的简单性偏差并因此而必须对其进行合理的反思与改造。

四、本节小结

综上所述,我们看到,现行教育目的论关于人的概念,从社会性对个体性的制约性,切到对师生双方教育目的的理解,虽然能够把握到教师教育目的的社会性对学生教育目的的个体性的影响或改造,也能够把握到这种影响或改造的根据并对实际的简单学校教育活动产生积极的作用,但是,却遮蔽了教师教育目的的个体性与学生教育目的的社会性,还遮蔽了师生双方教育目的的自返性以及自在性。从思维运作看,现行教育目的论关于人的概念的遮蔽,是其主观思维的抽象泛化所导致的。从实际看,这种抽象泛化的思维或认识,对师生双方生活教育目的的对应影响或对应改造都存在多方面的消极作用。因此,现行教育目的论关于人的概念，就必然也因此而必须被合理地反思与改造。

五、本节提示

在本节最后，需要做两点提示。第一，探寻现行教育目的论关于人的概念的思维活动切入点的根据，就是现行教育目的论关于人的概念的内容，或者说，我们是通过现行教育目的论关于人的概念的内容而探寻到其思维活动的切入点的。第二，对现行教育目的论关于人的概念的思维活动切入点的遮蔽性分析，不是我们简单的主观分析，而是根据现行教育目的论关于人的概念所包含的主观思维活动切入点的所见与不足而展开的——要特别注意，现行教育目的论关于人的概念所包含的简单抽象的主观思维，必然会遮蔽与其对应的具体的动态事实。

附言：

1. 教师教育目的的社会性，只能存在并表现于师生双方教育目的的个体性、自返性与自在性之中。

2. 现行教育目的论关于人的概念，脱离开师生双方的个体目的而仅仅谈论社会目的，这充分表明了现行教育目的论关于人的概念的抽象与空洞。

3. 现行教育目的论关于人的概念，只谈社会性而不谈个体性，这充分证明了现行教育目的论关于人的概念，其实不过是对个人的忽视或轻视的概念。

4. 师生双方教育目的的社会性、个体性、自返性以及自在性，是四种具有区分性的属性，它们之间不是所谓的对立统一关系，而是对应差异关系。

5. 仅仅把握到教育目的的社会性，而把握不到个体性与自返性以及自在性的教师，就是典型的"简单的教师"，这种简单的教师，根本不可能具有由教育目的的对应性所生成的人的丰富性的品质。

6. 对应生活教育所要关怀的人，必定是具有社会性、个体性、自返性以及自在性的具体的个人，而绝不是现行教育目的论关于人的概念所把握到的仅仅具有简单性的抽象的人。

第二节　对现行教育目的论中人的对应改造

切问：

1. 从动态的生活事实看，现行教育目的论关于人的概念所包含的"社会性对个体制约性"的切入点，其实都是"社会性、个体性、自返性以及自在性的对应制约性"的切入点吗？

2. 从生活的事实看，师生双方教育目的的社会性、个体性、自返性以及自在性，都会是对应的属性吗？

3. 从生活的事实看，师生双方教育目的的影响指向，都会是双向度的影响指向与自返性的影响指向以及自在性的影响指向吗？

4. 从生活的事实看，师生双方教育目的的影响结果，都会是相互性的影响结果与自返性的影响结果以及自在性的影响结果吗？

5. 在生活实际中，师生双方教育目的的社会性、个体性、自返性以及自在性，都不是抽象泛化的属性，而是具体对应的属性吗？我们需要从抽象泛化的思维，转换到具体的对应思维吗？

6. 如果只有教师教育目的的社会性对学生教育目的的个体性的制约，那么，师生双方就只能产生等级性或不对等的关系吗？如果存在师生双方社会性、个体性、自返性以及自在性的相互制约，那么，师生双方就会生成以对应性为基础的对等关系吗？

一、对现行教育目的论关于人的概念所包含的泛化思维的对应改造

上一节我们谈到，现行教育目的论关于人的概念，之所以存在遮蔽，是因为在其思维运作中存在抽象泛化的不足。因此，要改造现行教育目的论关于人的概念，就必须改造其抽象泛化的主观思维。如何改造这种思维呢？这首先就需要摆脱现行教育目的论关于人的概念所包含的简单主观思维，而转向对教育活动事实或过程的关注，即由主观思维转向事实思维。然后，还需要走出教育研究者简单泛化的抽象思维，而转向对教育活动的抽象与具体对应的边界思维，即由简单的泛化思维，转向对应的边界思维。

二、对现行教育目的论关于人的概念所包含的思维切入点的对应改造

现行教育目的论关于人的概念，从社会性对个体性的制约性，切到对师生双方教育目的的理解，这一切入点本身并不存在问题。现行教育目的论关于人的概念的问题在于：从社会性对个体性的制约性开始，切到对师生双方教育目的的理解，之后却并没有对这一具体影响的过程做出对应的动态考察，而是仅仅停留在社会性对个体性的制约性这里，并将师生双方的教育目的抽象为社会性目的。

社会性对个体性制约的具体或动态的过程，又是怎样的呢？征之于生活实际，我们看到，在教育活动中，社会的要求或目的，只有通过教师或学生的个体目的，才可能存在并发挥作用；脱离师生双方的个体目的，所谓的社会目的，就只能是抽象的空洞的存在。与此对应，师生双方的个体目的，也必然会存在具有一致性或同一性的目的即社会目的。同时，师生双方的社会目的与个体目的的不一致性，又必然会引起师生双方返回自身的自返性目的。而在教育活动之外，师生双方，都还具有自立自为的自在性目的。这清楚地表明，在实际生活中，师生双方的教育目的，都必然会具有社会性、个体性、自返性以及自在性的对应性，而不是现行教育目的论关于人的概念所把握到的单方面的教师教育目的社会性对学生教育目的的个体性的制约性。由此，我们就将现行教育目的论关于人的概念的"社会性对个体性的制约性"的切入点，改造为"社会性、个体性、自返性以及自在性的对应制约性"的切入点。

三、对现行教育目的论关于人的概念所包含的具体内容的对应改造

对应生活教育目的论关于人的概念，从社会性、个体性、自返性以及自在性的对应制约性，切到对师生双方教育目的的理解，能够对现行教育目的论关于人的概念做出哪些方面的改造呢？下面，分而论之。

第一，从师生双方教育目的的属性看，对应生活教育目的论关于人的概念，既能把握到在教育活动中师生双方教育目的的社会性、个体性与自返性，又能把握到在教育活动之外师生双方教育目的的自在性，而不是现行教育目的论关于人的概念所把握到的在学校教育活动中教师教育目的的社会性与学生的个体性。这里的道理是：在教育活动中，社会对教师与学生的要求或目的，只能通过师生双方的个体目的，才可能转化为具体的存在并发挥对师生双方的制约作用。与此对应，师生双方的个体目的，虽然存在差异性，但也必然会具有教

或教学意义上的一致性目的即社会目的。同时，由于社会性与个体性的不一致性，又必然会产生师生双方的自返性。而在教育活动之外，师生双方都还具有自立自为的自在性目的。这清楚地表明，在生活教育的实际过程中，师生双方教育目的的社会性、个体性、自返性以及自在性，都必然是相互对应的属性，而不可能是现行教育目的论关于人的概念所把握到的在教育活动中教师的社会性与学生的个体性——这种单方面的属性，当然，只能是抽象泛化的形而上学的属性。

第二，从师生双方教育目的的影响指向看，对应生活教育目的论关于人的概念，既能把握到在教育活动中师生双方教育目的的社会性与个体性的双向度影响指向与自返性影响指向，又能把握到在教育活动之外师生双方教育目的的自在性影响指向，而不是现行教育目的论关于人的概念所把握到的教师教育目的社会性对学生教育目的个体性的单一影响指向。这里的道理是：在教育活动中，教师所代表的社会目的对学生的影响指向，必然会引起学生的反应并产生自己的目的，而学生自己的目的，又必然会引起教师的反应并产生自己的目的。同时，师生双方双向度的影响指向，又必然会产生师生双方的自返性目的。而在教育活动之外，师生双方，都还具有自立自为的自在性影响指向。这清楚地表明，在生活教育的实际过程中，师生双方教育目的的影响指向，必然是双向度的影响指向与自返性的影响指向以及自在性的影响指向，而不可能是现行教育目的论关于人的概念所把握到的在教育活动中教师教育目的的社会性对学生教育目的个体性的单一影响指向——这种单一的影响指向，当然，也只能是抽象泛化的形而上学的影响指向。

第三，从师生双方教育目的的影响结果看，对应生活教育目的论关于人的概念，既能把握到在教育活动中师生双方教育目的社会性与个体性的相互性影响结果与自返性影响结果，又能把握到在教育活动之外师生双方教育目的的自在性影响结果，而不是现行教育目的论关于人的概念所把握到的教师教育目的社会性对学生教育目的个体性的单方面影响结果。这里的道理是：在教育活动中，教师所代表的社会目的对学生的影响，必然会产生对学生的影响结果，而这种结果，又必然会反过来对教师产生影响结果。同时，师生双方相互性的影响结果，又必然会产生师生双方的自返性影响结果。而在教育活动之外，师生双方都还具有自立自为的自在性影响结果。这清楚地表明，在生活教育的实际过程中，师生双方教育目的的影响结果，必然是师生双方相互性的影响结果与自返性的影响结果以及自在性的影响结果，而不可能是现行教育目的论关于人的概念所把握到的在教育活动中教师教育目的的社会性对学生教育目的的个体性的单方面影响结果——这种单方面的影响结果,当然,也只能是抽象泛化的形而上学的影响结果。

四、对应生活教育目的论关于人的概念的积极功能

对应生活教育目的论关于人的概念,从社会性、个体性、自返性以及自在性的对应制约性,切到对师生双方教育目的的理解,能够对实际的生活教育活动,产生哪些方面的积极影响呢?下面,分而论之。

第一,从师生双方教育目的的属性看,对应生活教育目的论关于人的概念,能够对实际的生活教育活动产生如下三方面的积极影响。首先,对应生活教育目的论关于人的概念,在教育活动中,能够把握到师生双方教育目的的社会性与个体性以及自返性,因此,不仅能够支持师生双方按照社会要求开展教育活动,而且还能够支持师生双方按照自我要求开展自我教育活动,还能够支持师生双方开展自我反省或反思的教育活动。其次,对应生活教育目的论关于人的概念,在教育活动之外,能够把握到师生双方教育目的的自在性,因此,能够支持师生双方开展自立自为的自在性教育活动。最后,对应生活教育目的论关于人的概念,既能把握到教育活动中师生双方教育目的的社会性与个体性以及自返性,又能把握到教育活动之外师生双方教育目的的自在性,因此,能够支持师生双方建构出以社会性、个体性、自返性以及自在性的对应影响为基础的对等关系。鉴于现行教育目的论关于人的概念的遮蔽或偏差,我们愿意特别强调如下三点。1. 关注教师教育目的的个体性与学生教育目的的社会性以及师生双方教育目的的自返性。这里的关键是要走出人们熟悉的现行教育理论的遮蔽,那就是认为教育目的的属性就是教师教育目的社会性与学生教育目的个体性的观点——那当然是简单抽象思维泛化的后果。在对应思维看来,教育目的的属性,是师生双方教育目的的社会性与个体性以及自返性的对应性,因此,就不仅要关注教师教育目的的社会性与学生教育目的个体性,而且还要关注学生教育目的的社会性与教师教育目的个体性以及师生双方教育目的的自返性。2. 关注师生双方在教育活动之外的教育目的的自在性。这里的关键是要走出人们熟悉的现行教育理论的遮蔽,那就是认为师生双方的教育目的的属性,只表现于教育活动中的观点——这当然是简单抽象思维泛化的后果。在对应思维看来,师生双方教育目的的属性,不仅表现于教育活动之中,而且还表现于教育活动之外。因此,就不仅要关注在教育活动中师生双方教育目的的社会性、个体性与自返性,而且还要关注在教育活动之外师生双方教育目的的自在性。3. 关注师生双方在教育目的的属性维度上对等定位的生活教育关系即五线定位的生活教育关系。在实际生活中，既然师生双方的教育目的都具有社会性、个体性、自返性以及自在性的对应性，那么，师生双方就要关注在双方对应性影响的一致性与不一致性前提下的五线定位关系。这种五线定位包含教育活动中的四线定位与教育活动之外的自在性定位。在教育活动中，四线定位的基本内容是：关注理想性的上线，即师生双方在教育目的的社会性与个体性影响的一致性前提下，走向对等的教育，以实现双方教育目的的互补性变化或发展；关注过渡性的自返线，即师生双方在教育目的的社会性与个体性影响的不一致性前提下，返回自身，以调整自身与对方的关系；关注现实性的中线，即师生双方在教育目的的社会性与个体性影响的不一致性前提下，经由过渡性的自返线而走向对话或讨论，以实现双方教育目的的生成性变化或发展；关注禁止性的底线，即师生双方在教育目的的社会性与个体性影响的不一致性前提下，经由过渡性的自返线，都不能破坏或割裂对应的教育关系。而在教育活动之外，师生双方的教育目的都还具有自立自为的自在性定位，以实现自我的自在性转换或变换。我们认为，在师生双方教育目的的属性维度上，经由五线定位的生活教育，就可以构建出师生双方以各自教育目的的社会性、个体性、自返性以及自在性为基础的涉及理想、自返、现实、戒律与自在的对等关系，以实现师生双方教育目的多样影响属性的转换或变换，由此，也可以规避由现行简单教育目的论关于教师教育目的的社会性与学生教育目的的个体性所必然导致的不对等关系，以免师生双方教育目的属性的单调或单薄。

  第二，从师生双方教育目的的影响指向看，对应生活教育目的论关于人的概念，能够对实际的生活教育活动产生如下三方面的积极影响。首先，对应生活教育目的论关于人的概念，能够把握到教育活动中师生双方教育目的的社会性与个体性的双向度影响指向与自返性影响指向，因此，不仅能够支持师生双方按照社会与个体的合理要求开展相互的教育活动，而且能够支持师生双方对不合理的社会与个体要求做出反思、调整或改变。其次，对应生活教育目的论关于人的概念，能够把握到教育活动之外师生双方教育目的的自在性影响指向，因此能够支持师生双方教育目的的自在性影响指向。最后，对应生活教育目的论关于人的概念，既能把握到教育活动中师生双方教育目的的社会性与个体性的双向度影响指向与自返性影响指向，又能把握到教育活动之外师生双方教育目的的自在性影响指向，因此，能够支持师生双方建构出以社会性与个体性的双向度影响指向与自返性影响指向以及自在性影响指向为基础的对等关系。鉴于现行教育目的论关于人的概念的遮蔽或偏差，我们愿意特别强调如下三点。1. 关注学生教育目的社会性对教师教育目的个体性的影响指向以及师生双方教育目的的自返性影响指向。这里的关键是要走出人们熟悉的现行教育理论的遮蔽,那就是认为教育目的的影响指向就是教师教育目的社会性对学生教育目的个体性的影响指向的观点——这当然是简单抽象思维泛化的后果。在对应思维看来,教育目的的影响指向,必然是师生双方教育目的的社会性与个体性的双向度影响指向以及自返性影响指向,因此,就不仅要关注教师教育目的的社会性对学生教育目的的个体性的影响指向,而且要关注学生教育目的的社会性对教师教育目的的个体性的影响指向以及师生双方教育目的的自返性影响指向。2. 关注师生双方在教育活动之外教育目的的自在性影响指向。这里的关键是要走出人们熟悉的现行教育理论的遮蔽,那就是认为师生双方的教育目的的影响指向,只表现于教育活动中的观点——这当然是简单抽象思维泛化的后果。在对应思维看来,师生双方教育目的的影响指向,不仅表现于教育活动之中,而且表现于教育活动之外。因此,就不仅要关注在教育活动中师生双方教育目的的双向度影响指向与自返性影响指向,而且还要关注在教育活动之外师生双方教育目的的自在性影响指向。3. 关注师生双方教育目的在影响指向维度上对等定位的教育关系即五线定位的教育关系。在实际生活中,既然师生双方的教育目的都具有社会性与个体性的双向度影响指向与自返性影响指向以及自在性影响指向,那么,师生双方就要关注在双方教育目的的对应性影响指向的一致性与不一致性前提下的五线定位关系。这种五线定位包含教育活动中的四线定位与教育活动之外的自在性定位。在教育活动中,四线定位的基本内容是:关注理想性的上线,即师生双方在社会性与个体性影响指向的一致性前提下,走向对等的教育,以实现双方教育目的的互补性变化或发展;关注过渡性的自返线,即师生双方在社会性与个体性影响指向的不一致性前提下,返回自身,以调整自身与对方的关系;关注现实性的中线,即师生双方在社会性与个体性影响指向的不一致性前提下,经由过渡性的自返线而走向对话或讨论,以实现双方教育目的的生成性变化或发展;关注禁止性的底线,即师生双方在社会性与个体性影响指向的不一致性前提下,经由过渡性的自返线,都不能破坏或割裂对应的教育关系。而在教育活动之外,师生双方都还具有自立自为的自在性影响指向,以实现自我的自在性转换或变换。我们认为,在师生双方教育目的的影响指向维度上,经由五线定位的生活教育,就可以构建出师生双方以对应性影响指向为基础的涉及理想、自返、现实、戒律与自在的对等关系,以实现师生双方教育目的的多样影响指向的转换或变换,由此,也可以规避由现行简单教育目的论关于教师对学生的简单影响指向所必然导致的不对等关系,以免师生双方教育目的的单一影响指向的机械或僵硬。

第三，从师生双方教育目的的影响结果看，对应生活教育目的论关于人的概念，能够对实际的生活教育活动产生如下三方面的积极影响。首先，对应生活教育目的论关于人的概念，能够把握到教育活动中师生双方教育目的社会性与个体性的相互性影响结果与自返性影响结果，因此，不仅能够支持师生双方按照社会与个体的合理要求而得到的教育结果，而且能够支持师生双方对不合理的社会与个体要求的教育结果做出反思、调整或改变。其次，对应生活教育目的论关于人的概念，能够把握到教育活动之外师生双方教育目的的自在性影响结果，因此能够支持师生双方教育目的的自在性影响结果。最后，对应生活教育目的论关于人的概念，既能把握到教育活动中师生双方教育目的社会性与个体性的相互性影响结果与自返性影响结果，又能把握到教育活动之外师生双方教育目的的自在性影响结果，因此，能够支持师生双方建构出以社会性与个体性的相互性影响结果与自返性影响结果以及自在性影响结果为基础的对等关系。鉴于现行教育目的论关于人的概念的遮蔽或偏差，我们愿意特别强调如下三点。1. 关注学生教育目的社会性对教师教育目的的个体性的影响结果以及师生双方教育目的的自返性影响结果。这里的关键是要走出人们熟悉的现行教育理论的遮蔽，那就是认为教育目的的影响结果就是教师教育目的社会性对学生教育目的个体性的影响结果的观点——这当然是简单抽象思维泛化的后果。在对应思维看来，教育目的的影响结果，必然是师生双方教育目的社会性与个体性的相互性影响结果以及自返性影响结果，因此，就不仅要关注教师教育目的社会性对学生教育目的个体性的影响结果，而且要关注学生教育目的社会性对教师教育目的个体性的影响结果以及师生双方教育目的的自返性影响结果。2. 关注师生双方在教育活动之外教育目的的自在性影响结果。这里的关键是要走出人们熟悉的现行教育理论的遮蔽，那就是认为师生双方的教育目的的影响结果，只表现于教育活动中的观点——这当然是简单抽象思维泛化的后果。在对应思维看来，师生双方教育目的的影响结果，不仅表现于教育活动之中，而且表现于教育活动之外。因此，就不仅要关注在教育活动中师生双方教育目的相互性影响结果与自返性影响结果，而且要关注在教育活动之外师生双方教育目的的自在性影响结果。3. 关注师生双方教育目的在影响结果维度上对等定位的教育关系即五线定位的教育关系。在实际生活中，既然师生双方的教育目的都具有社会性与个体性的相互性影响结果与自返性影响结果以及自在性影响结果，那么，师生双方就要关注在双方教育目的对应性影响结果的一致性与不一致性前提下的五线定位关系。这种五线定位包含教育活动中的四线定位与教育活动之外的自在性定位。在教育活动中，四线定位的基本内容是：关注理想性的上线，即师生双方在社会性与个体性影响结果的一致性前提下，走向对等的教育，以实现双方教育目的的互补性变化或发展；关注过渡性的自返线，即师生双方在社会性与个体性影响结果的不一致性前提下，返回自身，以调整自身与对方的关系；关注现实性的中线，即师生双方在社会性与个体性影响结果的不一致性前提下，经由过渡性的自返线而走向对话或讨论，以实现双方教育目的的生成性变化或发展；关注禁止性的底线，即师生双方在社会性与个体性影响结果的不一致性前提下，经由过渡性的自返线，都不能破坏或割裂对应的教育关系。而在教育活动之外，师生双方都还具有自立自为的自在性影响结果，以实现自我的自在性转换或变换。我们认为，在师生双方教育目的的影响结果维度上，经由五线定位的生活教育，就可以构建出师生双方以对应性影响结果为基础的涉及理想、自返、现实、戒律与自在的对等关系，以实现师生双方教育目的多样影响结果的丰富或丰满，由此，也可以规避由现行简单教育目的论关于教师对学生的简单影响结果所必然导致的不对等关系，以免师生双方教育目的的单一影响结果的贫乏或贫穷。

五、本节小结

综上所述，我们对现行教育目的论关于人的概念的改造，涉及三层基本内容。首先，由现行教育目的论关于人的概念所包含的主观思维路线，转换到事实思维路线，然后在事实思维路线基础上，将现行教育目的论关于人的概念所包含的单一主观泛化的思维路线，改造为主观与客观的对应思维路线。其次，在对应思维路线上，将现行教育目的论关于人的概念所包含的考察教育目的的"社会性对个体性的制约性"的思维切入点，改造为"社会性、个体性、自返性以及自在性的对应制约性"的思维切入点。最后，在"社会性、个体性、自返性以及自在性的对应制约性"视野中，分别对师生双方教育目的的属性、影响指向与影响结果这些基本教育关系，做出了对应的考察。此外，我们分别考察了对应生活教育目的论关于人的概念，在师生双方教育目的的属性、影响指向与影响结果这些基本维度上，对实际的生活教育活动所产生的积极影响，以推动人们从现行的简单教育目的论关于人的概念，转换到对应生活教育目的论关于人的概念。

为了更简明地把握两种教育目的论关于人的概念的不同，我们不妨将其中所包含的不同思维路线，做出如下比较。

简单教育目的论关于人的概念的单线定位路线——师生双方教育目的的关系，就是教师教育目的的社会性对学生教育目的的个体性的制约性，这里需要特别注意,简单教育目的论关于人的概念,仅仅是对师生双方教育目的简单抽象思维路线的反应。

对应生活教育目的论关于人的概念的五线定位路线——师生双方教育目的的关系,就是师生双方教育目的社会性、个体性、自返性以及自在性的对应制约性,它包含双方教育目的对应影响的理想的上线、过渡的自返线、现实的中线、戒律的底线以及自在线,这里需要特别注意,对应生活教育目的论关于人的概念,是对师生双方教育目的对应影响的理想、自返、现实、戒律以及自在的五条思维路线的反应。

六、本节提示

在本节最后,需要做两点提示。第一,由"社会性对个体性的制约性",到"社会性、个体性、自返性以及自在性的对应制约性"的过渡环节,就是由对师生双方教育目的的抽象泛化思维,转向对师生双方教育目的的抽象与具体的对应思维。第二,从"以单一社会性或个体性为基础的人的概念",到"以社会性、个体性、自返性以及自在性的对应为基础的人的概念"的过渡环节,就是教师教育目的的社会性在实际生活中所必然引起的师生双方教育目的的社会性、个体性、自返性以及自在性,不了解师生双方教育目的的社会性、个体性、自返性以及自在性的对应生成这一机制,就很难完成从以简单性为基础的不对等的人的概念到以对应性为基础的对等的人的概念的过渡。

附言:

1. 从社会性对个体性约束而开始的教育活动,其实,都是社会性、个体性、自返性以及自在性对应约束的教育活动。

2. 对师生双方教育目的社会性、个体性、自返性以及自在性的考察,都应该是具体的边界考察,而不能是抽象的泛化考察。

3. 仅仅把握到教师教育目的社会性对学生教育目的的个体性的制约性的现行教育目的论,必然是社会性泛化的教育理论;此种理论,必然是内含师生双方的等级性的或不对等性的理论。

4. 师生双方教育目的社会性与个体性的不一致性所生成的张力,正是推动师生双方反思教育目的理论的内在动力。

5. 仅仅把握到教育目的社会性或个体性而把握不到自返性或自在性的人,其实,也就是简单人。

6. 教育目的社会性与个体性以及自返性的一致性关系，是人的预设性教育或目的性教育的内在机制，而教育目的社会性、个体性、自返性以及自在性的不一致性关系，则是人的反思性教育或后果教育与自在性教育的内在机理。

第五章

对现行教育形式论中人的遮蔽性分析与对应改造

第一节　对现行教育形式论中人的遮蔽性分析

切问：

1. 现行教育形式论，将学校教育活动形式理解为教师对学生的有序性的形式，其思维活动的切入点在哪里？我们如何才能探索到其思维活动的切入点？
2. 现行教育形式论关于人的概念，从自己理解师生双方活动形式的切入点上，能够把握到师生双方活动形式的哪些方面的内容呢？
3. 现行教育形式论关于人的概念的根据是什么？这种理论，对实际的教育活动会产生哪些积极作用？
4. 现行教育形式论关于人的概念，从自己理解师生双方活动形式的切入点上，在对双方活动形式有所把握的同时，却又遮蔽了哪些内容呢？
5. 在思维运行中，现行教育形式论关于人的概念，存在遮蔽的根源在哪里？
6. 现行教育形式论关于人的概念，对实际的生活教育活动会产生怎样的消极作用？

一、现行教育形式论关于人的概念的内容、属性及其思维活动的切入点

（一）现行教育形式论关于人的概念的内容

现行教育形式论关于人的概念，表现在关于学校教育的概念之中。关于学校教育的概念，在一本教材中这样写道："学校教育则是教育者根据一定社会的要求，有目的、有计划、有组织地对受教育者的身心施加影响，期望他们发生某种变化的活动。"① 其中谈到教育者或教师以"有目的、有计划、有组织"的形式对受教育者或学生施加影响，这里的"有目的、有计划、有组织"也就是学校教育活动的形式。基本意思是说，学校教育活动的展开，不是随意的或零散的，而是有预设、有筹备、有规划或有安排的。这也就是说，学校教育活动，不是教育者或教师对受教育者或学生的盲目的或无序的活动，而是有目的的或有序的活动，简言之，学校教育活动的形式，也就是教师对学生的有序活动形式。这就是现行教育形式论关于人的概念的基本内容。

（二）现行教育形式论关于人的概念的属性

现行教育形式论关于人的概念，具有怎样的性质呢？

按照现行教育形式论关于人的概念的理解，学校教育活动的形式，就是教师对学生的有序活动形式。学校教育活动的实际，果真是这样的吗？在学校教育活动中，教师对学生的有序活动，难道不能引起学生有序或无序的反应吗？这种有序或无序的反应，难道不能反过来引起教师有序或无序的反应吗？同时，师生双方的有序与无序的反应，难道不能推动师生双方产生自返性的反应吗？而在学校教育活动之外，师生双方的活动，难道不能具有自立自为的自在性形式吗？然而，从上文中，我们看到，现行教育形式论关于人的概念，却根本无视实际生活中存在的这些具有内在对应性的问题，而仅仅将师生双方活动的形式简单地抽象为教师对学生的有序性的形式。由此，我们就可以有根据地说，现行教育形式论关于人的概念的属性，就是片面性或简单性。

（三）现行教育形式论关于人的概念的思维活动的切入点

现行教育形式论关于人的概念，既然将师生双方活动的形式理解为教师对学生的有序性形式，那么，我们就可以据此逆向推论出其思维活动的切入点，那就是"教师对学生的预设性"。正向地表达，现行教育形式论关于人的概念，从教师对学生的预设性，切到对双方活动形式的理解，由此，才将双方活动的形式理解为有序性的形式。

二、现行教育形式论关于人的概念的所见、根据及其积极功能

（一）现行教育形式论关于人的概念的所见

首先，从师生双方活动形式的属性看，现行教育形式论关于人的概念，能够把握到教师活动形式的有序性与学生活动形式的无序性。其次，从师生双方活动形式的影响指向看，现行教育形式论关于人的概念，能够把握到教师活动

---

① 袁振国．当代教育学［M］．北京：教育科学出版社，2004：4.

形式有序性对学生活动形式无序性的影响指向。最后，从师生双方活动形式的影响结果看，现行教育形式论关于人的概念，能够把握到教师活动形式有序性对学生活动形式无序性的影响或改造。总之，现行教育形式论关于人的概念，从教师对学生的预设性切到对双方活动形式的理解，能够把握到的内容，也就是教师活动形式有序性对学生活动形式无序性的影响或改造。

（二）现行教育形式论关于人的概念的根据

首先，从师生双方活动形式的属性看，现行教育形式论关于人的概念，能够把握到教师活动形式的有序性与学生活动形式的无序性。从学校教育活动的实际看，学校教育是有根据、有目的的活动，因此，也就是可以做出有序的计划或组织的活动。所以，教师对于学生的计划性或组织性，也就是有根据的。其次，从师生双方活动形式的影响指向看，现行教育形式论关于人的概念，能够把握到教师活动形式有序性对于学生活动形式无序性的影响指向。从学校教育活动的实际看，教师要对学生施加有序的影响或教育，就需要将这种有序性的影响或教育指向学生，这也是有根据的。最后，从师生双方活动形式的影响结果看，现行教育形式论关于人的概念，能够把握到教师活动形式有序性对于学生活动形式无序性的影响或改造。从学校教育活动的实际看，既然教师对学生进行了计划或组织，既然教师对学生进行了有序的教育活动，那么，学生就必然会受到教师计划或组织的影响或改造，这也是有根据的。总之，现行教育形式论关于人的概念，从教师对学生的预设性切到对双方活动形式的理解，所把握到的基本内容，从教师对于学生的教育而言，都是有根据的，因而就是合理的。

（三）现行教育形式论关于人的概念的积极功能

首先，从师生双方活动形式的属性看，现行教育形式论关于人的概念，能够把握到教师活动形式的有序性与学生活动形式的无序性，这能够为教师开展有序性的教育活动提供可靠的认知性基础。其次，从师生双方活动形式的影响指向看，现行教育形式论关于人的概念，能够把握到教师活动形式有序性对于学生活动形式无序性的影响指向，这能够为教师开展对学生的影响提供可靠的操作性基础。最后，从师生双方活动形式的影响结果看，现行教育形式论关于人的概念，能够把握到教师活动形式有序性对于学生活动形式无序性的影响或改造，这能够支持师生双方接受按照计划或组织而实现的教育结果。总之，现行教育形式论关于人的概念，从教师对学生的预设性切到对双方活动形式的理解，所把握到的基本内容，从教师对学生的教育来看，都具有积极的作用或价值。

三、现行教育形式论关于人的概念的遮蔽、根源及其消极功能

（一）现行教育形式论关于人的概念的遮蔽

首先，从师生双方活动形式的属性看，现行教育形式论关于人的概念，在把握到学校教育活动中教师活动形式有序性与学生活动形式无序性的同时，却遮蔽了教师活动形式的无序性与学生活动形式的有序性，进而又遮蔽了师生双方活动形式由有序性与无序性所必然引起的自返性。而在学校教育活动之外，现行教育形式论关于人的概念，还遮蔽了师生双方活动形式的自在性。其次，从师生双方活动形式的影响指向看，现行教育形式论关于人的概念，在把握到学校教育活动中教师活动形式的有序性对学生活动形式的无序性的影响指向的同时，却遮蔽了学生活动形式的有序性与无序性对教师活动形式的影响指向，进而又遮蔽了师生双方活动形式由双向度影响指向所必然引起的自返性影响指向。而在学校教育活动之外，现行教育形式论关于人的概念，还遮蔽了师生双方活动形式的自在性影响指向。最后，从师生双方活动形式的影响结果看，现行教育形式论关于人的概念，在把握到学校教育活动中教师活动形式的有序性对学生活动形式的无序性的影响结果的同时，却遮蔽了学生活动形式的有序性与无序性对教师活动形式的影响结果，进而又遮蔽了师生双方由相互性影响结果所必然产生的自返性影响结果。而在学校教育活动之外，现行教育形式论关于人的概念，还遮蔽了师生双方活动形式的自在性影响结果。总之，现行教育形式论关于人的概念，从教师对学生的预设性，切到对双方活动形式的理解，在把握到学校教育活动中教师活动形式的有序性对学生活动形式的无序性的影响的同时，却遮蔽了学生活动形式的有序性与无序性对教师活动形式的有序性与无序性的影响，进而又遮蔽了师生双方活动形式由双向度影响所必然产生的自返性影响。而在学校教育活动之外，现行教育形式论关于人的概念，还遮蔽了师生双方活动形式的自在性影响。

（二）现行教育形式论关于人的概念的遮蔽的根源

从思维运作看，现行教育形式论关于人的概念，之所以存在上述遮蔽，就是其主观抽象思维的泛化导致的。首先，从师生双方活动形式的属性看，在实际的学校教育活动中，师生双方活动的有序性，都只能来源于师生双方活动的无序性，并且，师生双方活动的有序性，也必然伴随着无序性。同时，由于有序性与无序性的对应影响，师生双方又必然会产生返回自身的自返性影响。而在学校教育活动之外，师生双方的活动形式，都还具有自立自为的自在性。这清楚地表明，在实际生活中，师生双方活动形式的有序性、无序性、自返性以

及自在性都是相互对应的属性。然而，现行教育形式论关于人的概念，却在其主观思维中，片面地抽取出学校教育活动中教师活动形式的有序性与学生活动形式的无序性，并以偏概全地泛指师生双方活动形式的对应性，由此，便遮蔽了学校教育活动中教师活动形式的无序性与学生活动形式的有序性，还遮蔽了师生双方活动形式由有序性与无序性所引起的自返性。而在学校教育活动之外，现行教育形式论关于人的概念，还遮蔽了师生双方活动形式的自在性。其次，从师生双方活动形式的影响指向看，在实际的学校教育活动中，教师活动形式的有序性，必然会引起学生活动形式的有序性与无序性，而这种有序性与无序性，又必然会引起教师活动形式的有序性与无序性。同时，师生双方活动形式的有序性与无序性的双向度影响指向，又必然会引起双方的自返性影响指向。而在学校教育活动之外，师生双方都还具有自在性影响指向。这清楚地表明，在实际生活中，师生双方活动形式的影响指向，必然是双向度的影响指向与自返性的影响指向以及自在性的影响指向。然而，现行教育形式论关于人的概念，却在其主观思维中，片面地抽取出学校教育活动中教师活动形式的有序性对学生活动形式无序性的影响指向，并以偏概全地泛指师生双方活动形式的对应影响指向，由此，便遮蔽了学生活动形式对教师的影响指向，也遮蔽了师生双方活动形式由双向度影响指向所引起的自返性影响指向。而在学校教育活动之外，现行教育形式论关于人的概念，还遮蔽了师生双方活动形式的自在性影响指向。最后，从师生双方活动形式的影响结果看，在实际的学校教育活动中，教师活动形式的有序性对学生活动形式的影响结果，必然是有序性与无序性的影响结果，而这一影响结果，又必然会反过来对教师产生有序性与无序性影响结果。同时，师生双方活动形式的有序性与无序性的相互性影响结果，又必然会引起双方的自返性影响结果。而在学校教育活动之外，师生双方都还具有自在性影响结果。这清楚地表明，在实际生活中，师生双方活动形式的影响结果，必然是相互性的影响结果与自返性的影响结果以及自在性的影响结果。然而，现行教育形式论关于人的概念，却在其主观思维中，片面地抽取出学校教育活动中教师活动形式的有序性对学生活动形式无序性的影响结果，并以偏概全地泛指师生双方活动形式的对应影响结果，由此，便遮蔽了学生活动形式对教师的影响结果，也遮蔽了师生双方活动形式由相互性影响结果所引起的自返性影响结果。而在学校教育活动之外，现行教育形式论关于人的概念，还遮蔽了师生双方活动形式的自在性影响结果。

（三）现行教育形式论关于人的概念的消极功能

现行教育形式论关于人的概念，从教师对学生的预设性，切到对师生双方活动形式的理解，在有所把握的同时，却又存在遮蔽。这些认识或思维中的遮蔽，对实际的生活教育活动，会产生哪些消极影响呢？

首先，从师生双方活动形式的属性看，现行教育形式论关于人的概念，在把握到学校教育活动中教师活动形式有序性与学生活动形式无序性的同时，却遮蔽了教师活动形式的无序性与学生活动形式的有序性，进而又遮蔽了师生双方活动形式由有序性与无序性所必然引起的自返性。而在学校教育活动之外，现行教育形式论关于人的概念，还遮蔽了师生双方活动形式的自在性。由此，便直接导致了如下不足性。在学校教育活动中，师生双方仅仅把握到教师活动形式的有序性与学生活动形式的无序性，便必然会产生对这种教育活动形式的偏重而难以产生对师生双方有序性与无序性以及自返性教育活动形式的对应关注。而在学校教育活动之外，师生双方还是仅仅把握到教师活动形式的有序性与学生活动形式的无序性，便必然会产生对这种教育活动形式的偏重而难以产生对双方活动形式的自在性的关注。

其次，从师生双方活动形式的影响指向看，现行教育形式论关于人的概念，在把握到学校教育活动中教师活动形式有序性对学生活动无序性的影响指向的同时，却遮蔽了学生活动形式的有序性与无序性对教师的影响指向，进而又遮蔽了师生双方活动形式由双向度影响指向所必然引起的自返性影响指向。而在学校教育活动之外，现行教育形式论关于人的概念，还遮蔽了师生双方活动形式的自在性影响指向。由此，便直接导致了如下不足性：在学校教育活动中，师生双方仅仅把握到教师活动形式的有序性对学生活动形式无序性的影响指向，便必然会产生对这种单方面影响指向的偏重而难以产生对师生双方双向度影响指向与自返性影响指向的对应关注。而在学校教育活动之外，师生双方还是仅仅把握到教师活动形式的有序性对学生活动形式无序性的影响指向，便必然会产生对这种单方面影响指向的偏重而难以产生对双方自在性影响指向的关注。

最后，从师生双方活动形式的影响结果看，现行教育形式论关于人的概念，在把握到学校教育活动中教师活动形式有序性对学生活动无序性的影响结果的同时，却遮蔽了学生活动形式的有序性与无序性对教师的影响结果，进而又遮蔽了师生双方活动形式由相互性影响结果所必然引起的自返性影响结果。而在学校教育活动之外，现行教育形式论关于人的概念，还遮蔽了师生双方活动形式的自在性影响结果。由此，便直接导致了如下不足性：在学校教育活动中，师生双方仅仅把握到教师活动形式的有序性对学生活动形式无序性的影响结果，便必然会产生对这种单方面影响结果的偏重而难以产生对师生双方相互性影响结果与自返性影响结果的对应关注。而在学校教育活动之外，师生双方还是仅仅把握到教师活动形式的有序性对学生活动形式无序性的影响结果，便必然会产生对这种单方面影响结果的偏重而难以产生对双方自在性影响结果的关注。

总之，现行教育形式论关于人的概念，从教师对学生的预设性，切到对双方活动形式的理解，从师生双方活动形式有序性、无序性、自返性以及自在性的内在对应性关系来看，确实存在严重的简单性偏差并因此而必须被合理地反思与改造。

四、本节小结

综上所述，我们看到，现行教育形式论关于人的概念，从教师对学生的预设性切到对双方活动形式的理解，虽然能够把握到教师活动形式的有序性与学生活动形式的无序性，也能够把握到这种有序性与无序性的根据并对学校的简单教育活动产生积极的作用，但是，却遮蔽了教师活动形式的无序性与学生活动形式的有序性以及师生双方活动形式的自返性以及自在性。从思维运作看，现行教育形式论关于人的概念的遮蔽，是其主观思维的抽象泛化所导致的。从实际生活看，这种抽象泛化的思维或认识，对师生双方活动形式的对应影响或对应教育都存在多方面的消极作用。因此，现行教育形式论关于人的概念，就必然也因此而必须被合理地反思与改造。

五、本节提示

在本节最后，需要做两点提示。第一，探寻现行教育形式论关于人的概念的思维活动切入点的根据，就是现行教育形式论关于人的概念的内容，或者说，我们是通过现行教育形式论关于人的概念的内容而探寻到其思维活动的切入点的。第二，对现行教育形式论关于人的概念的思维活动切入点的遮蔽性分析，不是我们简单的主观分析，而是根据现行教育形式论关于人的概念所包含的主观思维活动切入点的所见与不足而展开的。要特别注意，现行教育形式论关于人的概念所包含的简单静态的主观思维，必然会遮蔽与其对应的动态的客观事实。

附言：

1. 教师根据有序性而开始的对学生的教育活动，其实，都必然是师生双方有序性、无序性、自返性以及自在性的对应教育活动。

2. 师生双方活动形式的有序性、无序性、自返性以及自在性，都只能是在对应中才能相互彰显的属性。

3. 仅仅把握到教师活动形式有序性的现行教育形式论，必然是程序性、泛化的简单教育论，此种理论，很难容纳灵活性的品质。

4. 正是师生双方活动有序性、无序性、自返性以及自在的内在对应，才能够催生出双方对应生活教育的生机与灵性。

5. 仅仅知道教师活动的有序性的人，其实，也就是简单的人。

6. 正是人类生命活动的有序性、无序性、自返性以及自在性，才构成关于人类对应生命教育基础的四重基本属性。

第二节　对现行教育形式论中人的对应改造

切问：

1. 从动态的生活事实看，现行教育形式论关于人的概念所包含的"教师对学生的预设性"，其实都是"师生双方预设性、不可预设性、自返性以及自在性的对应性"吗？

2. 从动态的生活事实看，师生双方活动形式的有序性、无序性、自返性以及自在性，都只能是相互对应的属性吗？

3. 从动态的生活事实看，师生双方活动形式的影响指向，都必然是有序性与无序性的双向度影响指向与自返性影响指向以及自在性影响指向吗？

4. 从动态的生活事实看，师生双方活动形式的影响结果，都必然是有序性与无序性的相互性影响结果与自返性影响结果以及自在性影响结果吗？

5. 在实际生活中，师生双方活动形式的有序性、无序性、自返性与自在性，都不是抽象泛化的属性，而是具有边界对应关系的具体属性吗？我们需要从抽象泛化的思维，转换到具体的边界思维或对应思维吗？

6. 如果教师仅仅对学生进行有序性的教育，那么，这种教育，就必然会成为机械性的简单教育吗？只有师生双方进行的有序性、无序性、自返性以及自在性的对应教育，才可能成为具有内在张力或生命力的教育吗？

一、对现行教育形式论关于人的概念所包含的泛化思维的对应改造

上一节我们谈到，现行的教育形式论关于人的概念，之所以存在遮蔽，是

因为在其思维运作中存在抽象泛化的不足。因此，要改造现行教育形式论关于人的概念，就必须改造其抽象泛化的主观思维。如何改造这种思维呢？这首先就需要摆脱现行教育形式论关于人的概念所包含的简单主观思维，而转向对教育活动事实或过程的关注，即由主观思维转向事实思维。然后，还需要走出教育研究者简单泛化的抽象思维，而转向对教育活动的客观与主观对应的边界思维，即由简单的泛化思维转向对应的边界思维。

二、对现行教育形式论关于人的概念所包含的思维切入点的对应改造

现行教育形式论关于人的概念，从教师对学生的预设性开始，切到对师生双方活动形式的理解，这一切入点本身并不存在问题。现行教育形式论关于人的概念的问题在于：从教师对学生的预设性开始，切到对双方活动形式的理解，之后却并没有对这一动态影响的过程做出对应的考察，而是仅仅停留在教师对学生的预设性这里，并将师生双方的活动形式抽象为教师对学生的简单的有序性的形式。

师生双方活动的动态过程，又是怎样的呢？征之于实际，我们看到，在学校教育活动中，教师的活动，当然可以是按照预设计划而开始的活动，但是，由教师活动所引起的学生的活动，却不可能是教师在活动之前就完全可以预设的，这也就是说，教师的有序性的活动，必然会引起学生的有序性与无序性的活动。而学生的有序性与无序性的活动，又必然会反过来对教师产生影响并使教师的活动具有有序性与无序性。同时，师生双方有序性与无序性的双向度活动，又必然会引起双方的自返性活动。而在学校教育活动之外，师生双方都还具有自立自为的自在性活动。从生活的事实中，我们不难发现，现行教育形式论关于人的概念所包含的"教师对学生的预设性"的切入点，其实，只能是"师生双方预设性、不可预设性、自返性以及自在性的对应性"的切入点。由此，我们就将现行教育形式论关于人的概念的"教师对学生的预设性"的切入点，改造为"师生双方预设性、不可预设性、自返性以及自在性的对应性"的切入点。

三、对现行教育形式论关于人的概念所包含的具体内容的对应改造

对应生活教育形式论关于人的概念，从师生双方活动的预设性、不可预设性、自返性以及自在性的对应性，切到对师生双方活动形式的理解，能够对现行简单教育形式论关于人的概念做出哪些方面的改造呢？下面，分而论之。

第一，从师生双方活动形式的属性看，对应生活教育形式论关于人的概念，既能把握到教育活动中师生双方活动形式的有序性、无序性与自返性，又能把握到教育活动之外师生双方活动形式的自在性，而不是现行教育形式论关于人的概念所把握到的教育活动中教师活动形式的有序性与学生活动形式的无序性。这里的道理是：在学校教育的实际过程中，师生双方的自我活动，当然可以是按照预设而进行的有序性活动，但是由自我活动所引起的对方的活动，却不可能是自我在活动之前就能够完全预设的。同时，由有序性与无序性活动，师生双方又必然会产生自返性活动。而在学校教育活动之外，师生双方都还具有自在性活动。这清楚地表明，在实际生活中，师生双方活动的形式，都必然是对应存在的有序性、无序性、自返性以及自在性的形式，而不可能是现行简单教育形式论关于人的概念所把握到的教师活动形式的有序性与学生活动形式的无序性——这种片面的属性，当然，也只能是抽象泛化的形而上学的属性。

第二，从师生双方活动形式的影响指向看，对应生活教育形式论关于人的概念，既能把握到教育活动中师生双方有序性与无序性的双向度影响指向与自返性影响指向，又能把握到教育活动之外师生双方的自在性影响指向，而不是现行简单教育形式论关于人的概念所把握到的教师活动形式有序性对于学生活动形式无序性的单方面影响指向。这里的道理是：在学校教育的实际过程中，教师活动形式的有序性对于学生的影响指向，必然会引起学生有序性与无序性的反应，而这种反应，又必然会引起教师有序性与无序性的反应。同时，师生双方的双向度影响指向，又必然会引起双方自返性的影响指向。而在教育活动之外，师生双方都还具有自在性的影响指向。这清楚地表明，在实际生活中，师生双方活动形式的影响指向，必然是双方双向度的影响指向与自返性的影响指向以及自在性的影响指向，而不可能是现行简单教育形式论关于人的概念所把握到的教师活动形式的有序性对于学生活动形式无序性的单一影响指向——这种单向度的影响指向，当然，也只能是抽象泛化的形而上学的影响指向。

第三，从师生双方活动形式的影响结果看，对应生活教育形式论关于人的概念，既能把握到教育活动中师生双方有序性与无序性的相互性影响结果与自返性影响结果，又能把握到教育活动之外师生双方的自在性影响结果，而不是现行简单教育形式论关于人的概念所把握到的教师活动形式有序性对于学生活动形式无序性的单方面影响结果。这里的道理是：在学校教育的实际过程中，教师活动形式的有序性对于学生的影响，必然会对学生产生有序性与无序性的结果，而这种结果，又必然会对教师产生有序性与无序性的结果。同时，师生双方相互性的影响结果，又必然会对双方产生自返性的影响结果。而在教育活动之外，师生双方都还具有自在性的影响结果。这清楚地表明，在实际生活中，师生双方活动形式的影响结果，必然是双方相互性的影响结果与自返性的影响结果以及自在性的影响结果，而不可能是现行简单教育形式论关于人的概念所把握到的教师活动形式有序性对于学生活动形式无序性的单一影响结果——这种单一的影响结果，当然，也只能是抽象泛化的形而上学的影响结果。

四、对应生活教育形式论关于人的概念的积极功能

对应生活教育形式论关于人的概念，从师生双方的预设性、不可预设性、自返性以及自在性的对应性，切到对双方活动形式的理解，能够对师生双方的实际生活教育活动，产生哪些方面的积极影响呢？下面，分而论之。

第一，从师生双方活动形式的属性看，对应生活教育形式论关于人的概念，能够对实际的生活教育活动产生如下三方面的积极影响。首先，对应生活教育形式论关于人的概念，能够把握到学校教育活动中师生双方活动形式的有序性与无序性以及自返性，因此，不仅能够支持师生双方按照预设的计划开展有序性的教育活动，而且能够支持师生双方遵循不可预设的变化调整既定的教育活动，还能够支持师生双方根据预设的计划与不可预设的变化推进反思性的教育活动。其次，对应生活教育形式论关于人的概念，能够把握到学校教育活动之外师生双方活动形式的自在性，因此，能够支持师生双方进行自立自为的自在性教育。最后，对应生活教育形式论关于人的概念，既能把握到在教育活动中师生双方活动形式的有序性、无序性与自返性，又能把握到在教育活动之外师生双方活动形式的自在性，因此，能够支持师生双方建构出以双方活动形式的对应性为基础的对等关系。鉴于现行简单教育形式论关于人的概念的遮蔽或偏差，我们愿意特别强调如下三点。1. 在教育活动中，关注教师活动形式的无序性与学生活动形式的有序性以及师生双方活动的自返性。这里的关键是要走出人们熟悉的现行简单教育形式论关于人的概念的遮蔽，那就是认为师生双方的活动形式，就是教师对学生的有序性形式的观点——这当然是简单抽象思维泛化的后果。在对应思维看来，在教育活动中，师生双方的活动形式，必然是有序性、无序性与自返性的对应形式，因此，就不仅要关注教师活动形式的有序性与学生活动形式的无序性，而且还要关注教师活动形式的无序性与学生活动形式的有序性以及师生双方活动的自返性。2. 在教育活动之外，关注师生双方活动形式的自在性。这里的关键也是要走出人们熟悉的现行简单教育形式论关于人的概念的遮蔽，那就是认为师生双方的活动形式只存在于教育活动中的观点——这当然是简单抽象思维泛化的后果。在对应思维看来，在实际生活中，师生双方的活动形式,既存在于教育活动中,也存在于教育活动之外。因此,就不能仅仅关注在教育活动中师生双方活动形式的有序性与无序性以及自返性,而且还要关注在教育活动之外师生双方活动形式的自在性。3. 关注师生双方活动形式在属性维度上对等定位的生活教育关系即五线定位的生活教育关系。在实际生活中,既然师生双方的活动形式都具有有序性、无序性、自返性以及自在性的对应性,那么,师生双方就要关注在双方活动形式对应性影响的一致性与不一致性前提下的五线定位关系。这种五线定位包含教育活动中的四线定位与教育活动之外的自在性定位。在教育活动中,四线定位的基本内容是:关注理想性的上线,即师生双方在有序性与无序性影响的一致性前提下,走向对等的教育,以实现双方活动形式的互补性变化或发展;关注过渡性的自返线,即师生双方在有序性与无序性影响的不一致性前提下,返回自身,以调整自身与对方的关系;关注现实性的中线,即师生双方在有序性与无序性影响的不一致性前提下,经由过渡性的自返线而走向对话或讨论,以实现双方活动形式的生成性变化或发展;关注禁止性的底线,即师生双方在有序性与无序性影响的不一致性前提下,经由过渡性的自返线,都不能破坏或割裂对应的教育关系。而在教育活动之外,师生双方都还具有自立自为的自在性定位,以实现自我的自在性转换或变换。我们认为,在师生双方活动形式的属性维度上,经由五线定位的生活教育,就可以构建出师生双方以各自有序性、无序性、自返性以及自在性为基础的涉及理想、自返、现实、戒律与自在的对等关系,以实现师生双方活动形式的多样影响属性的转换或变换,由此,也可以规避由现行简单教育形式论关于教师对学生的片面有序性影响所必然导致的不对等关系,以免师生双方活动形式的属性的单调或单薄。

  第二,从师生双方活动形式的影响指向看,对应生活教育形式论关于人的概念,能够对实际的生活教育活动产生如下三方面的积极影响。首先,对应生活教育形式论关于人的概念,能够把握到在教育活动中师生双方活动形式的有序性与无序性的双向度影响指向与自返性影响指向,因此,不仅能够支持师生双方的相互性影响指向,而且能够支持师生双方返回自身的影响指向。其次,对应生活教育形式论关于人的概念,能够把握到在教育活动之外师生双方活动形式的自在性影响指向,因此,能够支持师生双方回归自身的自在性影响指向。最后,对应生活教育形式论关于人的概念,既能把握到在教育活动中师生双方活动形式的双向度影响指向与自返性影响指向,又能把握到在教育活动之外师生双方活动形式的自在性影响指向,因此能够支持师生双方建构出以双方活动形式的对应性影响指向为基础的对等关系。鉴于现行简单教育形式论关于人的概念的遮蔽或偏差；我们愿意特别强调如下三点。1. 在教育活动中，关注学生活动形式有序性对教师活动形式无序性的影响指向与师生双方的自返性影响指向。这里的关键是要走出人们熟悉的现行简单教育形式论关于人的概念的遮蔽，那就是认为师生双方的影响指向是教师活动有序性对学生活动无序性影响指向的观点——那当然是简单抽象思维泛化的后果。在对应思维看来，教师对学生的影响指向，必然是有序性与无序性以及自返性的对应影响指向，因此，就不仅要关注教师活动有序性对学生活动无序性的影响指向，而且还要关注学生活动形式有序性对教师活动形式无序性的影响指向与师生双方的自返性影响指向。2. 在教育活动之外，关注师生双方活动形式的自在性影响指向。这里的关键也是要走出人们熟悉的现行简单教育形式论关于人的概念的遮蔽，那就是认为师生双方活动形式的影响指向只存在于教育活动中的观点——那当然是简单抽象思维泛化的后果。在对应思维看来，在实际生活中，师生双方活动形式的影响指向，既存在于教育活动中，也存在于教育活动之外。因此，就不能仅仅关注在教育活动中师生双方活动形式的双向度影响指向与自返性影响指向，而且要关注在教育活动之外师生双方活动形式的自在性影响指向。3. 关注师生双方活动形式在影响指向维度上对等定位的生活教育关系即五线定位的生活教育关系。在实际生活中，既然师生双方的活动形式都具有有序性与无序性的双向度影响指向与自返性影响指向以及自在性影响指向，那么，师生双方就要关注在双方活动形式的对应性影响指向的一致性与不一致性前提下的五线定位关系。这种五线定位包含教育活动中的四线定位与教育活动之外的自在性定位。在教育活动中，四线定位的基本内容是：关注理想性的上线，即师生双方在有序性与无序性影响指向的一致性前提下，走向对等的教育，以实现双方活动形式的互补性变化或发展；关注过渡性的自返线，即师生双方在有序性与无序性影响指向的不一致性前提下，返回自身，以调整自身与对方的关系；关注现实性的中线，即师生双方在有序性与无序性影响指向的不一致性前提下，经由过渡性的自返线而走向对话或讨论，以实现双方活动形式的生成性变化或发展；关注禁止性的底线，即师生双方在有序性与无序性影响指向的不一致性前提下，经由过渡性的自返线，都不能破坏或割裂对应的教育关系。而在教育活动之外，师生双方都还具有自立自为的自在性影响指向，以实现自我的自在性转换或变换。我们认为，在师生双方活动形式的影响指向维度上，经由五线定位的生活教育，就可以构建出师生双方以对应性影响指向为基础的涉及理想、自返、现实、戒律与自在的对等关系，以实现师生双方活动形式的多样影响指向的转换或变换；由此，也可以规避由现行简单教育形式论关于教师对学生的简单影响指向所必然导致的不对等关系,以免师生双方活动形式的单一影响指向的机械或僵硬。

第三,从师生双方活动形式的影响结果看,对应生活教育形式论关于人的概念,能够对实际的生活教育活动产生如下三方面的积极影响。首先,对应生活教育形式论关于人的概念,能够把握到在教育活动中师生双方有序性与无序性的相互性影响结果与自返性影响结果,因此,不仅能够支持师生双方活动形式的相互性影响结果,而且能够支持师生双方活动形式的返回自身的影响结果。其次,对应生活教育形式论关于人的概念,能够把握到在教育活动之外师生双方活动形式的自在性影响结果,因此,能够支持师生双方活动形式的回归自我的自在性影响结果。最后,对应生活教育形式论关于人的概念,既能把握到在教育活动中师生双方活动形式的相互性影响结果与自返性影响结果,又能把握到在教育活动之外师生双方活动形式的自在性影响结果,因此能够支持师生双方建构出以双方活动形式的对应性影响结果为基础的对等关系。鉴于现行简单教育形式论关于人的概念的遮蔽或偏差,我们愿意特别强调如下三点。1. 在教育活动中,关注学生活动形式有序性对教师活动形式无序性的影响结果与师生双方的自返性影响结果。这里的关键是要走出人们熟悉的现行简单教育形式论关于人的概念的遮蔽,那就是认为师生双方的影响结果是教师活动有序性对学生活动无序性影响结果的观点——那当然是简单抽象思维泛化的后果。在对应思维看来,教师对学生的影响结果,必然是有序性与无序性以及自返性的对应影响结果,因此,就不仅要关注教师活动有序性对学生活动无序性的影响结果,而且要关注学生活动形式有序性对教师活动形式无序性的影响结果与师生双方的自返性影响结果。2. 在教育活动之外,关注师生双方活动形式的自在性影响结果。这里的关键也是要走出人们熟悉的现行简单教育形式论关于人的概念的遮蔽,那就是认为师生双方活动形式的影响结果只存在于教育活动中的观点——这当然是简单抽象思维泛化的后果。在对应思维看来,在实际生活中,师生双方活动形式的影响结果,既存在于教育活动中,也存在于教育活动之外。因此,就不能仅仅关注在教育活动中师生双方活动形式的相互性影响结果与自返性影响结果,而且要关注在教育活动之外师生双方活动形式的自在性影响结果。3. 关注师生双方活动形式在影响结果维度上对等定位的生活教育关系即五线定位的生活教育关系。在实际生活中,既然师生双方的活动形式都具有有序性与无序性的相互性影响结果与自返性影响结果以及自在性影响结果,那么,师生双方就要关注在双方活动形式的对应性影响结果的一致性与不一致性前提下的五线定位关系。这种五线定位包含教育活动中的四线定位与教育活动之外的自在性定位。在教育活动中,四线定位的基本内容是:关注理想性的上线,即师生双方在有序性与无序性影响结果的一致性前提下,走向对等的教育,以实现双方活动形式的互补性变化或发展;关注过渡性的自返线,即师生双方在有序性与无序性影响结果的不一致性前提下,返回自身,以调整自身与对方的关系;关注现实性的中线,即师生双方在有序性与无序性影响结果的不一致性前提下,经由过渡性的自返线而走向对话或讨论,以实现双方活动形式的生成性变化或发展;关注禁止性的底线,即师生双方在有序性与无序性影响结果的不一致性前提下,经由过渡性的自返线,都不能破坏或割裂对应的教育关系。而在教育活动之外,师生双方的活动形式都还具有自立自为的自在性影响结果,以完成自我的自在性转换或变换。我们认为,在师生双方活动形式的影响结果维度上,经由五线定位的生活教育,就可以构建出师生双方以对应性影响结果为基础的涉及理想、自返、现实、戒律与自在的对等关系,以实现师生双方活动形式的多样影响结果的丰富或丰满,由此,也可以规避由现行简单教育形式论关于教师对学生的简单影响结果所必然导致的不对等关系,以免师生双方活动形式的单一影响结果的贫乏或贫穷。

五、本节小结

综上所述,我们对现行简单教育形式论关于人的概念的改造,涉及三层基本内容。首先,由现行简单教育形式论关于人的概念所包含的主观思维路线,转换到事实思维路线,然后,在事实思维路线基础上,将现行简单教育形式论关于人的概念所包含的单一主观泛化的思维路线,改造为主观与客观的对应思维路线。其次,在对应思维路线上,将现行简单教育形式论关于人的概念所包含的认识师生双方活动形式的"教师对学生的预设性"的思维切入点,改造为"师生双方预设性、不可预设性、自返性以及自在性的对应性"的思维切入点。最后,在"师生双方预设性、不可预设性、自返性以及自在性的对应性"视野中,分别对师生双方活动形式的属性、影响指向与影响结果这些基本教育关系,做出了对应的考察。此外,我们分别考察了对应生活教育形式论关于人的概念,在师生双方活动形式的属性、影响指向与影响结果这些基本维度上,对实际的生活教育活动所产生的积极影响,以推动人们从现行简单教育形式论关于人的概念,转换到对应生活教育形式论关于人的概念。

为了更简明地把握两种教育形式论关于人的概念的不同,我们不妨将其中所包含的不同思维路线,做出如下比较。

简单教育形式论关于人的概念的单线定位路线——学校教育活动的形式,就是教师对于学生的有序性活动形式。这里需要特别注意,简单教育形式论关于人的概念，仅仅是对教师单一主观性这一条思维路线的反应。

对应生活教育形式论关于人的概念的五线定位路线——生活教育活动的形式，就是师生双方有序性、无序性、自返性以及自在性的对应活动形式，它包含双方活动形式对应影响的理想的上线、过渡的自返线、现实的中线、戒律的底线以及自在线。这里需要特别注意，对应生活教育形式论关于人的概念，是对师生双方活动形式对应影响的理想、自返、现实、戒律以及自在的五条思维路线的反应。

六、本节提示

在本节最后，需要做两点提示。第一，由"教师对学生的预设性"这一思维活动切入点，到"师生双方预设性、不可预设性、自返性以及自在性的对应性"思维活动切入点的过渡环节，就是由对师生双方活动形式的主观抽象思维，转向对师生双方活动形式的客观与主观的对应思维。第二，从"以单一有序性或无序性为基础的人的概念"，到"以有序性、无序性、自返性以及自在性的对应为基础的人的概念"的过渡环节，就是教师活动形式的有序性在实际生活中所必然引起的师生双方活动形式的有序性、无序性、自返性以及自在性。不了解师生双方活动形式的有序性、无序性、自返性以及自在性的对应生成这一机制，就很难完成从以简单性为基础的不对等的人的概念，到以对应性为基础的对等的人的概念的过渡。

附言：

1. 教师按照有序性而对学生开始的教育活动，其实，都是师生双方有序性、无序性、自返性以及自在性对应的教育活动。

2. 对师生双方活动形式的有序性、无序性、自返性以及自在性的认识，都应该是对应的边界认识，而不能是抽象泛化的认识。

3. 现行教育形式论关于人的概念，仅仅把握到教师活动形式的有序性与学生活动形式的无序性，其实质，就是典型的形而上学的简单论。

4. 师生双方活动形式的有序性与无序性以及自返性的不一致性所生成的张力，正是推动师生双方走向教育活动形式变革的最基本的动力。

5. 仅仅明白人的行为或活动的有序性而不能同时明白无序性与自返性以及自在性的人，其实，也就是简单的人。

6. 关于教师按照有序性而对学生进行教育的现行教育形式论，正反映出人们在简单生活中的简单教育的简单形式，而关于师生双方按照有序性、无序性、自返性以及自在性而进行的对应生活教育形式论，则体现出人们在对应生活中的对应教育的对应形式。

第六章

对现行教育功能论中人的遮蔽性分析与对应改造

第一节 对现行教育功能论中人的遮蔽性分析

切问：

1. 现行教育功能论关于人的概念，将师生双方的教育功能理解为教师对学生的积极功能。其思维活动的切入点在哪里？我们如何才能探索到其思维活动的切入点？

2. 现行教育功能论关于人的概念，从自己理解师生双方教育功能的切入点上，能够把握到双方教育功能哪些方面的内容呢？

3. 现行教育功能论关于人的概念的根据是什么？这种理论，对实际的教育活动会产生哪些积极作用？

4. 现行教育功能论关于人的概念，从自己理解师生双方教育功能的切入点上，在对双方的教育功能有所把握的同时，却又遮蔽了哪些内容呢？

5. 在思维运行中，现行教育功能论关于人的概念，存在遮蔽的根源在哪里？

6. 现行教育功能论关于人的概念，对实际的生活教育活动会产生怎样的消极作用？

一、现行教育功能论关于人的概念的内容、属性及其思维活动的切入点

（一）现行教育功能论关于人的概念的内容

现行教育功能论关于人的概念，表现在关于学校教育的概念之中。关于学校教育的概念，在一本教育学教材中这样写道："它是根据一定社会的现实和未来的需要，遵循受教育者身心发展的规律，有目的、有计划、有组织地引导受

教育者主动地学习，积极进行经验的改组和改造，促使他们提高素质、健全人格的一种活动，以便把受教育者培养成为适应一定社会的需要，促进社会的发展，追求和创造人的合理存在的人。"①。从这种理解中我们不难看到，现行教育理论将学校教育归属为一种活动。从这种活动的功能看，那就是教育者或教师一方"引导"受教育者或学生一方，"促使他们提高素质、健全人格"，以便把他们培养成"促进社会的发展，追求和创造人的合理存在的人"。直白地说，也就是教师发挥具有积极性的作用或功能，去改造学生的不足性或消极性，以便使他们发挥积极的作用或功能。简约地表达，在现行教育功能论关于人的概念的视野中，师生双方的功能，也就是教师对于学生的积极功能，这就是现行教育功能论关于人的概念的基本内容。

（二）现行教育功能论关于人的概念的属性

按照现行教育功能论关于人的概念的理解，师生双方的功能，就是教师对于学生的积极功能。在实际生活中，师生双方的功能，果真是这样的吗？在学校教育活动中，教师对于学生的功能，难道只有积极性而没有消极性吗？教师在"引导"学生时，难道不会"压抑学生的自主性"吗？如果说教师对学生的"引导"具有积极性功能，那么，教师"压抑学生的自主性"不就是具有消极性功能吗？教师对学生的积极性与消极性功能，难道不会反过来对教师产生积极性与消极性的功能吗？同时，师生双方积极性与消极性的相互影响，难道不能推动师生双方产生返回自身的自返性功能吗？而在学校教育活动之外，师生双方难道不会产生自立自为的自在性功能吗？然而，从上面的引文中，我们看到，现行教育功能论关于人的概念，却根本无视生活实际中存在的这些具有内在对应性的功能问题，而仅仅将师生双方的功能简单地抽象为教师对学生的积极功能。由此，我们就可以有根据地说，现行教育功能论关于人的概念的属性，就是片面性或简单性。

（三）现行教育功能论关于人的概念的思维活动的切入点

现行教育功能论关于人的概念，既然将师生双方的功能理解为教师对学生的积极功能，那么，我们就可以据此逆向推论出其思维活动的切入点，那就是"教师对学生的人为选择性或可控性"。正向地表达，现行教育功能论关于人的概念，从教师对学生的人为选择性或可控性，切到对师生双方功能的理解，由此，才将双方的功能理解为教师对学生的积极功能。

---

① 王道俊，郭文安. 教育学［M］. 北京：人民教育出版社，2009：26-27.

二、现行教育功能论关于人的概念的所见、根据及其积极功能

（一）现行教育功能论关于人的概念的所见

首先，从师生双方教育功能的属性看，现行教育功能论关于人的概念，能够把握到教师教育功能的积极性与学生教育功能的不足性或消极性。其次，从师生双方教育功能的影响指向看，现行教育功能论关于人的概念，能够把握到教师教育功能的积极性对学生教育功能不足性或消极性的影响指向。最后，从师生双方教育功能的影响结果看，现行教育功能论关于人的概念，能够把握到教师教育功能的积极性对学生教育功能的不足性或消极性的影响或改造。总之，现行教育功能论关于人的概念，从教师对学生的人为选择性，切到对师生双方教育功能的理解，能够把握到的内容，也就是教师教育功能的积极性对学生教育功能不足性或消极性的影响或改造。

（二）现行教育功能论关于人的概念的根据

首先，从师生双方教育功能的属性看，现行教育功能论关于人的概念，能够把握到教师教育功能的积极性与学生教育功能的消极性。从学校教育的实际看，一方面，教师的活动是有根据、有目的、有计划的活动，因此，也就是能够产生积极功能的活动。与此相对，学生的活动则是成长中的个体活动，因此，也就是具有不足性或消极性的活动。所以，现行教育功能论关于人的概念所把握到的教师活动的积极功能与学生活动的消极功能，就是有根据的。其次，从师生双方教育功能的影响指向看，现行教育功能论关于人的概念，能够把握到教师教育功能的积极性对于学生教育功能消极性的影响指向。从学校教育的实际看，教师要对学生施加有选择性的影响或教育，就需要将这种有选择性的影响或教育指向学生，这也是有根据的。最后，从师生双方教育功能的影响结果看，现行教育功能论关于人的概念，能够把握到教师教育功能的积极性对于学生教育功能消极性的影响或改造。从学校教育的实际看，既然教师能够对学生产生积极的教育功能，既然教师对学生进行了积极的教育，那么，学生就必然会受到教师积极教育功能的影响或改造，这也是有根据的。总之，现行教育功能论关于人的概念，从教师对学生的人为选择性切到对师生双方教育功能的理解，所把握到的基本内容，从教师对于学生的教育而言，都是有根据的，因而就是合理的。

（三）现行教育功能论关于人的概念的积极功能

首先，从师生双方教育功能的属性看，现行教育功能论关于人的概念，能够把握到教师教育功能的积极性与学生教育功能的消极性，这能够为教师对学

生进行积极的教育活动提供可靠的认知性基础。其次，从师生双方教育功能的影响指向看，现行教育功能论关于人的概念，能够把握到教师教育功能积极性对于学生教育功能消极性的影响指向，这能够为教师对学生进行积极的影响提供可靠的操作性基础。最后，从师生双方教育功能的影响结果看，现行教育功能论关于人的概念，能够把握到教师教育功能积极性对学生教育功能消极性的影响或改造，这能够支持师生双方接受按照人为选择性而实现的教育结果。总之，现行教育功能论关于人的概念，从教师对学生的人为选择性，切到对师生双方教育功能的理解，所把握到的基本内容，从教师对学生的教育来看，都具有积极的作用或价值。

三、现行教育功能论关于人的概念的遮蔽、根源及其消极功能

首先，从师生双方教育功能的属性看，现行教育功能论关于人的概念，在把握到教育活动中教师功能积极性与学生功能消极性的同时，却遮蔽了教师功能的消极性与学生功能的积极性，进而又遮蔽了师生双方教育功能由积极性与消极性所必然产生的自返性。而在教育活动之外，现行教育功能论关于人的概念，还遮蔽了师生双方功能的自立自为的自在性。其次，从师生双方教育功能的影响指向看，现行教育功能论关于人的概念，在把握到教育活动中教师功能积极性对学生功能消极性的影响指向的同时，却遮蔽了学生功能积极性对教师功能消极性的影响指向，进而又遮蔽了师生双方教育功能由积极性与消极性所必然引起的自返性影响指向。而在教育活动之外，现行教育功能论关于人的概念，还遮蔽了师生双方功能的自立自为的自在性影响指向。最后，从师生双方教育功能的影响结果看，现行教育功能论关于人的概念，在把握到教育活动中教师功能积极性对学生功能消极性的影响结果的同时，却遮蔽了学生功能积极性对教师功能消极性的影响结果，进而又遮蔽了师生双方由相互性影响结果所必然产生的自返性影响结果。而在教育活动之外，现行教育功能论关于人的概念，还遮蔽了师生双方功能的自立自为的自在性影响结果。总之，现行教育功能论关于人的概念，从教师对学生的人为选择性，切到对双方教育功能的理解，在把握到教育活动中教师功能积极性对学生功能消极性的影响的同时，却遮蔽了学生功能积极性对教师功能消极性的影响，进而又遮蔽了师生双方功能由积极性与消极性所必然引起的自返性影响。而在教育活动之外，现行教育功能论关于人的概念，还遮蔽了师生双方功能的自立自为的自在性影响。

（二）现行教育功能论关于人的概念的遮蔽的根源

从思维运作看，现行教育功能论关于人的概念，之所以存在上述遮蔽，就

是其主观抽象思维的泛化导致的。首先,从师生双方教育功能的属性看,在实际的学校教育活动中,师生双方的教育功能,一方面具有人为选择性或可控性并因此而具有积极性,另一方面,则具有客观条件的限定性或不可控性,并因此而具有消极性。同时,由于积极性与消极性功能的对应影响,师生双方又必然会产生自返性的教育功能。而在教育活动之外,师生双方,都还具有自在性的教育功能。这清楚地表明,在实际生活中,师生双方教育功能的积极性、消极性、自返性以及自在性,都是相互对应的属性。然而,现行教育功能论关于人的概念,却在其主观思维中片面地抽取出教师教育功能的积极性与学生教育功能的消极性,并以偏概全地泛指师生双方教育功能的对应性,由此,便遮蔽了教师教育功能的消极性与学生教育功能的积极性,还遮蔽了师生双方教育功能的自返性以及自在性。其次,从师生双方教育功能的影响指向看,在实际的学校教育活动中,教师教育功能的积极性或消极性,都必然会引起学生的反应,而学生的反应又必然会引起教师积极或消极的反应。同时,师生双方教育功能积极性与消极性的双向度影响指向,又必然会引起双方的自返性影响指向。而在教育活动之外,师生双方的教育功能,都还具有自在性的影响指向。这清楚地表明,在实际生活中,师生双方教育功能的影响指向,必然是双向度影响指向与自返性影响指向以及自在性影响指向。然而,现行教育功能论关于人的概念,却在其主观思维中片面地抽取出教师教育功能积极性对学生教育功能消极性的影响指向,并以偏概全地泛指师生双方教育功能的对应影响指向,由此,便遮蔽了学生教育功能对教师的影响指向,也遮蔽了师生双方教育功能的自返性影响指向以及自在性影响指向。最后,从师生双方教育功能的影响结果看,在实际的学校教育活动中,教师教育功能对学生的影响结果,必然是积极性与消极性的影响结果,而这一影响结果,又必然会反过来对教师产生积极性与消极性的影响结果。同时,师生双方教育功能积极性与消极性的相互性影响结果,又必然会引起双方的自返性影响结果。而在教育活动之外,师生双方的教育功能,都还具有自在性的影响结果。这清楚地表明,在实际生活中,师生双方教育功能的影响结果,必然是相互性的影响结果与自返性的影响结果以及自在性的影响结果。然而,现行教育功能论关于人的概念,却在其主观思维中片面地抽取出教师教育功能的积极性对学生教育功能消极性的影响结果,并以偏概全地泛指师生双方教育功能的对应影响结果,由此,便遮蔽了学生教育功能对教师的影响结果,也遮蔽了师生双方教育功能的自返性影响结果以及自在性影响结果。

(三)现行教育功能论关于人的概念的消极功能

现行教育功能论关于人的概念,从教师对学生的人为选择性,切到对师生双方教育功能的理解,在有所把握的同时;却又存在遮蔽。这些认识或思维中的遮蔽,对实际的生活教育活动,会产生哪些消极影响呢?

首先,从师生双方教育功能的属性看,现行教育功能论关于人的概念,在把握到教育活动中教师功能积极性与学生功能消极性的同时,却遮蔽了教师功能的消极性与学生功能的积极性,进而又遮蔽了师生双方教育功能由积极性与消极性所必然产生的自返性。而在教育活动之外,现行教育功能论关于人的概念,还遮蔽了师生双方功能的自立自为的自在性。由此,便直接导致了如下不足性。在教育活动中,师生双方仅仅把握到教师功能的积极性与学生功能的消极性,便必然会产生对这种简单功能的偏重而难以产生对师生双方功能积极性与消极性以及自返性的对应关注。而在教育活动之外,师生双方还是仅仅把握到教师功能的积极性与学生功能的消极性,便必然会产生对这种简单功能的偏重而难以产生对双方自在性功能的关注。

其次,从师生双方教育功能的影响指向看,现行教育功能论关于人的概念,在把握到教育活动中教师功能积极性对学生功能消极性的影响指向的同时,却遮蔽了学生功能积极性对教师功能消极性的影响指向,进而又遮蔽了师生双方教育功能由积极性与消极性所必然引起的自返性影响指向。而在教育活动之外,现行教育功能论关于人的概念,还遮蔽了师生双方功能的自立自为的自在性影响指向。由此,便直接导致了如下不足性。在教育活动中,师生双方仅仅把握到教师活动功能的积极性对学生的影响指向,便必然会产生对这种单方影响指向的偏重而难以产生对师生双方双向度影响指向以及自返性影响指向的对应关注。而在教育活动之外,师生双方还是仅仅把握到教师活动功能的积极性对学生的影响指向,便必然会产生对这种简单影响指向的偏重而难以产生对双方自在性影响指向的关注。

最后,从师生双方教育功能的影响结果看,现行教育功能论关于人的概念,在把握到教育活动中教师功能积极性对学生功能消极性的影响结果的同时,却遮蔽了学生功能积极性对教师功能消极性的影响结果,进而又遮蔽了师生双方由相互性影响结果所必然产生的自返性影响结果。而在教育活动之外,现行教育功能论关于人的概念,还遮蔽了师生双方功能的自立自为的自在性影响结果。由此,便直接导致了如下不足性。在教育活动中,师生双方仅仅把握到教师活动功能的积极性对学生的影响结果,便必然会产生对这种单方影响结果的偏重而难以产生对师生双方相互性影响结果与自返性影响结果的对应关注。而在教育活动之外,师生双方还是仅仅把握到教师活动功能的积极性对学生的影响结果,便必然会产生对这种简单影响结果的偏重而难以产生对双方自在性影响结果的关注。

总之,现行教育功能论关于人的概念,从教师对学生的人为选择性,切到对师生双方教育功能的理解,从师生双方生活教育功能的积极性、消极性、自返性以及自在性的对应关系来看,确实存在严重的简单性偏差并因此而必须被合理地反思与改造。

四、本节小结

综上所述,我们看到,现行教育功能论关于人的概念,从教师对学生的人为选择性切到对师生双方教育功能的理解,虽然能够把握到教师教育功能的积极性与学生教育功能的消极性,也能够把握到这种积极性与消极性的根据并对学校的简单教育活动产生积极的作用,但是,却遮蔽了教师教育功能的消极性与学生教育功能的积极性,并因此而进一步遮蔽了师生双方教育功能的自返性与自在性。从思维运作看,现行教育功能论关于人的概念的遮蔽,是其主观思维的抽象泛化所导致的。从实际生活看,这种抽象泛化的思维或认识,对师生双方的对应生活教育活动存在多方面的消极作用。因此,现行教育功能论关于人的概念,就必然也因此而必须被合理地反思与改造。

五、本节提示

在本节最后,需要做两点提示。第一,探寻现行教育功能论关于人的概念的思维活动切入点的根据,就是现行教育功能论关于人的概念的内容,或者说,我们是通过现行教育功能论关于人的概念的内容而探寻到其思维活动的切入点的。第二,对现行教育功能论关于人的概念的思维活动切入点的遮蔽性分析,不是我们简单的主观分析,而是根据现行教育功能论关于人的概念所包含的主观思维活动切入点的所见与不足而展开的。要特别注意,现行教育功能论关于人的概念所包含的简单静态的主观思维,必然会遮蔽与其对应的动态的客观事实。

附言:

1. 考察师生双方的教育功能,可以从教师对学生施行的有选择性的活动开始,但是,关于师生双方教育功能的理论,却不能停留在这里。

2. 从生活实际看,师生双方教育功能的积极性、消极性、自返性以及自在性,都只能是在对应中才能相互彰显的属性。

3. 现行教育功能论关于人的概念，仅仅把握到教师功能的积极性与学生功能的消极性，这种理论，必然是教师教育价值泛化的形而上学的空论。

4. 正是师生双方教育功能的积极性、消极性、自返性以及自在性的内在对应，才能够激发出对应生活教育功能的丰富性或多样性。

5. 仅仅知道教师活动价值的人，其实，也就是简单的人。

6. 现行教育功能论关于人的概念，仅仅把握到教师功能的积极性与学生功能的消极性，这种理论，很容易产生对教师教育价值的偏重与对学生教育价值的偏轻，并因此而衍生出师生双方关系的等级性或不对等性。

第二节　对现行教育功能论中人的对应改造

切问：

1. 从动态的生活事实看，现行教育功能论关于人的概念所包含的"教师对学生的人为选择性"，其实都是"师生双方选择性、不可选择性、自返性以及自在性的对应性"吗？

2. 从生活实际看，师生双方教育功能的积极性、消极性、自返性以及自在性，都只能是相互对应的属性吗？

3. 从生活实际看，师生双方教育功能的影响指向，必然是师生双方积极性与消极性功能的双向度影响指向与自返性影响指向以及自在性影响指向吗？

4. 从生活实际看，师生双方教育功能的影响结果，必然是师生双方积极性与消极性功能的相互性影响结果与自返性影响结果以及自在性影响结果吗？

5. 从生活实际看，师生双方教育功能的积极性、消极性、自返性以及自在性，都不是抽象泛化的属性，而是具有边界对应关系的具体属性吗？我们需要从抽象泛化的思维，转换到具体的边界思维或对应思维吗？

6. 如果只有教师对学生的积极性教育功能，那么，双方的教育就必然会成为教育价值泛滥化的简单教育吗？只有师生双方进行的包含积极性、消极性、自返性以及自在性的对应生活教育，才可能成为具有内在张力或生命力的教育吗？

一、对现行教育功能论关于人的概念所包含的泛化思维的对应改造

上一节我们谈到，现行教育功能论关于人的概念，之所以存在遮蔽，是因

为在其思维运作中存在抽象泛化的不足。因此，要改造现行教育功能论关于人的概念，就必须改造其抽象泛化的主观思维。如何改造这种思维呢？这首先就需要摆脱现行教育功能论关于人的概念所包含的简单主观思维，而转向对教育活动事实或过程的关注，即由主观思维转向事实思维。然后，还需要走出教育研究者简单泛化的抽象思维，而转向对教育活动的客观与主观对应的边界思维，即由简单的泛化思维转向对应的边界思维。

二、对现行教育功能论关于人的概念所包含的思维切入点的对应改造

现行教育功能论关于人的概念，从教师对学生的人为选择性开始，切到对师生双方教育功能的理解，这一切入点本身并不存在问题。现行教育功能论关于人的概念的问题在于：从教师对学生的人为选择性开始，切到对双方教育功能的理解，之后却并没有对这一动态影响的过程做出对应的考察，而是仅仅停留在教师对学生的人为选择性这里，并将双方教育的功能简单地抽象为教师对学生的积极性功能。

教师对学生人为选择的教育活动的动态过程，又是怎样的呢？征之于生活实际，我们看到，在学校教育中，教师的活动，当然可以是按照人为选择的积极性而开始的活动。但是，由教师活动所引起的学生的活动，却不可能是教师在活动之前就完全可以人为选择的，这也就是说，教师具有积极性功能的教育活动，必然会引起学生具有积极性或消极性的教育活动。而学生具有积极性或消极性的教育活动，又必然会反过来对教师产生具有积极性或消极性的教育影响。同时，师生双方积极性与消极性的双向度活动，又必然会引起双方的自返性活动。而在学校教育之外，师生双方，都还具有自立自为的自在性活动。从这种生活实际中我们不难发现，现行教育功能论关于人的概念所包含的"教师对学生的人为选择性"的切入点，其实，只能是"师生双方人为选择性、不可选择性、自返性以及自在性的对应性"的切入点。由此，我们就将现行教育功能论关于人的概念的"教师对学生人为选择性"的切入点，改造为"师生双方人为选择性、不可选择性、自返性以及自在性的对应性"的切入点。

三、对现行教育功能论关于人的概念所包含的具体内容的对应改造

对应生活教育功能论关于人的概念，从师生双方人为选择性、不可选择性、自返性以及自在性的对应性，切到对师生双方教育功能的理解，能够对现行简单教育功能论关于人的概念，做出哪些方面的改造呢？下面，分而论之。

第一，从师生双方教育功能的属性看，对应生活教育功能论关于人的概念，既能把握到在教育活动中师生双方教育功能的积极性与消极性以及自返性，又能把握到在教育活动之外师生双方教育功能的自在性，而不是现行教育功能论关于人的概念所把握到的教师教育功能的积极性与学生教育功能的消极性。这里的道理是：在学校教育的实际过程中，师生双方的自我活动，当然可以是按照人为选择性而进行的具有积极性的活动，但是由自我活动所引起的对方的活动，却不可能是自我在活动之前就能够完全人为选择的。这也就是说，师生双方的活动，只能是可以选择与不可选择相互对应的活动，或者说，师生双方教育的功能，只能是积极性与消极性对应的功能。同时，师生双方教育功能的积极性与消极性又必然会引起双方的自返性功能。而在教育活动之外，师生双方都还具有自在性教育功能。这清楚地表明，在实际生活中，师生双方的教育功能，必然是积极性、消极性、自返性以及自在性的对应功能，而不可能是现行简单教育功能论关于人的概念所把握到的教师教育功能的积极性与学生教育功能的消极性——这种片面的属性，当然，只能是抽象泛化的形而上学的属性。

第二，从师生双方教育功能的影响指向看，对应生活教育功能论关于人的概念，既能把握到在教育活动中师生双方积极性与消极性教育功能的双向度影响指向与自返性影响指向，又能把握到在教育活动之外师生双方教育功能的自在性影响指向，而不是现行简单教育功能论关于人的概念所把握到的教师教育功能积极性对于学生教育功能消极性的单方面影响指向。这里的道理是：在学校教育的实际过程中，教师教育功能的积极性与消极性对于学生的影响指向，必然会引起学生具有积极性与消极性的反应，而这种反应，又必然会引起教师具有积极性与消极性的反应。同时，师生双方双向度的影响指向，又必然会引起双方自返性的影响指向。而在教育活动之外，师生双方都还具有自在性影响指向。这清楚地表明，在实际生活中，师生双方教育功能的影响指向，必然是双向度影响指向与自返性影响指向以及自在性影响指向，而不可能是现行简单教育功能论关于人的概念所把握到的教师教育功能积极性对于学生教育功能消极性的单一影响指向——这种单向度的影响指向，当然，也只能是抽象泛化的形而上学的影响指向。

第三，从师生双方教育功能的影响结果看，对应生活教育功能论关于人的概念，既能把握到在教育活动中师生双方积极性与消极性教育功能的相互性影响结果与自返性影响结果，又能把握到在教育活动之外师生双方教育功能的自在性影响结果，而不是现行简单教育功能论关于人的概念所把握到的教师教育功能积极性对于学生教育功能消极性的单方面影响结果。这里的道理是：在学校教育的实际过程中,教师教育功能的积极性与消极性对于学生的影响结果,必然会引起教师具有积极性与消极性的结果。同时,师生双方相互性的影响结果,又必然会引起双方自返性的影响结果。而在教育活动之外,师生双方都还具有自在性影响结果。这清楚地表明,在实际生活中,师生双方教育功能的影响结果,必然是相互性影响结果与自返性影响结果以及自在性影响结果,而不可能是现行简单教育功能论关于人的概念所把握到的教师教育功能积极性对于学生教育功能消极性的单一影响结果——这种单方面的影响结果,当然,也只能是抽象泛化的形而上学的影响结果。

四、对应生活教育功能论关于人的概念的积极功能

对应生活教育功能论关于人的概念,从师生双方人为选择性、不可选择性、自返性以及自在性的对应性,切到对师生双方教育功能的理解,能够对实际的生活教育活动,产生哪些方面的积极影响呢?下面,分而论之。

第一,从师生双方教育功能的属性看,对应生活教育功能论关于人的概念,能够对实际的生活教育活动产生如下三方面的积极影响。首先,对应生活教育功能论关于人的概念,在学校教育活动中,能够把握到师生双方教育功能的积极性与消极性以及自返性,因此,不仅能够支持师生双方按照人为选择性开展具有积极性的教育活动,而且能够支持师生双方遵循不可选择性带来的变化调整具有消极性的教育活动,还能够支持师生双方根据人为选择性与不可选择性的对应而开展反思性的教育活动。其次,对应生活教育功能论关于人的概念,在教育活动之外,能够把握到师生双方教育功能的自在性,因此,能够支持师生双方开展自立自为的自在性教育活动。最后,对应生活教育功能论关于人的概念,既能把握到教育活动中师生双方教育功能的积极性与消极性以及自返性,又能把握到教育活动之外师生双方教育功能的自在性,因此,能够支持师生双方建构出以积极性、消极性、自返性以及自在性的对应影响为基础的对等关系。鉴于现行教育功能论关于人的概念的遮蔽或偏差,我们愿意特别强调如下三点。
1. 关注教师教育功能的消极性与学生教育功能的积极性以及师生双方教育功能的自返性。这里的关键是要走出人们熟悉的现行教育理论的遮蔽,那就是认为教育功能的属性就是教师教育功能积极性与学生教育功能消极性的观点——这当然是简单抽象思维泛化的后果。在对应思维看来,教育功能的属性,是师生双方教育功能的积极性与消极性以及自返性的对应性,因此,就不仅要关注教师教育功能的积极性与学生教育功能的消极性,而且要关注学生教育功能的积极性与教师教育功能的消极性以及师生双方教育功能的自返性。2. 关注师生双方在教育活动之外的教育功能的自在性。这里的关键是要走出人们熟悉的现行教育理论的遮蔽，那就是认为师生双方教育功能的属性，只表现于教育活动中的观点——那当然是简单抽象思维泛化的后果。在对应思维看来，师生双方教育功能的属性，不仅表现于教育活动之中，而且表现于教育活动之外。因此，就不仅要关注在教育活动中师生双方教育功能的积极性、消极性与自返性，而且要关注在教育活动之外师生双方教育功能的自在性。3. 关注师生双方在教育功能的属性维度上对等定位的生活教育关系即五线定位的生活教育关系。在实际生活中，既然师生双方的教育功能都具有积极性、消极性、自返性以及自在性的对应性，那么，师生双方就要关注在双方对应性影响的一致性与不一致性前提下的五线定位关系。这种五线定位包含教育活动中的四线定位与教育活动之外的自在性定位。在教育活动中，四线定位的基本内容是：关注理想性的上线，即师生双方在教育功能的积极性与消极性影响的一致性前提下，走向对等的教育，以实现双方教育功能的互补性变化或发展；关注过渡性的自返线，即师生双方在教育功能的积极性与消极性影响的不一致性前提下，返回自身，以调整自身与对方的关系；关注现实性的中线，即师生双方在教育功能的积极性与消极性影响的不一致性前提下，经由过渡性的自返线而走向对话或讨论，以实现双方教育功能的生成性变化或发展；关注禁止性的底线，即师生双方在教育功能的积极性与消极性影响的不一致性前提下，经由过渡性的自返线，都不能破坏或割裂对应的教育关系。而在教育活动之外，师生双方的教育功能都具有自立自为的自在性定位，以实现自我的自在性转换或变换。我们认为，在师生双方教育功能的属性维度上，经由五线定位的生活教育，就可以构建出师生双方以各自教育功能的积极性、消极性、自返性以及自在性为基础的涉及理想、自返、现实、戒律与自在的对等关系，以实现师生双方教育功能多样影响属性的转换或变换，由此，也可以规避由现行简单教育功能论关于教师教育功能积极性与学生教育功能消极性所必然导致的不对等关系，以免师生双方教育功能属性的单调或单薄。

第二，从师生双方教育功能的影响指向看，对应生活教育功能论关于人的概念，能够对实际的生活教育活动产生如下三方面的积极影响。首先，对应生活教育功能论关于人的概念，能够把握到教育活动中师生双方教育功能的积极性与消极性的双向度影响指向与自返性影响指向，因此，不仅能够支持师生双方开展具有积极性功能的教育活动，而且还能够支持师生双方对具有消极性功能的教育活动做出反思、调整或改变。其次，对应生活教育功能论关于人的概念，能够把握到教育活动之外师生双方教育功能的自在性影响指向；因此能够支持师生双方教育功能的自在性影响指向。最后，对应生活教育功能论关于人的概念，既能把握到教育活动中师生双方教育功能积极性与消极性的双向度影响指向与自返性影响指向，又能把握到教育活动之外师生双方教育功能的自在性影响指向，因此，能够支持师生双方建构出以积极性与消极性的双向度影响指向与自返性影响指向以及自在性影响指向为基础的对等关系。鉴于现行教育功能论关于人的概念的遮蔽或偏差，我们愿意特别强调如下三点。1. 关注学生教育功能积极性对教师教育功能消极性的影响指向以及师生双方教育功能的自返性影响指向。这里的关键是要走出人们熟悉的现行教育理论的遮蔽，那就是认为教育功能的影响指向就是教师教育功能积极性对学生教育功能消极性的影响指向的观点——这当然是简单抽象思维泛化的后果。在对应思维看来，教育功能的影响指向，必然是师生双方教育功能积极性与消极性的双向度影响指向以及自返性影响指向，因此，就不仅要关注教师教育功能积极性对学生教育功能消极性的影响指向，而且还要关注学生教育功能积极性对教师教育功能消极性的影响指向以及师生双方教育功能的自返性影响指向。2. 关注师生双方在教育活动之外教育功能的自在性影响指向。这里的关键是要走出人们熟悉的现行教育理论的遮蔽，那就是认为师生双方教育功能的影响指向，只表现于教育活动中的观点——这当然是简单抽象思维泛化的后果。在对应思维看来，师生双方教育功能的影响指向，不仅表现于教育活动之中，而且表现于教育活动之外。因此，就不仅要关注在教育活动中师生双方教育功能的双向度影响指向与自返性影响指向，而且要关注在教育活动之外师生双方教育功能的自在性影响指向。3. 关注师生双方教育功能在影响指向维度上对等定位的教育关系即五线定位的教育关系。在实际生活中，既然师生双方的教育功能都具有积极性与消极性的双向度影响指向与自返性影响指向以及自在性影响指向，那么，师生双方就要关注在双方教育功能对应性影响指向的一致性与不一致性前提下的五线定位关系。这种五线定位包含教育活动中的四线定位与教育活动之外的自在性定位。在教育活动中，四线定位的基本内容是：关注理想性的上线，即师生双方在积极性与消极性影响指向的一致性前提下，走向对等的教育，以实现双方教育功能的互补性变化或发展；关注过渡性的自返线，即师生双方在积极性与消极性影响指向的不一致性前提下，返回自身，以调整自身与对方的关系；关注现实性的中线，即师生双方在积极性与消极性影响指向的不一致性前提下，经由过渡性的自返线而走向对话或讨论，以实现双方教育功能的生成性变化或发展；关注禁止性的底线，即师生双方在积极性与消极性影响指向的不一致性前提下，经由过渡性的自返线，都不能破坏或割裂对应的教育关系。而在教育活动之外，师生双方都还具有自立自为的自在性影响指向,以实现自我的自在性转换或变换。我们认为,在师生双方教育功能的影响指向维度上,经由五线定位的生活教育,就可以构建出师生双方以对应性影响指向为基础的涉及理想、自返、现实、戒律与自在的对等关系,以实现师生双方教育功能多样影响指向的转换或变换;由此,也可以规避由现行简单教育功能论关于教师对学生的简单影响指向所必然导致的不对等关系,以免师生双方教育功能单一影响指向的机械或僵硬。

第三,从师生双方教育功能的影响结果看,对应生活教育功能论关于人的概念,能够对实际的生活教育活动产生如下三方面的积极影响。首先,对应生活教育功能论关于人的概念,能够把握到教育活动中师生双方教育功能积极性与消极性的相互性影响结果与自返性影响结果,因此,不仅能够支持师生双方具有积极性功能的教育结果,而且还能支持师生双方对具有消极性功能的教育结果做出反思、调整或改变。其次,对应生活教育功能论关于人的概念,能够把握到教育活动之外师生双方教育功能的自在性影响结果,因此能够支持师生双方的自在性影响结果。最后,对应生活教育功能论关于人的概念,既能把握到教育活动中师生双方教育功能积极性与消极性的相互性影响结果与自返性影响结果,又能把握到教育活动之外师生双方教育功能的自在性影响结果,因此,能够支持师生双方建构出以积极性与消极性的相互性影响结果与自返性影响结果以及自在性影响结果为基础的对等关系。鉴于现行教育功能论关于人的概念的遮蔽或偏差,我们愿意特别强调如下三点。1. 关注学生教育功能积极性对教师教育功能消极性的影响结果以及师生双方教育功能的自返性影响结果。这里的关键是要走出人们熟悉的现行教育理论的遮蔽,那就是认为教育功能的影响结果就是教师教育功能积极性对学生教育功能消极性的影响结果的观点——这当然是简单抽象思维泛化的后果。在对应思维看来,教育功能的影响结果,必然是师生双方教育功能积极性与消极性的相互性影响结果以及自返性影响结果,因此,就不仅要关注教师教育功能积极性对学生教育功能消极性的影响结果,而且要关注学生教育功能积极性对教师教育功能消极性的影响结果以及师生双方教育功能的自返性影响结果。2. 关注师生双方在教育活动之外教育功能的自在性影响结果。这里的关键是要走出人们熟悉的现行教育理论的遮蔽,那就是认为师生双方教育功能的影响结果,只表现于教育活动中的观点——这当然是简单抽象思维泛化的后果。在对应思维看来,师生双方教育功能的影响结果,不仅表现于教育活动之中,而且表现于教育活动之外。因此,就不仅要关注在教育活动中师生双方教育功能的相互性影响结果与自返性影响结果，而且要关注在教育活动之外师生双方教育功能的自在性影响结果。3. 关注师生双方教育功能在影响结果维度上对等定位的教育关系即五线定位的教育关系。在实际生活中，既然师生双方的教育功能都具有积极性与消极性的相互性影响结果与自返性影响结果以及自在性影响结果，那么，师生双方就要关注在双方教育功能对应性影响结果的一致性与不一致性前提下的五线定位关系。这种五线定位包含教育活动中的四线定位与教育活动之外的自在性定位。在教育活动中，四线定位的基本内容是：关注理想性的上线，即师生双方在积极性与消极性影响结果的一致性前提下，走向对等的教育，以实现双方教育功能的互补性变化或发展；关注过渡性的自返线，即师生双方在积极性与消极性影响结果的不一致性前提下，返回自身，以调整自身与对方的关系；关注现实性的中线，即师生双方在积极性与消极性影响结果的不一致性前提下，经由过渡性的自返线而走向对话或讨论，以实现双方教育功能的生成性变化或发展；关注禁止性的底线，即师生双方在积极性与消极性影响结果的不一致性前提下，经由过渡性的自返线，都不能破坏或割裂对应的教育关系。而在教育活动之外，师生双方都还具有自立自为的自在性影响结果，以实现自我的自在性转换或变换。我们认为，在师生双方教育功能的影响结果维度上，经由五线定位的生活教育，就可以构建出师生双方以对应性影响结果为基础的涉及理想、自返、现实、戒律与自在的对等关系，以实现师生双方教育功能多样影响结果的丰富或丰满；由此，也可以规避由现行简单教育功能论关于教师对学生的简单影响结果所必然导致的不对等关系，以免师生双方教育功能单一影响结果的贫乏或贫穷。

五、本节小结

综上所述，现行简单教育功能论关于人的概念的改造，涉及三层基本内容。首先，由现行简单教育功能论关于人的概念所包含的主观思维路线，转换到事实思维路线，然后，在事实思维路线基础上，将现行简单教育功能论关于人的概念所包含的单一主观泛化的思维路线，改造为主观与客观的对应思维路线。其次，在对应思维路线上，将现行简单教育功能论关于人的概念所包含的认识师生双方教育功能的"教师对学生的人为选择性"的思维切入点，改造为"师生双方人为选择性、不可选择性、自返性以及自在性的对应性"的思维切入点。最后，在"师生双方人为选择性、不可选择性、自返性以及自在性的对应性"视野中，分别对师生双方教育功能的属性、影响指向与影响结果这些基本教育关系，做出了对应的考察。此外，我们分别考察了对应生活教育功能论关于人的概念，在师生双方教育功能的属性、影响指向与影响结果这些基本维度上，对实际的生活教育活动所产生的积极影响，以推动人们从现行简单教育功能论从关于人的概念，转换到对应生活教育功能论关于人的概念。

为了更简明地把握两种教育功能论关于人的概念的不同，我们不妨将其中所包含的不同思维路线，做出如下比较。

简单教育功能论关于人的概念的单线定位路线——师生双方教育功能的关系，就是教师教育功能积极性对学生教育功能消极性的影响或改造。这里需要特别注意，简单教育功能论关于人的概念，仅仅是对师生双方教育功能简单抽象思维路线的反应。

对应生活教育功能论关于人的概念的五线定位路线——师生双方教育功能的关系，就是师生双方教育功能的积极性、消极性、自返性以及自在性的对应影响或改造。它包含双方教育功能对应影响的理想的上线、过渡的自返线、现实的中线、戒律的底线以及自在线。这里需要特别注意，对应生活教育功能论关于人的概念，是对师生双方教育功能对应影响的理想、自返、现实、戒律以及自在的五条思维路线的反应。

六、本节提示

在本节最后，需要做两点提示。第一，由"教师对学生的人为选择性"这一思维活动切入点，到"师生双方人为选择性、不可选择性、自返性以及自在性的对应性"思维活动切入点的过渡环节，就是由对师生双方教育功能的主观抽象思维，转向对师生双方教育功能的客观与主观的对应思维。第二，从"以单一积极性或消极性功能为基础的人的概念"，到"以积极性、消极性、自返性以及自在性功能的对应为基础的人的概念"的过渡环节，就是教师教育功能的积极性在实际生活中所必然引起的师生双方教育功能的积极性、消极性、自返性以及自在性。不了解师生双方教育功能的积极性、消极性、自返性以及自在性的对应生成这一机制，就很难完成从以简单性为基础的不对等的人的概念，到以对应性为基础的对等的人的概念的过渡。

附言：

1. 教师按照可控性而开始的教育活动，其实，必然是可控性、不可控性、自返性以及自在性的对应教育活动。

2. 对师生双方教育功能积极性、消极性、自返性以及自在性的认识，都应该是对应的边界认识，而不能是抽象泛化的认识。

3. 现行学校教育功能论关于人的概念，仅仅把握到教师功能的积极性与学生功能的消极性，其实质，就是典型的形而上学的简单论。

4. 从生活的事实看，师生双方教育功能的积极性、消极性、自返性以及自在性所生成的张力，正是推动师生双方走向教育功能定位的最根本的动力。

5. 仅仅明白人的行为或活动的积极性而不能同时明白消极性、自返性与自在性的人，其实也就是简单的人。

6. 关于教师对学生具有积极性功能的现行教育理论，正反映出人们在简单生活中的简单教育的简单功能；而关于师生双方以积极性、消极性、自返性以及自在性功能为基础而进行的对应生活教育理论，则体现出人们在对应生活中的对应教育的对应功能。

第七章

对现行教师优越论中人的遮蔽性分析与对应改造

第一节 对现行教师优越论中人的遮蔽性分析

切问:

1. 现行教育理论认为,教师比学生具有明显的优势或优越性,其思维活动的切入点在哪里?我们如何才能探索到其思维活动的切入点?

2. 现行教师优越论关于人的概念,从自己理解师生双方关系的切入点上,能够把握到师生双方哪些方面的内容呢?

3. 现行教师优越论关于人的概念的根据是什么?这种理论,对实际的教育活动会产生哪些积极作用?

4. 现行教师优越论关于人的概念,从自己理解师生双方关系的切入点上,在对双方关系有所把握的同时,却又遮蔽了哪些内容呢?

5. 在思维运行中,现行教师优越论关于人的概念,存在遮蔽的根源在哪里?

6. 现行教师优越论关于人的概念,对实际的生活教育活动会产生怎样的消极作用?

一、现行教师优越论关于人的概念的内容、属性及其思维活动的切入点

(一)现行教师优越论关于人的概念的内容

关于教师与学生双方的比较,在一本教育学教材中这样写道:"在知识上,教师是知之较多者,学生是知之较少者;在智力上,教师是较发达者,学生是较不发达者;在社会生活经验上,教师是较丰富者,学生是欠丰富者。教师对

于学生有明显的优势。"①。这就是流行于现行教育理论中的教师优越论或学生不足论。按照这种理解,既然教师对于学生具有明显的优势,那么,教育当然也就是教师对于学生的影响活动——这也就是现行教师优越论的基本内容。

(二)现行教师优越论关于人的概念的属性

现行教师优越论关于人的概念,具有怎样的性质呢?沿着上文的思路,我们做如下考察。

在教育活动中,从师生双方的知识维度看,在教师所教授的学科知识范围内,当然可以说教师比学生具有优越性,但是,在这一范围之外,教师却未必具有优越性,而学生也未必具有不足性。从师生双方的智力维度看,在智力包含的逻辑或理性思维方面,当然可以说教师比学生具有优越性,但是,在智力所包含的想象力或非理性方面,教师却未必具有优越性,而学生也未必具有不足性。从师生双方的社会生活经验看,在社会生活所包含的既有或既成的经验方面,当然可以说教师比学生具有优越性,但是,在社会生活所包含的未有或生成的经验方面,教师却未必具有优越性,而学生也未必具有不足性。同时,在知识、智力与社会生活经验这三个维度上,师生双方彼此的优越性与不足性,又必然会推动双方产生返回自身的自返性。而在教育活动之外,师生双方,都还具有自立自为的自在性。但是,现行教育理论却无视生活实际中师生双方这些具有内在对应性关系的事实,而仅仅在其主观抽象思维中,片面地抽取出教育活动中教师在知识、智力与社会生活经验维度上的优越性或学生的不足性,并以此来概括对师生双方的比较。由此,我们就可以有根据地说,现行教师优越论关于人的概念的属性,就是简单性或片面性。

(三)现行教师优越论关于人的概念的思维活动的切入点

现行教育理论既然认为教师比学生具有明显的优越性,那么,我们就可以据此逆向推论出其思维活动的起点或切入点,那就是"对教师与学生的简单比较或抽象比较"。正向地说,现行教育理论,从对教师与学生的简单比较切到对双方优越性与不足性的理解,由此,才得到了教师优越论与学生不足论的认识。

二、现行教师优越论关于人的概念的所见、根据及其积极功能

(一)现行教师优越论关于人的概念的所见

首先,在师生双方的影响属性上,现行教师优越论关于人的概念,能够把握到教师的优越性与学生的不足性。上文所引用的那本教育学教材中,就分别

---

① 袁振国. 当代教育学 [M]. 北京:教育科学出版社,2010:87.

从知识、智力与社会生活经验三个方面,谈到了师生双方单一的优越性或不足性。其次,在师生双方的影响指向上,现行教师优越论关于人的概念,能够把握到具有优越性的教师对具有不足性的学生的影响指向。最后,在师生双方的影响结果上,现行教师优越论关于人的概念,能够把握到具有优越性的教师对具有不足性的学生的影响或改造。总之,现行教师优越论关于人的概念,从对师生双方的简单比较切到对双方关系的理解,能够把握到的基本内容,也就是具有优越性的教师对具有不足性的学生的单方面的影响或改造。

(二)现行教师优越论关于人的概念的根据

首先,从师生双方的影响属性看,在知识、智力与社会生活经验的一定边界范围内,教师确实具有优越性或学生确实具有不足性。就此而论,现行教师优越论关于人的概念所把握到的内容,就是有根据的。其次,从师生双方的影响指向看,在一定的边界范围内,教师确实具有指向学生的影响。这里的根据是:在知识、智力与社会生活经验的一定边界范围内,既然教师具有优越性或学生具有不足性,那么,在这特定的边界范围内,教师就必然会具有由优越性指向不足性的影响指向。最后,从师生双方的影响结果看,在一定的边界范围内,教师确实具有对学生方面的影响或改造。这里的根据是:在知识、智力与社会生活经验的特定边界范围内,既然教师具有优越性而学生具有不足性,既然教师具有影响学生的指向,那么,在特定边界范围内,师生双方的影响结果,也就必然是教师对学生方面的影响或改造。总之,现行教师优越论关于人的概念,从对师生双方的简单比较切到对师生双方关系的理解,所把握到的基本内容,在特定的边界范围内,都是有根据的,因此,也就是合理的。

(三)现行教师优越论关于人的概念的积极功能

首先,在师生双方的影响属性上,从前面谈到的那本教育学教材所涉及的知识、智力与社会生活经验三个方面来看,现行教师优越论关于人的概念,对实际的学校教育活动具有如下积极功能。就教师所教授的学科知识而言,现行教师优越论关于人的概念,能够把握到教师与学生相比的优越性,这能够为师生之间的授受关系提供直接的支持。就智力的逻辑或理性方面而言,现行教师优越论关于人的概念,能够把握到教师与学生相比的优越性,这能够为教师在逻辑或理性方面指导或引导学生提供直接支持。就既有的社会生活经验而言,现行教师优越论关于人的概念,能够把握到教师与学生相比的优越性,这能够为教师在既有社会生活经验范围内影响学生提供直接的支持。其次,在师生双方的影响指向上,现行教师优越论关于人的概念,能够把握到教师对学生的影响指向;在特定边界范围内,这能够为教师指向学生的影响提供直接的支持。

最后，在师生双方的影响结果上，现行教师优越论关于人的概念，能够把握到教师对学生的影响或改造；在特定边界范围内，这能够为教师对学生的影响或改造提供直接的支持。总之，现行教师优越论关于人的概念，从对师生双方的简单比较切到对师生关系的理解，所把握到的基本内容，在特定的边界范围内，都具有积极的教育价值。

三、现行教师优越论关于人的概念的遮蔽、根源及其消极功能

（一）现行教师优越论关于人的概念的遮蔽

首先，从师生双方的影响属性看，在教育活动中，现行教师优越论关于人的概念，在把握到教师优越性与学生不足性的同时，却遮蔽了教师的不足性与学生的优越性，进而又遮蔽了师生双方由优越性与不足性所必然引起的自返性。而在教育活动之外，现行教师优越论关于人的概念，还遮蔽了师生双方自立自为的自在性。其次，从师生双方的影响指向看，在教育活动中，现行教师优越论关于人的概念，在把握到教师对学生的影响指向的同时，却遮蔽了学生对教师的影响指向，进而又遮蔽了师生双方由优越性与不足性所必然引起的自返性影响指向。而在教育活动之外，现行教师优越论关于人的概念，还遮蔽了师生双方自立自为的自在性影响指向。最后，从师生双方的影响结果看，在教育活动中，现行教师优越论关于人的概念，在把握到教师对学生的影响结果的同时，却遮蔽了学生对教师的影响结果，进而又遮蔽了师生双方由相互性影响结果所必然引起的自返性影响结果。而在教育活动之外，现行教师优越论关于人的概念，还遮蔽了师生双方自立自为的自在性影响结果。总之，现行教师优越论关于人的概念，从对师生双方的简单比较、切到对师生双方关系的理解，在把握到教育活动中具有优越性的教师对具有不足性的学生的单方面影响的同时，却遮蔽了具有优越性的学生对具有不足性的教师这一方面的影响，进而又遮蔽了师生双方由相互影响所必然产生的自返性影响。而在教育活动之外，现行教师优越论关于人的概念，还遮蔽了师生双方自立自为的自在性影响。

（二）现行教师优越论关于人的概念的遮蔽的根源

从思维运作看，现行教师优越论关于人的概念，之所以存在上述遮蔽，是其主观抽象思维的泛化导致的。

第一，在师生双方的影响属性上，从前面谈到的那本教育学教材所涉及的知识、智力与社会生活经验三个方面来看，在特定边界范围内，教师确实比学生具有优越性，但是，在这特定边界范围之外，教师却未必比学生具有优越性。同时，师生双方由优越性与不足性的对应比较，又必然会产生返回自身的自返

性。而在教育活动之外，师生双方都还具有自立自为的自在性。这清楚地表明，在生活实际中，师生双方各有自己的优越性、不足性、自返性以及自在性。然而，现行教师优越论关于人的概念，却在其主观思维中，片面地抽取出教师的优越性与学生的不足性并以偏概全地泛指师生双方的对应属性，由此，便遮蔽了教师的不足性与学生的优越性，还遮蔽了师生双方的自返性与自在性。

第二，在师生双方的影响指向上，在特定边界范围内，具有优越性的教师确实具有对具有不足性的学生的影响指向，然而，在这特定边界范围之外，具有优越性的学生就会具有对具有不足性的教师的影响指向。同时，师生双方还会具有由双向度影响指向所必然引起的自返性影响指向。而在教育活动之外，师生双方都还具有自立自为的自在性影响指向。这清楚地表明，在生活实际中，师生双方的影响指向，必然是双向度的影响指向与自返性的影响指向以及自在性的影响指向。然而，现行教师优越论关于人的概念，却在其主观思维中片面地抽取出具有优越性的教师对具有不足性的学生的影响指向并以偏概全地泛指师生双方的对应影响指向，由此，便遮蔽了具有优越性的学生对具有不足性的教师的影响指向，还遮蔽了师生双方的自返性影响指向与自在性影响指向。

第三，在师生双方的影响结果上，在特定边界范围内，具有优越性的教师确实具有对具有不足性的学生的影响结果，然而，在这特定边界范围之外，具有优越性的学生就会具有对具有不足性的教师的影响结果。同时，师生双方还会具有由相互性影响结果所必然引起的自返性影响结果。而在教育活动之外，师生双方都还具有自立自为的自在性影响结果。这清楚地表明，在生活实际中，师生双方的影响结果，必然是相互性的影响结果与自返性的影响结果以及自在性的影响结果。然而，现行教师优越论关于人的概念，却在其主观思维中片面地抽取出具有优越性的教师对具有不足性的学生的影响结果并以偏概全地泛指师生双方的对应影响结果，由此，便遮蔽了具有优越性的学生对具有不足性的教师的影响结果，还遮蔽了师生双方的自返性影响结果与自在性影响结果。

(三) 现行教师优越论关于人的概念的消极功能

现行教师优越论关于人的概念，从对师生双方的简单比较，切到对师生双方关系的理解，在有所把握的同时却又存在遮蔽。这些认识或思维中的遮蔽，对实际的生活教育活动，会产生哪些消极影响呢？

第一，从师生双方的影响属性看，在教育活动中，现行教师优越论关于人的概念，在把握到教师优越性与学生不足性的同时，却遮蔽了教师的不足性与学生的优越性，进而又遮蔽了师生双方由优越性与不足性所必然引起的自返性。而在教育活动之外，现行教师优越论关于人的概念，还遮蔽了师生双方自立自为的自在性。由此，便直接导致了如下不足性。在教育活动中，师生双方仅仅把握到教师的优越性与学生的不足性，便必然会产生对这种片面优越性与不足性的偏重而难以产生对师生双方优越性与不足性以及自返性的对应关注。而在教育活动之外，师生双方还是仅仅把握到教师的优越性与学生的不足性，便必然会产生对这种片面属性的偏重而难以产生对双方自在性的关注。

第二，从师生双方的影响指向看，在教育活动中，现行教师优越论关于人的概念，在把握到教师对学生的影响指向的同时，却遮蔽了学生对教师的影响指向，进而又遮蔽了师生双方由优越性与不足性所必然引起的自返性影响指向。而在教育活动之外，现行教师优越论关于人的概念，还遮蔽了师生双方自立自为的自在性影响指向。由此，便直接导致了如下不足性。在教育活动中，师生双方仅仅把握到教师对学生的影响指向，便必然会产生对这一影响指向的偏重而难以产生对双方双向度影响指向与自返性影响指向的对应关注。而在教育活动之外，师生双方还是仅仅把握到教师对学生的影响指向，便必然会产生对这一影响指向的偏重而难以产生对双方自在性影响指向的关注。

第三，从师生双方的影响结果看，在教育活动中，现行教师优越论关于人的概念，在把握到教师对学生的影响结果的同时，却遮蔽了学生对教师的影响结果，进而又遮蔽了师生双方由相互性影响结果所必然引起的自返性影响结果。而在教育活动之外，现行教师优越论关于人的概念，还遮蔽了师生双方自立自为的自在性影响结果。由此，便直接导致了如下不足性。在教育活动中，师生双方仅仅把握到教师对学生的影响结果，便必然会产生对这一影响结果的偏重而难以产生对双方相互性影响结果与自返性影响结果的对应关注。而在教育活动之外，师生双方还是仅仅把握到教师对学生的影响结果，便必然会产生对这一影响结果的偏重而难以产生对双方自在性影响结果的关注。

总之，现行教师优越论关于人的概念，从对师生双方的简单比较切到对师生双方关系的理解，从师生双方的优越性、不足性、自返性以及自在性的内在对应性关系来看，确实存在严重的简单性偏差并因此而必须被合理地反思与改造。

四、本节小结

综上所述，我们看到，现行教师优越论关于人的概念，从对师生双方的简单比较，切到对师生双方关系的理解，虽然能够把握到具有优越性的教师指向学生的影响，也能够把握到这种影响的根据并对实际的简单学校教育活动产生积极的作用，但是，却遮蔽了具有优越性的学生指向教师的影响与师生双方的自返性影响以及自在性影响。从思维运作看,现行教师优越论关于人的概念的遮蔽,是其主观思维的抽象泛化所导致的。从实际看,这种抽象泛化的思维或认识,对师生双方的对应生活教育活动存在多方面的消极作用。因此,现行教师优越论关于人的概念,就必然也因此而必须被合理地反思与改造。

五、本节提示

在本节最后,需要做两点提示。第一,探寻现行教师优越论关于人的概念的思维活动切入点的根据,就是现行教师优越论关于人的概念的内容,或者说,我们是通过现行教师优越论关于人的概念的内容而探寻到其思维活动的切入点的。第二,对现行教师优越论关于人的概念的思维活动切入点的遮蔽性分析,不是我们简单的主观分析,而是根据现行教师优越论关于人的概念所包含的主观思维活动切入点的所见与不足而展开的,要特别注意,现行教师优越论关于人的概念所包含的简单静态的主观思维,必然会遮蔽与其对应的动态的客观事实。

附言:

1. 对师生关系的理解,当然可以从某一方面的比较开始,但是,关于师生关系的理论,却不能停留在这里。

2. 对师生双方优越性、不足性、自返性以及自在性的认识,都应该是具体的边界认识,而不能是抽象泛化的认识。

3. 现行教师优越论关于人的概念,仅仅把握到教师的优越性而没有把握到不足性,这构成对教师的基础性偏见。

4. 现行教师优越论关于人的概念,仅仅把握到学生的不足性而没有把握到其优越性,这其实就是对学生的等级性歧视。

5. 仅仅明白自身优越性的教师,也就是因为偏见而必然傲慢的简单的人。

6. 只有能够把握到自身优越性、不足性、自返性以及自在性的人,才能够建构出与他人的对等关系。

第二节 对现行教师优越论中人的对应改造

切问:

1. 从动态的生活事实看,现行教师优越论关于人的概念所包含的"对师生双方的简单比较或抽象比较",其实都是"对师生双方的对应比较或边界比较"吗?

2. 从生活实际看,师生双方的优越性、不足性、自返性以及自在性,都只能是相互对应的属性吗?

3. 从生活实际看,师生双方的影响指向,必然是师生双方优越性与不足性的双向度影响指向与自返性影响指向以及自在性影响指向吗?

4. 从生活实际看,师生双方的影响结果,必然是师生双方优越性与不足性的相互性影响结果与自返性影响结果以及自在性影响结果吗?

5. 从生活实际看,师生双方的优越性、不足性、自返性以及自在性,都不是抽象泛化的属性,而是具有边界对应关系的具体属性吗?我们需要从抽象泛化的思维,转换到具体的边界思维或对应思维吗?

6. 如果只有教师的优越性与学生的不足性,那么,师生双方就只能产生教师支配学生的等级性的或不对等的关系吗?而如果师生双方都分别具有自身的优越性、不足性、自返性以及自在性,那么,师生双方就会产生以双方的对应属性为基础的对等关系吗?

一、对现行教师优越论关于人的概念所包含的泛化思维的对应改造

上一节我们谈到,现行教师优越论关于人的概念之所以存在遮蔽,是因为在其思维运作中存在抽象泛化的不足。因此,要改造现行教师优越论关于人的概念,就必须改造其抽象泛化的主观思维。如何改造这种思维呢?首先,需要摆脱现行教师优越论关于人的概念所包含的简单主观思维,而转向对师生关系的事实或实际的关注,即由主观思维转向事实思维。其次,还需要走出教育研究者简单泛化的抽象思维,而转向对师生关系的抽象与具体对应的边界思维,即由简单的抽象泛化思维,转向抽象与具体对应的边界思维。

二、对现行教师优越论关于人的概念所包含的思维切入点的对应改造

现行教师优越论关于人的概念,从对师生双方的简单比较开始,切到对师生双方关系的理解,这一切入点本身并不存在问题。现行教师优越论关于人的概念的问题在于:从对师生双方的简单比较开始,切到对师生关系的理解,之后却并没有对实际生活中具体的师生关系做出对应的考察,而仅仅停留在对师生关系的抽象理解那里,并得到了教师优越论或学生不足论的简单认识。

生活中的具体师生关系,又是怎样的呢?征之于实际,我们看到,在教育

活动中,在特定边界范围内,教师确实比学生具有优越性,但是,在这特定边界范围之外,学生却常常比教师具有优越性。同时,师生双方由各自的优越性与不足性的对应比较,又必然会产生返回自身的自返性。而在教育活动之外,师生双方,都还具有自立自为的自在性。然而,现行教师优越论关于人的概念,却无视实际生活中存在的这些具有边界对应关系的事实,而仅仅在主观思维中片面地抽取出教师的优越性或学生的不足性并以此概括师生双方的关系。鉴于此,我们就需要将现行教师优越论关于人的概念所包含的"对师生双方的简单比较"的切入点,改造为"对师生双方的边界比较或对应比较"的切入点。

三、对现行教师优越论关于人的概念所包含的具体内容的对应改造

对应生活教育论关于人的概念,从对师生双方的边界比较切到对实际生活中师生关系的理解,能够对现行教师优越论关于人的概念,做出哪些方面的改造呢?下面,分而论之。

第一,从师生双方的影响属性看,对应生活教育论关于人的概念,既能把握到在教育活动中师生双方的优越性与不足性以及自返性,又能把握到在教育活动之外师生双方的自在性,而不是现行教师优越论关于人的概念所把握到的教师的优越性与学生的不足性。这里的道理是:在教育活动中,在特定边界范围内,教师具有优越性而学生具有不足性,而在这特定边界范围之外,学生则具有优越性而教师具有不足性。同时,师生双方由各自的优越性与不足性的对应比较,又必然会产生返回自身的自返性。而在教育活动之外,师生双方,都还具有自立自为的自在性。这清楚地表明,在实际生活中,师生双方,都必然会具有优越性、不足性、自返性以及自在性,而不可能是现行教师优越论关于人的概念所把握到的教师的优越性与学生的不足性——这种片面的属性,当然,只能是抽象泛化的形而上学的属性。

第二,从师生双方的影响指向看,对应生活教育论关于人的概念,既能把握到在教育活动中师生双方优越性与不足性的双向度影响指向与自返性影响指向,又能把握到在教育活动之外师生双方的自在性影响指向,而不是现行教师优越论关于人的概念所把握到的教师优越性对学生不足性的单方面影响指向。这里的道理是:在教育活动中,既然师生双方各有属于自身的优越性与不足性,那么,师生双方的影响指向,就必然是师生双方双向度的影响指向。同时,这种双向度的影响指向,又必然会引起师生双方自返性的影响指向。而在教育活动之外,师生双方,都还具有自在性的影响指向。这清楚地表明,在实际生活中,师生双方的影响指向,必然是双向度影响指向与自返性影响指向以及自在

性影响指向,而不可能是现行教师优越论关于人的概念所把握到的教师优越性对学生不足性的单一影响指向——这种单一的影响指向,当然,也只能是抽象泛化的形而上学的影响指向。

第三,从师生双方的影响结果看,对应生活教育论关于人的概念,既能把握到在教育活动中师生双方优越性与不足性的相互性影响结果与自返性影响结果,又能把握到在教育活动之外师生双方的自在性影响结果,而不是现行教师优越论关于人的概念所把握到的教师优越性对学生不足性的单方面影响结果。这里的道理是:在教育活动中,既然师生双方都有属于自身的优越性与不足性,既然师生双方都有指向对方的双向度影响指向与自返性影响指向,那么,师生双方的影响结果,就必然是师生双方相互性的影响结果与自返性影响结果。而在教育活动之外,师生双方都还具有自在性的影响结果。这清楚地表明,在实际生活中,师生双方的影响结果,必然是相互性影响结果与自返性影响结果以及自在性影响结果,而不可能是现行教师优越论关于人的概念所把握到的教师优越性对学生不足性的单方面影响结果——这种单方面的影响结果,当然,也只能是抽象泛化的形而上学的影响结果。

四、对应生活教育论关于人的概念的积极功能

对应生活教育论关于人的概念,从对师生双方的边界比较,切到对实际生活中师生关系的理解,能够对师生双方的实际生活教育活动产生哪些方面的积极影响呢?下面,分而论之。

第一,在师生双方的影响属性上,对应生活教育论关于人的概念,能够对实际的生活教育活动产生如下三方面的积极影响。首先,对应生活教育论关于人的概念,在学校教育活动中,能够把握到师生双方的优越性与不足性以及自返性,因此,不仅能够支持师生双方以自身的优越性去影响对方,而且能够支持师生双方因自身的不足性而向对方学习,还能够支持师生双方反思性的自我影响。其次,对应生活教育论关于人的概念,在教育活动之外,能够把握到师生双方的自在性影响,因此,能够支持师生双方开展自立自为的自在性教育活动。最后,对应生活教育论关于人的概念,既能把握到教育活动中师生双方的优越性与不足性以及自返性,又能把握到教育活动之外师生双方的自在性,因此,能够支持师生双方建构出以优越性、不足性、自返性以及自在性的对应影响为基础的对等关系。鉴于现行教师优越论关于人的概念的遮蔽或偏差,我们愿意特别强调如下三点。1. 关注教师的不足性与学生的优越性以及师生双方的自返性。这里的关键是要走出人们熟悉的现行教师优越论的遮蔽,那就是认为教师具有优越性而学生具有不足性的观点——这当然是简单抽象思维泛化的后果。在对应思维看来，师生双方都具有优越性与不足性以及自返性的对应性，因此，不仅要关注教师的优越性与学生的不足性，而且要关注教师的不足性与学生的优越性以及师生双方的自返性。2. 关注师生双方在教育活动之外的自在性。这里的关键是要走出人们熟悉的现行教师优越论的遮蔽，那就是认为师生双方的属性只表现在教育活动中的观点——这当然是简单抽象思维泛化的后果。在对应思维看来，师生双方的属性，不仅表现在教育活动之中，而且表现在教育活动之外。因此，不仅要关注在教育活动中师生双方的优越性、不足性与自返性，而且要关注在教育活动之外师生双方的自在性。3. 关注师生双方在影响属性维度上对等定位的生活教育关系即五线定位的生活教育关系。在实际生活中，既然师生双方都具有优越性、不足性、自返性以及自在性的对应性，那么，师生双方就要关注在双方对应性影响的一致性与不一致性前提下的五线定位关系。这种五线定位包含教育活动中的四线定位与教育活动之外的自在性定位。在教育活动中，四线定位的基本内容是：关注理想性的上线，即师生双方在优越性与不足性影响的一致性（双方都能以对方的优越性来改造自身的不足性）前提下，走向对等的教育，以实现双方的互补性变化或发展；关注过渡性的自返线，即师生双方在优越性与不足性影响的不一致性（至少有一方不能以对方的优越性来改造自身的不足性）前提下，返回自身，以调整自身与对方的关系；关注现实性的中线，即师生双方在优越性与不足性影响的不一致性前提下，经由过渡性的自返线而走向对话或讨论，以实现双方的生成性变化或发展；关注禁止性的底线，即师生双方在优越性与不足性影响的不一致性前提下，经由过渡性的自返线，都不能破坏或割裂对应的教育关系。而在教育活动之外，师生双方都还具有自立自为的自在性定位，以实现自我的自在性转换或变换。我们认为，在师生双方的影响属性维度上，经由五线定位的生活教育，就可以构建出师生双方以各自优越性、不足性、自返性以及自在性为基础的涉及理想、自返、现实、戒律与自在的对等关系，以实现师生双方多样影响属性的转换或变换，由此，也可以规避由现行教师优越论关于教师优越性与学生不足性所必然导致的不对等关系，以免师生双方属性的单调或单薄。

第二，在师生双方的影响指向上，对应生活教育论关于人的概念，能够对实际的生活教育活动产生如下三方面的积极影响。首先，对应生活教育论关于人的概念，能够把握到教育活动中师生双方优越性与不足性的双向度影响指向与自返性影响指向，因此，不仅能够支持师生双方指向对方的影响，而且能够支持师生双方指向自身的影响。其次，对应生活教育论关于人的概念，能够把握到教育活动之外师生双方的自在性影响指向,因此能够支持师生双方的自在性影响指向。最后,对应生活教育论关于人的概念,既能把握到教育活动中师生双方优越性与不足性的双向度影响指向与自返性影响指向,又能把握到教育活动之外师生双方的自在性影响指向,因此,能够支持师生双方建构出以优越性与不足性的双向度影响指向与自返性影响指向以及自在性影响指向为基础的对等关系。鉴于现行教师优越论关于人的概念的遮蔽或偏差,我们愿意特别强调如下三点。1. 关注学生优越性对教师的不足性的影响指向以及师生双方的自返性影响指向。这里的关键是要走出人们熟悉的现行教师优越论的遮蔽,那就是认为师生双方的影响指向就是教师优越性对学生不足性的影响指向的观点——这当然是简单抽象思维泛化的后果。在对应思维看来,师生双方的影响指向,必然是师生双方优越性与不足性的双向度影响指向以及自返性影响指向,因此,就不仅要关注教师优越性对学生不足性的影响指向,而且要关注学生优越性对教师不足性的影响指向以及师生双方的自返性影响指向。2. 关注师生双方在教育活动之外的自在性影响指向。这里的关键是要走出人们熟悉的现行教师优越论的遮蔽,那就是认为师生双方的影响指向只表现在教育活动中的观点——这当然是简单抽象思维泛化的后果。在对应思维看来,师生双方的影响指向,不仅表现在教育活动之中,而且表现在教育活动之外。因此,不仅要关注在教育活动中师生双方的双向度影响指向与自返性影响指向,而且要关注在教育活动之外师生双方的自在性影响指向。3. 关注师生双方在影响指向维度上对等定位的教育关系即五线定位的教育关系。在实际生活中,既然师生双方都具有优越性与不足性的双向度影响指向与自返性影响指向以及自在性影响指向,那么,师生双方就要关注在双方对应性影响指向的一致性与不一致性前提下的五线定位关系。这种五线定位包含教育活动中的四线定位与教育活动之外的自在性定位。在教育活动中,四线定位的基本内容是:关注理想性的上线,即师生双方在优越性与不足性影响指向的一致性前提下,走向对等的教育,以实现双方的互补性变化或发展;关注过渡性的自返线,即师生双方在优越性与不足性影响指向的不一致性前提下,返回自身,以调整自身与对方的关系;关注现实性的中线,即师生双方在优越性与不足性影响指向的不一致性前提下,经由过渡性的自返线而走向对话或讨论,以实现双方的生成性变化或发展;关注禁止性的底线,即师生双方在优越性与不足性影响指向的不一致性前提下,经由过渡性的自返线,都不能破坏或割裂对应的教育关系。而在教育活动之外,师生双方都还具有自立自为的自在性影响指向,以实现自我的自在性转换或变换。我们认为,在师生双方的影响指向维度上,经由五线定位的生活教育,就可以构建出师生双方以对应性影响指向为基础的涉及理想、自返、现实、戒律与自在的对等关系，以实现师生双方多样影响指向的转换或变换，由此，也可以规避由现行教师优越论关于教师对学生的简单影响指向所必然导致的不对等关系，以免师生双方单一影响指向的机械或僵硬。

  第三，在师生双方的影响结果上，对应生活教育论关于人的概念，能够对实际的生活教育活动产生如下三方面的积极影响。首先，对应生活教育论关于人的概念，能够把握到教育活动中师生双方优越性与不足性的相互性影响结果与自返性影响结果，因此，不仅能够支持师生双方指向对方的影响结果，而且能够支持师生双方指向自身的影响结果。其次，对应生活教育论关于人的概念，能够把握到教育活动之外师生双方的自在性影响结果，因此能够支持师生双方的自在性影响结果。最后，对应生活教育论关于人的概念，既能把握到教育活动中师生双方优越性与不足性的相互性影响结果与自返性影响结果，又能把握到教育活动之外师生双方的自在性影响结果，因此，能够支持师生双方建构出以优越性与不足性的相互性影响结果与自返性影响结果以及自在性影响结果为基础的对等关系。鉴于现行教师优越论关于人的概念的遮蔽或偏差，我们愿意特别强调如下三点。1. 关注学生优越性对教师的不足性的影响结果以及师生双方的自返性影响结果。这里的关键是要走出人们熟悉的现行教师优越论的遮蔽，那就是认为师生双方的影响结果就是教师优越性对学生不足性的影响结果的观点——这当然是简单抽象思维泛化的后果。在对应思维看来，师生双方的影响结果必然是师生双方优越性与不足性的相互性影响结果以及自返性影响结果，因此，就不仅要关注教师优越性对学生不足性的影响结果，而且要关注学生优越性对教师不足性的影响结果以及师生双方的自返性影响结果。2. 关注师生双方在教育活动之外的自在性影响结果。这里的关键是要走出人们熟悉的现行教师优越论的遮蔽，那就是认为师生双方的影响结果只表现在教育活动中的观点——这当然是简单抽象思维泛化的后果。在对应思维看来，师生双方的影响结果不仅表现在教育活动之中，而且表现在教育活动之外。因此，就不仅要关注在教育活动中师生双方的相互性影响结果与自返性影响结果，而且要关注在教育活动之外师生双方的自在性影响结果。3. 关注师生双方在影响结果维度上对等定位的教育关系即五线定位的教育关系。在实际生活中，既然师生双方都具有优越性与不足性的相互性影响结果与自返性影响结果以及自在性影响结果，那么，师生双方就要关注在双方对应性影响结果的一致性与不一致性前提下的五线定位关系。这种五线定位包含教育活动中的四线定位与教育活动之外的自在性定位。在教育活动中，四线定位的基本内容是：关注理想性的上线，即师生双方在优越性与不足性影响结果的一致性前提下，走向对等的教育，以实现双方的互补性变化或发展；关注过渡性的自返线，即师生双方在优越性与不足性影响结果的不一致性前提下，返回自身，以调整自身与对方的关系；关注现实性的中线，即师生双方在优越性与不足性影响结果的不一致性前提下，经由过渡性的自返线而走向对话或讨论，以实现双方的生成性变化或发展；关注禁止性的底线，即师生双方在优越性与不足性影响结果的不一致性前提下，经由过渡性的自返线，都不能破坏或割裂对应的教育关系。而在教育活动之外，师生双方都具有自立自为的自在性影响结果，以实现自我的自在性转换或变换。我们认为，在师生双方的影响结果维度上，经由五线定位的生活教育，就可以构建出师生双方以对应性影响结果为基础的涉及理想、自返、现实、戒律与自在的对等关系，以实现师生双方多样影响结果的丰富或丰满，由此，也可以规避由现行教师优越论关于教师对学生的简单影响结果所必然导致的不对等关系，以免师生双方单一影响结果的贫乏或贫穷。

五、本节小结

综上所述，现行教师优越论关于人的概念的改造，涉及三方面基本内容。首先，由现行教师优越论关于人的概念所包含的主观思维路线转换到事实思维路线，之后在事实思维路线基础上将现行教师优越论关于人的概念所包含的单一主观抽象泛化的思维路线，改造为抽象与具体的对应思维或边界思维路线。其次，在对应思维路线上，将现行教师优越论关于人的概念所包含的认识师生双方关系的"对师生双方的简单比较"的思维切入点，改造为"对师生双方的对应比较"的思维切入点。最后，在"对师生双方的对应比较"视野中，分别对师生双方的影响属性、指向与结果这些基本教育关系，做出了对应的考察。此外，我们分别考察了对应生活教育论在师生双方的影响属性、指向与结果这些基本维度上对实际的生活教育活动所产生的积极影响，以推动人们从现行的教师优越论或学生不足论，转换到师生双方对应的优越论与不足论。

为了更简明地把握两种师生观关于人的概念的不同，我们不妨将其中所包含的不同思维路线做出如下比较。

教师优越论关于人的概念所包含的对师生理解的单线定位路线——师生关系就是具有优越性的教师对具有不足性的学生的影响关系，这里需要特别注意，教师优越论关于人的概念，仅仅是对教师单一主观愿望这一条思维路线的反应。

对应生活教育论关于人的概念所包含的对师生理解的五线定位路线——师生关系就是具有优越性、不足性、自返性以及自在性的师生双方的对应影响关系；它包含双方对应影响的理想的上线、过渡的自返线、现实的中线、戒律的底线以及自在线，这里需要特别注意，对应生活教育论关于人的概念，是对师生双方理想、自返、现实、戒律与自在的五条思维路线的反应。

六、本节提示

在本节最后，需要做两点提示。第一，由"对师生双方的简单比较"，到"对师生双方的对应比较"的过渡环节，就是由对师生关系的主观抽象思维，转向对师生关系的抽象与具体的对应思维。第二，从"以单一优越性或不足性为基础的人的概念"，到"以优越性、不足性、自返性以及自在性的对应为基础的人的概念"的过渡环节，就是师生双方活动在实际生活中所必然引起的优越性、不足性、自返性以及自在性，不了解师生双方优越性、不足性、自返性以及自在性的对应生成这一机制，就很难完成从以简单性为基础的不对等的人的概念，到以对应性为基础的对等的人的概念的过渡。

附言：

1. 从生活事实看，现行教育理论所谓教师优越性或学生不足性的片面观点，其实都只能是师生双方优越性、不足性、自返性以及自在性的对应观点。

2. 对师生双方优越性、不足性、自返性以及自在性的评价，都应该是具体的边界评价，而不能是抽象的泛化评价。

3. 仅仅把握到自身优越性而不能把握到不足性的教师，就不可能具有反思的教育品质。而仅仅把握到自身不足性而不能把握到优越性的学生，也很难产生反思的学习品质。

4. 只能看到自身优越性与学生不足性的教师，根本不可能在学生面前保持内在的谦虚，更不可能发自内心地去向学生学习。

5. 不明白自返性与自在性的师生，很难不成为无趣味的师生。

6. 能够把握到师生双方的优越性、不足性、自返性以及自在性的师生，也就是以对应性为基础的具有丰富性的师生。

第八章

对现行教育对象论中人的遮蔽性分析与对应改造

第一节 对现行教育对象论中人的遮蔽性分析

切问：

1. 现行教育理论，将教育理解为一方对另一方的简单对象性活动，其思维活动的切入点在哪里？我们如何才能探索到其思维活动的切入点？

2. 现行教育对象论关于人的概念，从自己理解师生双方活动的切入点上，能够把握到哪些方面的内容呢？

3. 现行教育对象论关于人的概念的根据是什么？这种理论对实际的教育活动会产生哪些积极作用？

4. 现行教育对象论关于人的概念，从自己理解师生双方活动的切入点上，在对双方活动有所把握的同时，却又遮蔽了哪些内容呢？

5. 在思维运行中，现行教育对象论关于人的概念，存在遮蔽的根源在哪里？

6. 现行教育对象论关于人的概念，对实际的生活教育活动会产生怎样的消极作用？

一、现行教育对象论关于人的概念的内容、属性及其思维活动的切入点

（一）现行教育对象论关于人的概念的内容

现行教育理论中关于教育者与受教育者的双方关系，在一本教育学教材中有如下表达："教师是教育者"，"学生是教育的对象"。[1] 在这里，所谓学生是

---

[1] 袁振国．当代教育学［M］．北京：教育科学出版社，2010：71—80．

教育对象的表达,其实也就是说,学生是受教育者。既然教师是教育者而学生是受教育者,那么,教育也就是教育者对于受教育者的教育,而学校教育也就是教师对于学生的教育。从教师方面看,这种教育,也就是教师发挥主动性的教育,从学生方面看,这种教育,也就是学生保持被动性的教育,这就是现行教育对象论关于人的概念的基本内容。

(二)现行教育对象论关于人的概念的属性

按照现行教育对象论关于人的概念的理解,教师教育活动的对象,就是学生,或者说,学校教育就是教师发挥主动性与学生保持被动性的教育。师生双方生活的实际,果真是这样的吗?在学校教育中,当教师以学生为对象进行教育活动时,难道不会受到学生反向的教育并因此而成为学生的教育对象吗?难道学生仅仅是教育的对象而不是教育者吗?或者说,当教师发挥主动性时,难道不会同时带来自身的被动性吗?而当学生保持被动性时,难道不会同时带来自身的主动性吗?同时,师生双方的主动性与被动性,难道不会引起师生双方返回自身的自返性吗?而在学校教育之外,师生双方难道不能具有自立自为的自在性吗?然而,从上文中,我们看到,现行教育对象论关于人的概念却无视这些客观实际中内在的对应性问题,而仅仅将学校教育的对象规定为单方面的学生。由此,我们就可以有根据地说,现行教育对象论关于人的概念的属性,就是片面性或简单性。

(三)现行教育对象论关于人的概念的思维活动的切入点

现行教育对象论关于人的概念,既然将师生双方活动的对象规定为单方面的学生,那么,我们就可以据此逆向推论出其思维活动的起点或切入点,那就是"教育者对受教育者的主动性影响"或"教师对学生的主动性影响"。正向地表达,现行教育理论关于人的概念,正是从教师对学生的主动性影响,切到对师生双方活动对象的理解;才将双方活动的对象规定为单方面的学生。

二、现行教育对象论关于人的概念的所见、根据及其积极功能

(一)现行教育对象论关于人的概念的所见

首先,从师生双方的活动属性看,现行教育对象论关于人的概念,能够把握到作为教育者的教师的主动性,也能够把握到作为受教育者的学生的被动性。其次,从师生双方的活动关系看,现行教育对象论关于人的概念,能够把握到作为教育者的教师对于作为受教育者的学生的影响指向。最后,从师生双方的活动结果看,现行教育对象论关于人的概念,能够把握到作为教育者的教师对于作为受教育者的学生的影响结果。总之,现行教育对象论关于人的概念,从

教师对学生的主动性影响切到对双方活动对象的理解，能够把握到的基本内容也就是：作为教育者的教师对于作为受教育者的学生的影响。

（二）现行教育对象论关于人的概念的根据

首先，从师生双方的活动属性看，作为教育活动的参加者，教师当然会具有在学校教育活动中的主动性，而学生也当然会具有接受教师教育的被动性。就此而论，现行教育对象论关于人的概念所把握到的教师的主动性与学生的被动性，就是有根据的。其次，从师生双方的活动关系看，教师要对学生进行主动的影响，就必然会将这种影响指向学生，这也是有根据的。最后，从师生双方的活动结果看，既然教师对学生进行了主动的影响或教育，那么，学生就必然会受到教师的影响或教育，这也是有根据的。总之，现行教育对象论关于人的概念，从教师对学生的主动性影响切到对双方活动对象的理解，所把握到的基本内容，从教师对学生的教育来看都是有根据的，因而也就是合理的。

（三）现行教育对象论关于人的概念的积极功能

现行教育对象论关于人的概念，从教师对学生的主动性影响切到对双方活动对象的理解，所把握到的基本内容，对于实际的学校教育活动，都具有积极的功能或价值。首先，从师生双方的活动属性看，现行教育对象论关于人的概念，能够把握到教师的主动性与学生的被动性，这能够支持教师的施教与学生的受教。其次，从师生双方的活动关系看，现行教育对象论关于人的概念，能够把握到教师对学生的影响指向，这能够支持教师指向学生的教育，也能够支持学生接受教师的教育。最后，从师生双方的活动结果看，现行教育对象论关于人的概念，能够把握到教师对学生的影响结果，这能够支持教师肯定对学生的教育结果，也能够支持学生接受教师的教育结果。总之，现行教育对象论关于人的概念，从教师对学生的主动性影响切到对双方活动对象的理解，所把握到的基本内容，从教师对于学生的教育来看，都具有积极的价值或作用。

三、现行教育对象论关于人的概念的遮蔽、根源及其消极功能

（一）现行教育对象论关于人的概念的遮蔽

首先，从师生双方的活动属性看，现行教育对象论关于人的概念，在把握到学校教育中教师主动性与学生被动性的同时，却遮蔽了教师的被动性与学生的主动性，进而又遮蔽了师生双方由主动性与被动性的对应所必然引起的自返性。而在学校教育之外，现行教育对象论关于人的概念，还遮蔽了师生双方的自在性。其次，从师生双方的活动关系看，现行教育对象论关于人的概念，在把握到学校教育中教师主动性对学生被动性的影响指向的同时，却遮蔽了学生

主动性对教师被动性的影响指向，进而又遮蔽了师生双方由双向度影响指向所必然引起的自返性影响指向。而在学校教育之外，现行教育对象论关于人的概念，还遮蔽了师生双方的自在性影响指向。最后，从师生双方的活动结果看，现行教育对象论关于人的概念，在把握到学校教育中教师主动性对学生被动性的影响结果的同时，却遮蔽了学生主动性对教师被动性的影响结果，进而又遮蔽了师生双方由相互性影响结果所必然引起的自返性影响结果。而在学校教育之外，现行教育对象论关于人的概念，还遮蔽了师生双方的自在性影响结果。总之，现行教育对象论关于人的概念，从教师对学生的主动性影响，切到对双方活动对象的理解，在把握到学校教育中教师主动性对学生被动性的影响的同时，却遮蔽了学生主动性对教师被动性的影响，进而又遮蔽了师生双方的自返性影响。而在学校教育之外，现行教育对象论关于人的概念，还遮蔽了师生双方的自在性影响。

（二）现行教育对象论关于人的概念的根源

从思维运作看，现行教育对象论关于人的概念，之所以存在上述遮蔽，是其主观抽象思维的泛化导致的。首先，从师生双方的活动属性看，在实际的学校教育活动中，教师对学生的主动性影响，必然会引起学生主动性或被动性的反应，而学生的反应，也必然会引起教师主动性或被动性的反应。同时，师生双方由主动性与被动性的对应又必然会产生自返性的影响。而在学校教育之外，师生双方都还具有自在性影响。这清楚地表明，在实际生活中，师生双方都必然会具有主动性、被动性、自返性以及自在性。然而，现行教育对象论关于人的概念，却在其主观思维中片面地抽取出教师的主动性与学生的被动性，并以偏概全地泛指师生双方在实际生活中所产生的对应属性，由此，便遮蔽了教师的被动性与学生的主动性，进而又遮蔽了师生双方的自返性以及自在性。其次，从师生双方的活动关系看，在实际的学校教育活动中，教师主动地对学生的影响指向，必然会引起学生的反应，而学生的反应，又必然会反过来对教师产生影响指向。同时，师生双方由双向度的影响指向又必然会产生自返性影响指向。而在学校教育之外，师生双方，都还具有自在性影响指向。这清楚地表明，在实际生活中，师生双方的影响指向，必然是双向度的影响指向与自返性的影响指向以及自在性的影响指向。然而，现行教育对象论关于人的概念，却在其主观思维中片面地抽取出教师主动地对学生的影响指向，并以偏概全地泛指师生双方在实际生活中所产生的对应性影响指向，由此，便遮蔽了学生主动地对教师的影响指向，进而又遮蔽了师生双方的自返性影响指向与自在性影响指向。最后，从师生双方的活动结果看，在实际的学校教育活动中，教师主动地对学生的影响指向，必然会对学生产生影响结果，而这种影响结果，又必然会反过来对教师产生影响结果。同时，师生双方由相互性的影响结果又必然会产生自返性的影响结果。而在学校教育之外，师生双方，都还具有自在性影响结果。这清楚地表明，在实际生活中，师生双方的影响结果，必然是相互性的影响结果与自返性的影响结果以及自在性的影响结果。然而，现行教育对象论关于人的概念，却在其主观思维中片面地抽取出教师主动地对学生的影响结果，并以偏概全地泛指师生双方在实际生活中所产生的对应性影响结果，由此，便遮蔽了学生主动地对教师的影响结果，进而又遮蔽了师生双方的自返性影响结果与自在性影响结果。

（三）现行教育对象论关于人的概念的消极功能

现行教育对象论关于人的概念，从教师对学生的主动性影响切到对双方活动对象的理解，在有所把握的同时却又存在遮蔽。这些认识或思维中的遮蔽，对实际的生活教育活动，会产生哪些消极影响呢？

第一，从师生双方的活动属性看，现行教育对象论关于人的概念，在把握到学校教育活动中教师主动性与学生被动性的同时，却遮蔽了教师的被动性与学生的主动性，进而又遮蔽了师生双方由主动性与被动性的对应所必然引起的自返性。而在学校教育之外，现行教育对象论关于人的概念，还遮蔽了师生双方的自在性。由此，便直接导致了如下不足性。在学校教育活动中，师生双方仅仅把握到教师的主动性与学生的被动性，便必然会产生对这种简单属性的偏重而难以产生对师生双方主动性与被动性以及自返性的对应关注。而在学校教育活动之外，师生双方还是仅仅把握到教师的主动性与学生的被动性，便必然会产生对这种简单属性的偏重而难以产生对双方自在性的关注。

第二，从师生双方的活动关系看，现行教育对象论关于人的概念，在把握到教师主动性对学生被动性的影响指向的同时，却遮蔽了学生主动性对教师被动性的影响指向，进而又遮蔽了师生双方由双向度影响指向所必然引起的自返性影响指向。而在学校教育之外，现行教育对象论关于人的概念，还遮蔽了师生双方的自在性影响指向。由此，便直接导致了如下不足性。在学校教育活动中，师生双方仅仅把握到教师对学生的影响指向，便必然会产生对这种影响指向的偏重而难以产生对师生双方双向度影响指向与自返性影响指向的对应关注。而在学校教育之外，师生双方还是仅仅把握到教师对学生的影响指向，便必然会产生对这种影响指向的偏重而难以产生对双方自在性影响指向的关注。

第三，从师生双方的活动结果看，现行教育对象论关于人的概念，在把握到教师主动性对学生被动性的影响结果的同时，却遮蔽了学生主动性对教师被动性的影响结果，进而又遮蔽了师生双方由相互性影响结果所必然引起的自返性影响结果。而在学校教育之外，现行教育对象论关于人的概念，还遮蔽了师生双方的自在性影响结果。由此，便直接导致了如下不足性。在学校教育活动中，师生双方仅仅把握到教师对学生的影响结果，便必然会产生对这种影响结果的偏重而难以产生对师生双方相互性影响结果与自返性影响结果的对应关注。而在学校教育之外，师生双方还是仅仅把握到教师对学生的影响结果，便必然会产生对这种影响结果的偏重而难以产生对双方自在性影响结果的关注。

总之，现行教育对象论关于人的概念，从教师对学生的主动性影响，切到对双方活动对象的理解，从师生双方生活教育主动性、被动性、自返性以及自在性的对应关系来看，确实存在严重的简单性偏差并因此而必须被合理地反思与改造。

四、本节小结

综上所述，我们看到，现行教育对象论关于人的概念，从教师对学生的主动性影响切到对双方活动对象的理解，虽然能够把握到教师的主动性与学生的被动性，也能够把握到师生双方单一属性的根据并对实际的简单学校教育活动产生积极的作用，但是却遮蔽了教师的被动性与学生的主动性以及师生双方的自返性与自在性。从思维运作看，现行教育对象论关于人的概念的遮蔽，是其主观思维的抽象泛化所导致的。从实际看，这种抽象泛化的思维或认识，对师生双方对应的生活教育活动存在多方面的消极作用。因此，现行教育对象论关于人的概念，就必然也因此而必须被合理地反思与改造。

五、本节提示

在本节最后，需要做两点提示。第一，探寻现行教育对象论关于人的概念的思维活动切入点的根据，就是现行教育对象论关于人的概念的内容，或者说，我们是通过现行教育对象论关于人的概念的内容而探寻到其思维活动的切入点的。第二，对现行教育对象论关于人的概念的思维活动切入点的遮蔽性分析，不是我们简单的主观分析，而是根据现行教育对象论关于人的概念所包含的主观思维活动切入点的所见与不足而展开的，要特别注意，现行教育对象论关于人的概念所包含的简单静态的主观思维，必然会遮蔽与其对应的动态的客观事实。

附言：

1. 师生双方的活动，可以从教师对学生的主动影响开始，但是，关于师生双方活动的理论，却不能仅仅停留在这里。

2. 现行教育对象论关于人的概念，只能把握到教师的主动性与学生的被动性，这为等级性的教育或不对等的教育提供了直接的理论支撑。

3. 教师绝不仅仅具有主动性，而学生也绝不仅仅具有被动性，这对师生双方而言，都是个有意义的提醒。

4. 教师主动性能够存在的基础，就是教师的被动性，离开教师的被动性而空谈教师的主动性，这是现行简单教育理论由来已久的劣根性。

5. 仅仅把握到自身活动主动性而不能把握到被动性与自返性的人，就很难成为内敛的有涵养的人。

6. 人类活动的主动性、被动性、自返性以及自在性所生成的张力，正是人类活动的丰富性或多样性的内在动力。

第二节　对现行教育对象论中人的对应改造

切问：

1. 从动态的生活事实看，现行教育对象论关于人的概念所包含的"教师对学生的主动性影响"，其实都是"师生双方主动性、被动性、自返性以及自在性的对应性影响"吗？

2. 从生活实际看，师生双方活动对象的主动性、被动性、自返性以及自在性，都只能是相互对应的属性吗？

3. 从生活实际看，师生双方活动对象的影响指向，必然是师生双方主动性与被动性的双向度影响指向与自返性影响指向以及自在性影响指向吗？

4. 从生活实际看，师生双方活动对象的影响结果，必然是师生双方主动性与被动性的相互性影响结果与自返性影响结果以及自在性影响结果吗？

5. 从生活实际看，师生双方活动对象的主动性、被动性、自返性以及自在性，都不是抽象泛化的属性，而是具有边界对应关系的具体属性吗？我们需要从抽象泛化的思维，转换到具体的边界思维或对应思维吗？

6. 在师生双方的活动中，如果只有教师的主动性与学生的被动性，那么，双方的教育就必然会成为等级性的或不对等的教育吗？只有师生双方进行的包含主动性、被动性、自返性以及自在性的对应生活教育，才可能成为具有丰富性或对等性的教育吗？

一、对现行教育对象论关于人的概念所包含的泛化思维的对应改造

上一节我们谈到，现行的教育对象论关于人的概念之所以存在遮蔽，是因为在其思维运作中存在抽象泛化的不足。因此，要改造现行的教育对象论关于人的概念，就必须改造其抽象泛化的主观思维。如何改造这种思维呢？第一，需要摆脱现行教育对象论关于人的概念所包含的简单主观思维，而转向对师生双方活动事实或过程的关注，即由主观思维转向事实思维。第二，还需要走出教育研究者简单泛化的抽象思维，而转向对师生双方活动的客观与主观对应的边界思维，即由简单的泛化思维转向对应的边界思维。

二、对现行教育对象论关于人的概念所包含的思维切入点的对应改造

现行教育对象论关于人的概念，从教师对学生的主动性影响开始，切到对双方活动对象的理解，这一切入点本身并不存在问题。现行教育对象论关于人的概念的问题在于：从教师对学生的主动性影响开始，切到对双方活动对象的理解，之后却并没有对这一动态影响的过程做出对应的考察，而是仅仅停留在教师对学生的主动性影响上，并将双方活动的对象抽象为单方面的学生。

教师对学生影响的教育活动的动态过程，又是怎样的呢？征之于生活实际，我们看到，在学校教育中，教师对学生的任何主动性影响，都必然会引起学生主动性或被动性的反应，而这种反应又必然会反过来对教师产生主动性或被动性的影响。同时，师生双方由主动性与被动性的对应又必然会产生自返性影响。而在学校教育之外，师生双方都还具有自立自为的自在性影响。这清楚地表明，师生双方的影响，必然是主动性、被动性、自返性以及自在性的对应影响，而不是现行教育对象论关于人的概念所把握到的教师对于学生简单的主动性影响。由此，我们就将现行教育对象论关于人的概念所包含的"教师对学生的主动性影响"的切入点，改造为"师生双方主动性、被动性、自返性以及自在性的对应性影响"的切入点。

三、对现行教育对象论关于人的概念所包含的具体内容的对应改造

对应生活教育对象论关于人的概念，从师生双方主动性、被动性、自返性

以及自在性的对应性影响,切到对双方活动对象的理解,能够对现行简单教育对象论关于人的概念,做出哪些方面的改造呢?下面,分而论之。

第一,从师生双方的活动属性看,对应生活教育对象论关于人的概念,既能把握到在学校教育中师生双方的主动性与被动性以及自返性,又能把握到在学校教育之外师生双方的自在性,而不是现行简单教育对象论关于人的概念所把握到的教师的主动性与学生的被动性。这里的道理是:在学校教育的实际过程中,教师的主动性,对于学生而言就是被动性;而学生的主动性,对于教师而言就是被动性。同时,师生双方由主动性与被动性的对应又必然会产生双方的自返性。而在学校教育之外,师生双方都还具有自在性。这清楚地表明,在实际生活中,师生双方活动的主动性、被动性、自返性以及自在性,都必然是对应的规定性,而不可能是现行简单教育对象论关于人的概念所把握到的教师的主动性与学生的被动性——这种片面的主动性与被动性,当然,只能是抽象泛化的形而上学的属性。

第二,从师生双方的活动关系看,对应生活教育对象论关于人的概念,既能把握到在学校教育中师生双方主动性与被动性的双向度影响指向以及自返性影响指向,又能把握到在学校教育之外师生双方的自在性影响指向,而不是现行简单教育对象论关于人的概念所把握到的教师主动性对学生被动性的单方面影响指向。这里的道理是:在学校教育的实际过程中,教师对学生的主动性影响指向,必然会引起学生主动性或被动性的反应,而这种反应,又必然会引起教师的主动性或被动性反应。同时,师生双方主动性与被动性的双向度影响指向,又必然会引起双方自返性的影响指向。而在学校教育之外,师生双方都还具有自在性影响指向。这清楚地表明,在实际生活中,师生双方活动的影响指向,必然是师生双方双向度的影响指向与自返性的影响指向以及自在性的影响指向,而不可能是现行简单教育对象论关于人的概念所把握到的教师主动性对学生被动性的单一影响指向——这种单一的影响指向,当然,也只能是抽象泛化的形而上学的影响指向。

第三,从师生双方的活动结果看,对应生活教育对象论关于人的概念,既能把握到在学校教育中师生双方主动性与被动性的相互性影响结果以及自返性影响结果,又能把握到在学校教育之外师生双方的自在性影响结果,而不是现行简单教育对象论关于人的概念所把握到的教师主动性对学生被动性的单方面影响结果。这里的道理是:在学校教育的实际过程中,教师主动性对学生被动性的影响,必然会引起学生主动性或被动性的影响结果,而这种结果,又必然会引起教师主动性或被动性的影响结果。同时,师生双方主动性与被动性的相互性影响结果，又必然会引起双方自返性的影响结果。而在学校教育之外，师生双方都还具有自在性影响结果。这清楚地表明，在实际生活中，师生双方活动的影响结果，必然是师生双方相互性的影响结果与自返性的影响结果以及自在性的影响结果，而不可能是现行简单教育对象论关于人的概念所把握到的教师主动性对学生被动性的单方面影响结果——这种单方面的影响结果，当然，也只能是抽象泛化的形而上学的影响结果。

四、对应生活教育对象论关于人的概念的积极功能

对应生活教育对象论关于人的概念，从师生双方主动性、被动性、自返性以及自在性的对应性影响，切到对双方活动对象的理解，能够对实际的生活教育活动产生哪些方面的积极影响呢？下面，分而论之。

第一，从师生双方的活动属性看，对应生活教育对象论关于人的概念，能够对实际的生活教育活动产生如下三方面的积极影响。首先，对应生活教育对象论关于人的概念，能够把握到在教育活动中师生双方活动的主动性、被动性与自返性，因此，不仅能够支持师生双方在保持被动性的前提下去主动影响对方，而且能够支持师生双方进行反思性的自我教育。其次，对应生活教育对象论关于人的概念，能够把握到在教育活动之外师生双方活动的自在性，因此，能够支持师生双方的自在性教育。最后，对应生活教育对象论关于人的概念，既能把握到在教育活动中师生双方活动的主动性、被动性与自返性，又能把握到在教育活动之外师生双方活动的自在性，因此，能够支持师生双方建构出以双方对应性为基础的对等关系。鉴于现行简单教育对象论关于人的概念的遮蔽或偏差，我们愿意特别强调如下三点。1. 在教育活动中，关注教师活动的被动性与学生活动的主动性以及师生双方活动的自返性。这里的关键是要走出人们熟悉的现行简单教育对象论关于人的概念的遮蔽，那就是认为师生双方的活动只是教师对学生的主动性活动的观点——这当然是简单抽象思维泛化的后果。在对应思维看来，在教育活动中，师生双方的活动必然是主动性、被动性与自返性的对应活动；因此，不仅要关注教师活动的主动性与学生活动的被动性，而且要关注教师活动的被动性与学生活动的主动性以及师生双方活动的自返性。2. 在教育活动之外，关注师生双方活动的自在性。这里的关键也是要走出人们熟悉的现行简单教育对象论关于人的概念的遮蔽，那就是认为师生双方的活动只表现在教育活动中的观点——这当然是简单抽象思维泛化的后果。在对应思维看来，在实际生活中，师生双方的活动，既表现在教育活动中，也表现在教育活动之外。因此，就不能仅仅关注在教育活动中师生双方活动的主动性与被动性以及自返性，而且要关注在教育活动之外师生双方活动的自在性。3. 关注师生双方在活动属性维度上对等定位的生活教育关系即五线定位的生活教育关系。在实际生活中，既然师生双方都具有主动性、被动性、自返性以及自在性的对应性，那么，师生双方就要关注在双方对应性影响的一致性与不一致性前提下的五线定位关系。这种五线定位包含教育活动中的四线定位与教育活动之外的自在性定位。在教育活动中，四线定位的基本内容是：关注理想性的上线，即师生双方在主动性与被动性影响的一致性前提下，走向对等的教育，以实现双方的互补性变化或发展；关注过渡性的自返线，即师生双方在主动性与被动性影响的不一致性前提下，返回自身，以调整自身与对方的关系；关注现实性的中线，即师生双方在主动性与被动性影响的不一致性前提下，经由过渡性的自返线而走向对话或讨论，以实现双方的生成性变化或发展；关注禁止性的底线，即师生双方在主动性与被动性影响的不一致性前提下，经由过渡性的自返线，都不能破坏或割裂对应的教育关系。而在教育活动之外，师生双方都还具有自立自为的自在性定位，以实现自我的自在性转换或变换。我们认为，在师生双方的活动属性维度上，经由五线定位的生活教育，就可以构建出师生双方以各自主动性、被动性、自返性以及自在性为基础的涉及理想、自返、现实、戒律与自在的对等关系，以实现师生双方活动多样影响属性的转换或变换。由此，也可以规避由现行简单教育对象论关于教师对学生的片面主动性影响所必然导致的不对等关系，以免师生双方活动属性的单调或单薄。

第二，从师生双方活动的影响指向看，对应生活教育对象论关于人的概念，能够对实际的生活教育活动产生如下三方面的积极影响。首先，对应生活教育对象论关于人的概念，能够把握到在教育活动中师生双方主动性与被动性的双向度影响指向与自返性影响指向，因此，不仅能够支持师生双方的相互性影响指向，而且能够支持师生双方返回自身的影响指向。其次，对应生活教育对象论关于人的概念，能够把握到在教育活动之外师生双方的自在性影响指向，因此，能够支持师生双方回归自身的自在性影响指向。最后，对应生活教育对象论关于人的概念，既能把握到在教育活动中师生双方的双向度影响指向与自返性影响指向，又能把握到在教育活动之外师生双方的自在性影响指向，因此能够支持师生双方建构出以双方的对应性影响指向为基础的对等关系。鉴于现行简单教育对象论关于人的概念的遮蔽或偏差，我们愿意特别强调如下三点。1. 在教育活动中，关注学生主动性对教师被动性的影响指向与师生双方的自返性影响指向。这里的关键是要走出人们熟悉的现行简单教育对象论关于人的概念的遮蔽，那就是认为师生双方活动的影响指向就是教师主动性对学生被动性的影响指向的观点——这当然是简单抽象思维泛化的后果。在对应思维看来，师生双方活动的影响指向，必然是主动性与被动性以及自返性对应的影响指向，因此，就不仅要关注教师主动性对学生被动性的影响指向，而且要关注学生主动性对教师被动性的影响指向以及师生双方的自返性影响指向。2. 在教育活动之外，关注师生双方的自在性影响指向。这里的关键也是要走出人们熟悉的现行简单教育对象论关于人的概念的遮蔽，那就是认为师生双方活动的影响指向只存在于教育活动中的观点——这当然是简单抽象思维泛化的后果。在对应思维看来，在实际生活中，师生双方活动的影响指向，既存在于教育活动中，也存在于教育活动之外。因此，就不能仅仅关注在教育活动中师生双方活动的双向度影响指向与自返性影响指向，而且要关注在教育活动之外师生双方的自在性影响指向。3. 关注师生双方在影响指向维度上对等定位的生活教育关系即五线定位的生活教育关系。在实际生活中，既然师生双方都具有主动性与被动性的双向度影响指向与自返性影响指向以及自在性影响指向，那么，师生双方就要关注在双方对应性影响指向的一致性与不一致性前提下的五线定位关系。这种五线定位包含教育活动中的四线定位与教育活动之外的自在性定位。在教育活动中，四线定位的基本内容是：关注理想性的上线，即师生双方在主动性与被动性影响指向的一致性前提下，走向对等的教育，以实现双方的互补性变化或发展；关注过渡性的自返线，即师生双方在主动性与被动性影响指向的不一致性前提下，返回自身，以调整自身与对方的关系；关注现实性的中线，即师生双方在主动性与被动性影响指向的不一致性前提下，经由过渡性的自返线而走向对话或讨论，以实现双方的生成性变化或发展；关注禁止性的底线，即师生双方在主动性与被动性影响指向的不一致性前提下，经由过渡性的自返线，都不能破坏或割裂对应的教育关系。而在教育活动之外，师生双方都还具有自立自为的自在性影响指向，以实现自我的自在性转换或变换。我们认为，在师生双方活动的影响指向维度上，经由五线定位的生活教育，就可以构建出师生双方以对应性影响指向为基础的涉及理想、自返、现实、戒律与自在的对等关系，以实现师生双方活动多样影响指向的转换或变换。由此，也可以规避由现行简单教育对象论关于教师对学生的简单影响指向所必然导致的不对等关系，以免师生双方活动的单一影响指向的机械或僵硬。

第三，从师生双方活动的影响结果看，对应生活教育对象论关于人的概念，能够对实际的生活教育活动产生如下三方面的积极影响。首先，对应生活教育对象论关于人的概念，能够把握到在教育活动中师生双方主动性与被动性的相互性影响结果与自返性影响结果，因此，不仅能够支持师生双方的相互性影响结果，而且能够支持师生双方返回自身的影响结果。其次，对应生活教育对象论关于人的概念，能够把握到在教育活动之外师生双方的自在性影响结果，因此，能够支持师生双方回归自身的自在性影响结果。最后，对应生活教育对象论关于人的概念，既能把握到在教育活动中师生双方的相互性影响结果与自返性影响结果，又能把握到在教育活动之外师生双方的自在性影响结果，因此能够支持师生双方建构出以双方的对应性影响结果为基础的对等关系。鉴于现行简单教育对象论关于人的概念的遮蔽或偏差，我们愿意特别强调如下三点。1. 在教育活动中，关注学生主动性对教师被动性的影响结果与师生双方的自返性影响结果。这里的关键是要走出人们熟悉的现行简单教育对象论关于人的概念的遮蔽，那就是认为师生双方活动的影响结果就是教师主动性对学生被动性的影响结果的观点——这当然是简单抽象思维泛化的后果。在对应思维看来，师生双方活动的影响结果，必然是主动性与被动性以及自返性的对应影响结果；因此，就不仅要关注教师主动性对学生被动性的影响结果，而且要关注学生主动性对教师被动性的影响结果以及师生双方的自返性影响结果。2. 在教育活动之外，关注师生双方的自在性影响结果。这里的关键也是要走出人们熟悉的现行简单教育对象论关于人的概念的遮蔽，那就是认为师生双方活动的影响结果只存在于教育活动中的观点——这当然是简单抽象思维泛化的后果。在对应思维看来，在实际生活中，师生双方活动的影响结果，既存在于教育活动中，也存在于教育活动之外。因此，不能仅仅关注在教育活动中师生双方活动的相互性影响结果与自返性影响结果，而且要关注在教育活动之外师生双方的自在性影响结果。3. 关注师生双方在影响结果维度上对等定位的生活教育关系即五线定位的生活教育关系。在实际生活中，既然师生双方都具有主动性与被动性的相互性影响结果与自返性影响结果以及自在性影响结果，那么，师生双方就要关注在双方对应性影响结果的一致性与不一致性前提下的五线定位关系。这种五线定位包含教育活动中的四线定位与教育活动之外的自在性定位。在教育活动中，四线定位的基本内容是：关注理想性的上线，即师生双方在主动性与被动性影响结果的一致性前提下，走向对等的教育，以实现双方的互补性变化或发展；关注过渡性的自返线，即师生双方在主动性与被动性影响结果的不一致性前提下，返回自身，以调整自身与对方的关系；关注现实性的中线，即师生双方在主动性与被动性影响结果的不一致性前提下，经由过渡性的自返线而走向对话或讨论，以实现双方的生成性变化或发展；关注禁止性的底线，即师生双方在主动性与被动性影响结果的不一致性前提下，经由过渡性的自返线，都不能破坏或割裂对应的教育关系。而在教育活动之外，师生双方都还具有自立自为的自在性影响结果，以实现自我的自在性转换或变换。我们认为，在师生双方活动的影响结果维度上，经由五线定位的生活教育，就可以构建出师生双方以对应性影响结果为基础的涉及理想、自返、现实、戒律与自在的对等关系，以实现师生双方活动多样影响结果的丰富或丰满；由此，也可以规避由现行简单教育对象论关于教师对学生的简单影响结果所必然导致的不对等关系，以免师生双方活动的单一影响结果的贫乏或贫穷。

五、本节小结

综上所述，我们对现行简单教育对象论关于人的概念的改造，涉及三层基本内容。首先，由现行简单教育对象论关于人的概念所包含的主观思维路线转换到事实思维路线，之后在事实思维路线基础上，将现行简单教育对象论关于人的概念所包含的单一主观泛化的思维路线，改造为主观与客观的对应思维路线。其次，在对应思维路线上，将现行简单教育对象论关于人的概念所包含的认识师生双方活动的"教师对学生的主动性影响"的思维切入点，改造为"师生双方主动性、被动性、自返性以及自在性的对应性影响"的思维切入点。最后，在"师生双方主动性、被动性、自返性以及自在性的对应性影响"视野中，分别对师生双方活动的属性、指向与结果这些基本教育关系，做出了对应的考察。此外，我们分别考察了对应生活教育对象论关于人的概念，在师生双方活动的属性、指向与结果这些基本维度上对实际的生活教育活动所产生的积极影响，以推动人们从现行简单教育对象论关于人的概念，转换到对应生活教育对象论关于人的概念。

为了更简明地把握两种教育对象论关于人的概念的不同，我们不妨将其中所包含的不同思维路线做出如下比较。

简单教育对象论关于人的概念的单线定位路线——学校教育的对象，就是具有主动性的教师所指向的具有被动性的学生，这里需要特别注意，简单教育对象论关于人的概念，仅仅是对教师的单一主观性这一条思维路线的反应。

对应生活教育对象论关于人的概念的五线定位路线——生活教育的对象，就是分别具有主动性、被动性、自返性以及自在性的相互对应的教师与学生；它包含双方对应影响的理想的上线、过渡的自返线、现实的中线、戒律的底线以及自在线，这里需要特别注意，对应生活教育对象论关于人的概念，是对师生双方对应影响的理想、过渡、现实、戒律以及自在的五条思维路线的反应。

六、本节提示

在本节最后，需要做两点提示。第一，由"教师对学生的主动性影响"，到"师生双方主动性、被动性、自返性以及自在性的对应性影响"的过渡环节，就是由对师生双方活动的主观抽象思维，转向对师生双方活动的客观与主观的对应思维。第二，从"以单一主动性或被动性为基础的人的概念"，到"以主动性、被动性、自返性以及自在性的对应为基础的人的概念"的过渡环节，就是师生双方活动在实际生活中所必然引起的主动性、被动性、自返性以及自在性。不了解师生双方主动性、被动性、自返性以及自在性的对应生成这一机制，就很难完成从以简单性为基础的不对等的人的概念，到以对应性为基础的对等的人的概念的过渡。

附言：

1. 从教师对学生主动影响开始的教育活动，其实，都是师生双方主动性、被动性、自返性以及自在性的对应影响活动。

2. 对师生双方活动的主动性、被动性、自返性以及自在性的认识，都应该是具体的边界认识，而不能是抽象的泛化认识。

3. 不能把握到师生双方活动的自返性的现行教育对象论，必然是没有反思性品质的教育对象论，此种理论，很难在对自身的反思中获得转化或长进。

4. 不能把握到师生双方活动的自在性的现行教育对象论，必然是没有自在性品质的教育对象论，此种理论，根本不可能具有对人的趣味性或灵动性的探寻或叩问。

5. 仅仅明白人的主动性或被动性，而不能明白人的自返性或自在性的人，其实，也就是简单的人。

6. 人的主动性与被动性以及自返性的一致性对应关系，是人们在简单生活中的简单教育的简单机制，而人的主动性与被动性以及自返性的不一致性对应关系，则是人们对应生活中的对应教育的对应机理。

第九章

对现行教育内容论中人的遮蔽性分析与对应改造

第一节 对现行教育内容论中人的遮蔽性分析

切问：

1. 现行教育理论认为，学校教育的内容，就是教师所传授给学生的他人经验，其思维活动的切入点在哪里？我们如何才能探索到其思维活动的切入点？

2. 现行教育内容论关于人的概念，从自己理解教育内容的切入点上，能够把握到教育内容哪些方面的内容呢？

3. 现行教育内容论关于人的概念的根据是什么？这种理论对实际的教育活动会产生哪些积极作用？

4. 现行教育内容论关于人的概念，从自己理解教育内容的切入点上，在对教育内容有所把握的同时却又遮蔽了哪些内容呢？

5. 在思维运行中，现行教育内容论关于人的概念，存在遮蔽的根源在哪里？

6. 现行教育内容论关于人的概念，对实际的生活教育活动会产生怎样的消极作用？

一、现行教育内容论关于人的概念的内容、属性及其思维活动的切入点

（一）现行教育内容论关于人的概念的内容

在对教育内容的认识上，现行教育理论认为，"学生认识的主要任务是学习间接经验"，"学习间接经验必须以学生个人的直接经验为基础"。为什么会做出这种判断呢？那就是因为间接经验具有优越性，或者说，直接经验具有不足性。套用现行教育理论的表达，也就是说，间接经验具有"简约化、洁净化、系

化与心理化"的优越性;而"个人的活动范围是狭小的,无论个人如何努力,仅仅依靠直接经验来认识世界越来越不可能"①。当然,按照现行教育理论的理解,不管是学生的"认识"还是"学习",都是在教育过程中在教师的主导下进行的。由此,我们就可以得到现行教育内容论关于人的概念的基本内容:在教师的主导下,在个人经验基础上,学生去"认识"或"学习"的他人经验;也可以说,就是教师传授给学生的他人经验。

(二)现行教育内容论关于人的概念的属性

按照现行教育内容论关于人的概念的理解,学校教育的内容,就是教师传授给学生的间接经验。学校教育活动的实际,果真是这样的吗?在学校教育活动中,间接经验难道只有优越性而没有不足性吗?而直接经验难道只有不足性而没有优越性吗?同时,间接经验与直接经验由于各自的优越性与不足性的对应比较,难道不能产生返回自身的自返性吗?而在学校教育活动之外,间接经验与直接经验,难道不会具有自立自为的自在性吗?从上文中我们看到,现行教育内容论关于人的概念,却根本无视生活实际中两种经验客观存在的这些对应性问题,而仅仅将学校教育的内容规定为教师传授给学生的具有优越性的间接经验。由此,我们就可以有根据地说,现行教育内容论关于人的概念的属性,就是片面性或简单性。

(三)现行教育内容论关于人的概念的思维活动的切入点

现行教育内容论关于人的概念,既然认为学校教育的内容就是具有优越性的间接经验,那么,我们就可以据此逆向推论出其思维活动的起点或切入点,那就是"对间接经验与直接经验的简单比较或抽象比较"。正向地说,现行教育内容论关于人的概念,从间接经验与直接经验的简单比较或抽象比较,切到对教育内容的理解,由此,才得到了学校教育的内容就是具有优越性的间接经验的认识。

二、现行教育内容论关于人的概念的所见、根据及其积极功能

(一)现行教育内容论关于人的概念的所见

首先,在两种经验的属性维度上,现行教育内容论关于人的概念,能够把握到教师所传授的间接经验的优越性与学生直接经验的不足性,在现行教育教育理论看来,那就是间接经验的"简约化、洁净化、系统化与心理化"以及学生直接经验的有限性。其次,在两种经验的影响指向维度上,现行教育内容论

---

① 王道俊,郭文安.教育学[M].北京:人民教育出版社,2009:200-201.

关于人的概念，能够把握到具有优越性的间接经验对于具有不足性的学生直接经验的影响指向。最后，在两种经验的影响结果维度上，现行教育内容论关于人的概念，能够把握到具有优越性的间接经验对于具有不足性的直接经验的影响或改造。总之，现行教育内容论关于人的概念，从对间接经验与直接经验的简单比较，切到对教育内容的理解，能够把握到的内容也就是说，教师所传授的具有优越性的间接经验对于具有不足性的学生直接经验的单方面的影响或改造。

（二）现行教育内容论关于人的概念的根据

首先，从两种经验的属性维度看，作为他人认识的结果，间接经验当然不再具有直接认识过程中具体、复杂、孤立或零散的属性，同时，进入教育过程中的间接经验，又是经过人为选择的他人经验，当然也就是具有符合接受者心理的属性。就此而言，间接经验确实具有如引文中所说的"简约化、洁净化、系统化与心理化"的优越性。与间接经验的优越性相比较，学生的直接经验则包含直接认识过程中的具体、复杂、孤立或零散的属性，就此而言，学生的直接经验，也确实具有如引文中所说的有限性的不足性。其次，从两种经验的影响指向维度看，既然间接经验具有优越性而学生的直接经验具有不足性，那么，两种经验的影响指向，也就是由间接经验对学生直接经验的影响指向。这是有根据的。最后，从两种经验的影响结果维度看，既然间接经验具有对于学生直接经验的影响指向，那么，两种经验的影响结果，也就是间接经验对于学生直接经验的影响或改造。这也是有根据的。总之，现行教育内容论关于人的概念，从对间接经验与直接经验的简单比较，切到对教育内容的理解，所把握到的基本内容，在特定的边界范围内，都是有根据的，因此，也都是合理的。

（三）现行教育内容论关于人的概念的积极功能

现行教育内容论关于人的概念，从对间接经验与直接经验的简单比较，切到对教育内容的理解，所把握到的基本内容对于实际的学校教育活动都具有积极的功能或价值。首先，在两种经验的属性维度上，现行教育内容论关于人的概念，能够把握到间接经验的优越性与学生直接经验的不足性，这能够为教师向学生传授间接经验提供直接的支持，也能够为学生接受教师的传授提供直接的支持。其次，在两种经验的影响指向维度上，现行教育内容论关于人的概念，能够把握到间接经验对于学生直接经验的影响指向，这能够为教师指向学生的教育提供直接的支持，也能够为学生接受这种指向提供直接的支持。最后，在两种经验的影响结果维度上，现行教育内容论关于人的概念，能够把握到间接经验对于学生直接经验的影响或改造，这能够为教师对学生的影响或改造提直接的支持,也能够为学生接受这种影响或改造提供直接的支持。总之,现行教育内容论关于人的概念,从对间接经验与直接经验的简单比较切到对教育内容的理解,所把握到的基本内容,对学校教育内容的简单传授与接受而言,确实具有积极的教育价值。

三、现行教育内容论关于人的概念的遮蔽、根源及其消极功能

（一）现行教育内容论关于人的概念的遮蔽

首先,从两种经验的属性维度看,现行教育内容论关于人的概念,在把握到学校教育活动中间接经验的优越性与学生直接经验的不足性的同时,却遮蔽了间接经验的不足性与学生直接经验的优越性,进而又遮蔽了两种经验由各自的优越性与不足性所必然带来的自返性（间接经验的自返性,当然是由师生双方来进行的）。而在学校教育活动之外,现行教育内容论关于人的概念,还遮蔽了两种经验自立自为的自在性。其次,从两种经验的影响指向看,现行教育内容论关于人的概念,在把握到间接经验对于学生直接经验的影响指向的同时,却遮蔽了学生直接经验对于间接经验的影响指向,进而又遮蔽了两种经验由双向度影响指向所必然带来的自返性影响指向。而在学校教育活动之外,现行教育内容论关于人的概念,还遮蔽了两种经验自立自为的自在性影响指向。最后,在两种经验的影响结果维度上,现行教育内容论关于人的概念,在把握到间接经验对于学生直接经验的影响或改造的同时,却遮蔽了学生直接经验对于间接经验的影响或改造,进而又遮蔽了两种经验由相互性影响结果所必然带来的自返性影响结果。而在学校教育活动之外,现行教育内容论关于人的概念,还遮蔽了两种经验自立自为的自在性影响结果。总之,现行教育内容论关于人的概念,从对间接经验与直接经验的简单比较,切到对教育内容的理解,在把握到学校教育活动中具有优越性的间接经验对于具有不足性的学生直接经验的单方面影响的同时,却遮蔽了具有优越性的学生直接经验对于具有不足性的间接经验的反向影响,进而又遮蔽了两种经验的自返性影响。而在学校教育活动之外,现行教育内容论关于人的概念,还遮蔽了两种经验自立自为的自在性影响。

（二）现行教育内容论关于人的概念的遮蔽的根源

从思维运作看,现行教育内容论关于人的概念,之所以存在上述遮蔽,是其主观抽象思维的泛化导致的。

第一,在两种经验的属性维度上,在学校教育活动中,间接经验确实具有作为他人认识结果的优越性,但是,又必然会具有作为他人认识结果的不足性——这也就是脱离了他人认识过程的孤立性。与此对应地,学生的直接经验,

确实具有作为个体经验的不足性，但是，又必然会具有作为个体经验的优越性——这也就是个体经验的具体性。同时，间接经验与学生的直接经验，还必然会具有由各自的优越性与不足性所带来的自返性。而在学校教育活动之外，间接经验与学生的直接经验，都还具有自立自为的自在性。然而，现行教育内容论关于人的概念，却在主观思维中片面地抽取出间接经验的优越性与学生直接经验的不足性，并以偏概全地泛指两种经验在实际生活中的对应属性，由此，便遮蔽了间接经验的不足性与学生直接经验的优越性，还遮蔽了两种经验的自返性与自在性。

第二，在两种经验的影响指向维度上，在学校教育活动中，具有优越性的间接经验，当然会具有对于具有不足性的学生直接经验的影响指向，但是，具有优越性的学生直接经验，也同样会具有对于具有不足性的间接经验的影响指向。同时，两种经验由各自优越性与不足性的双向度影响指向又必然会带来自返性的影响指向。而在学校教育活动之外，间接经验与学生的直接经验，都还具有自立自为的自在性影响指向。然而，现行教育内容论关于人的概念，却在主观思维中片面地抽取出间接经验对于学生直接经验的影响指向，并以偏概全地泛指两种经验在实际生活中的对应影响指向，由此，便遮蔽了学生直接经验对于间接经验的影响指向，还遮蔽了两种经验的自返性影响指向与自在性影响指向。

第三，在两种经验的影响结果维度上，在学校教育活动中，具有优越性的间接经验，当然会具有对于具有不足性的学生直接经验的影响结果，但是，具有优越性的学生直接经验，也同样会具有对于具有不足性的间接经验的影响结果。同时，两种经验由各自优越性与不足性的相互性影响结果又必然会带来自返性的影响结果。而在学校教育活动之外，间接经验与学生的直接经验，都还具有自立自为的自在性影响结果。然而，现行教育内容论关于人的概念，却在主观思维中片面地抽取出间接经验对于学生直接经验的影响结果，并以偏概全地泛指两种经验在实际生活中的对应影响结果，由此，便遮蔽了学生直接经验对于间接经验的影响结果，还遮蔽了两种经验的自返性影响结果与自在性影响结果。

（三）现行教育内容论关于人的概念的消极功能

现行教育内容论关于人的概念，从对间接经验与直接经验的简单比较切到对教育内容的理解，在有所把握的同时却又存在遮蔽。这些认识或思维中的遮蔽，对实际的生活教育活动会产生哪些消极影响呢？

第一，在两种经验的属性维度上，现行教育内容论关于人的概念，在把握到学校教育活动中间接经验优越性与学生直接经验不足性的同时,却遮蔽了间接经验的不足性与学生直接经验的优越性,进而又遮蔽了两种经验由各自的优越性与不足性所必然带来的自返性。而在学校教育活动之外,现行教育内容论关于人的概念还遮蔽了两种经验自立自为的自在性。由此,便直接导致了如下不足性。在学校教育活动中,师生双方仅仅把握到间接经验的优越性与直接经验的不足性,便必然会产生对这种片面属性的偏重而难以产生对间接经验与直接经验各自优越性与不足性以及自返性的对应关注。而在学校教育活动之外,师生双方还是仅仅把握到间接经验的优越性与直接经验的不足性,也必然会产生对这种片面属性的偏重而难以产生对两种经验的自在性的关注。

第二,在两种经验的影响指向维度上,现行教育内容论关于人的概念,在把握到间接经验对于学生直接经验的影响指向的同时,却遮蔽了学生直接经验对于间接经验的影响指向,进而又遮蔽了两种经验由双向度影响指向所必然带来的自返性影响指向。而在学校教育活动之外,现行教育内容论关于人的概念,还遮蔽了两种经验自立自为的自在性影响指向。由此,便直接导致了如下不足性。在学校教育活动中,师生双方仅仅把握到间接经验对于学生直接经验的影响指向,便必然会产生对这种单一影响指向的偏重而难以产生对两种经验的双向度影响指向与自返性影响指向的对应关注。而在学校教育活动之外,师生双方还是仅仅把握到间接经验对于学生直接经验的影响指向,也必然会产生对这种单一影响指向的偏重而难以产生对两种经验的自在性影响指向的关注。

第三,在两种经验的影响结果维度上,现行教育内容论关于人的概念,在把握到间接经验对于学生直接经验的影响结果的同时,却遮蔽了学生直接经验对于间接经验的影响结果,进而又遮蔽了两种经验由相互性影响结果所必然带来的自返性影响结果。而在学校教育活动之外,现行教育内容论关于人的概念,还遮蔽了两种经验自立自为的自在性影响结果。由此,便直接导致了如下不足性。在学校教育活动中,师生双方仅仅把握到间接经验对于学生直接经验的影响结果,便必然会产生对这种单方面影响结果的偏重而难以产生对两种经验的相互性影响结果与自返性影响结果的对应关注。而在学校教育活动之外,师生双方还是仅仅把握到间接经验对于学生直接经验的影响结果,也必然会产生对这种单方面影响结果的偏重而难以产生对两种经验的自在性影响结果的关注。

总之,现行教育内容论关于人的概念,从对间接经验与直接经验的简单比较切到对教育内容的理解,从两种经验各自的优越性、不足性、自返性以及自在性的内在对应性关系来看,确实存在严重的简单性偏差,因此必须被合理地反思与改造。

四、本节小结

综上所述，我们看到，现行教育内容论关于人的概念，从对间接经验与直接经验的简单比较切入对教育内容的理解，虽然能够把握到具有优越性的间接经验对于具有不足性的学生直接经验的影响，也能够把握到这种影响的根据并对实际学校教育内容的简单传授与接受产生积极的作用，但是，却遮蔽了具有优越性的学生直接经验对于具有不足性的间接经验的影响以及两种经验的自返性与自在性影响。从思维运作看，现行教育内容论关于人的概念的遮蔽，是其主观思维的抽象泛化所导致的。从实际看，这种抽象泛化的思维或认识，对于实际的对应生活教育活动存在多方面的消极作用。因此，现行教育内容论关于人的概念，就必然也因此而必须被合理地反思与改造。

五、本节提示

在本节最后，需要做两点提示。第一，探寻现行教育内容论关于人的概念的思维活动切入点的根据，就是现行教育内容论关于人的概念的内容，或者说，我们是通过现行教育内容论关于人的概念的内容而探寻到其思维活动的切入点的。第二，对现行教育内容论关于人的概念的思维活动切入点的遮蔽性分析，不是我们简单的主观分析，而是根据现行教育内容论关于人的概念所包含的主观思维活动切入点的所见与不足而展开的，要特别注意，现行教育内容论关于人的概念所包含的简单静态的主观思维，必然会遮蔽与其对应的动态的客观事实。

附言：

1. 对间接经验与直接经验关系的理解，可以从对某个方面的简单比较开始；但是，关于间接经验与直接经验关系的理论，却不能仅仅停留在这里。

2. 对间接经验与直接经验的优越性、不足性、自返性以及自在性的评价，都不能是抽象泛化的评价，而应该是具体的边界评价。

3. 现行教育内容论关于人的概念，仅仅把握到间接经验的优越性，却把握不到不足性，其实质，就是对他人的过度信任，即迷信。

4. 现行教育内容论关于人的概念，仅仅把握到学生直接经验的不足性，却没有把握到优越性，其实质，就是对具体的个人的歧视，尤其是对学生个人的歧视。

5. 仅仅把握到间接经验优越性与直接经验不足性的人，其实，也就是没有自我甚至是否定自我的人。

6. 现行教育内容论关于人的概念，仅仅把握到他人经验的优越性与个人经验的不足性，此种理论，必然包含着对他人与自我关系的不对等的或等级性的偏见。

第二节　对现行教育内容论中人的对应改造

切问：

1. 从动态的生活事实看，现行教育内容论关于人的概念所包含的"对两种经验的简单比较"的切入点，其实，都是"对两种经验的对应比较或边界比较"的切入点吗？

2. 从生活实际看，间接经验与直接经验的优越性、不足性、自返性以及自在性，都只能是相互对应的属性吗？

3. 从生活实际看，间接经验对直接经验的影响指向，必然是两种经验各自的优越性与不足性的双向度影响指向与自返性影响指向以及自在性影响指向吗？

4. 从生活实际看，间接经验与直接经验的影响结果，必然是两种经验各自的优越性与不足性的相互性影响结果与自返性影响结果以及自在性影响结果吗？

5. 从生活实际看，间接经验与直接经验的优越性、不足性、自返性以及自在性，都不是抽象泛化的属性，而是具有边界对应关系的具体属性吗？我们需要从抽象泛化的思维，转换到具体的边界思维或对应思维吗？

6. 如果只有间接经验的优越性与直接经验的不足性，那么，他人与个人双方就只能产生他人支配个人的等级性的或不对等的关系吗？而如果他人与个人双方都分别具有自身的优越性、不足性、自返性以及自在性，那么，他人与个人双方就会产生以双方的对应属性为基础的对等关系吗？

一、对现行教育内容论关于人的概念所包含的泛化思维的对应改造

上一节我们谈到，现行教育内容论关于人的概念，之所以存在遮蔽，是因为在其思维运作中存在抽象泛化的不足。因此，要改造现行的教育内容论关于人的概念，就必须改造其抽象泛化的主观思维。如何改造这种思维呢？首先，

需要摆脱现行教育内容论关于人的概念所包含的简单主观思维，而转向对教育活动事实或实际的关注，即由主观思维转向事实思维。其次，还需要走出教育研究者简单泛化的抽象思维，而转向对教育活动的抽象与具体对应的边界思维，即由简单的抽象泛化思维转向抽象与具体对应的边界思维。

二、对现行教育内容论关于人的概念所包含的思维切入点的对应改造

现行教育内容论关于人的概念，从对两种经验的简单比较开始，切到对两种经验关系的理解，这一切入点本身并不存在问题。现行教育内容论关于人的概念的问题在于：从对两种经验的简单比较开始，切到对两种经验关系的理解，之后，却并没有对实际生活中两种经验的关系做出对应的考察，而仅仅停留在对两种经验关系的抽象理解那里，并得到了间接经验具有优越性而直接经验具有不足性的简单认识。

生活中两种经验的关系，又是怎样的呢？征之于实际，我们看到，在教育活动中，间接经验确实具有作为他人认识结果的概括性或简洁性等的优越性，但是，间接经验同时也具有作为他人认识结果的抽象性或外在性等的不足性。与此对应，直接经验确实具有作为直接经验的个体性或有限性等的不足性，但是，直接经验同时也具有作为直接经验的体验性或具体性的优越性。同时，间接经验与直接经验双方由各自的优越性与不足性的对应比较，又必然会产生返回自身的自返性。而在教育活动之外，间接经验与直接经验双方，都还具有自立自为的自在性。然而，现行教育内容论关于人的概念，却无视实际生活中存在的这些具有边界对应关系的事实，而仅仅在主观思维中片面地抽取出间接经验的优越性或直接经验的不足性并以此概括两种经验的关系。鉴于此，我们就需要将现行教育内容论关于人的概念所包含的"对两种经验的简单比较"的切入点，改造为"对两种经验的边界比较或对应比较"的切入点。

三、对现行教育内容论关于人的概念所包含的具体内容的对应改造

对应生活教育论关于人的概念，从对两种经验的边界比较切到对实际生活中两种经验关系的理解，能够对现行教育内容论关于人的概念，做出哪些方面的改造呢？下面，分而论之。

第一，从两种经验的影响属性看，对应生活教育论关于人的概念，既能把握到在教育活动中两种经验的优越性与不足性以及自返性，又能把握到在教育活动之外两种经验的自在性；而不是现行教育内容论关于人的概念所把握到的

间接经验的优越性与直接经验的不足性。这里的道理是：在教育活动中，作为他人认识的结果，间接经验既有优越性又有不足性；而作为个人的认识，直接经验当然也既有不足性又有优越性。同时，两种经验由各自的优越性与不足性的对应比较，又必然会产生返回自身的自返性。而在教育活动之外，两种经验，都还具有自立自为的自在性。这清楚地表明，在实际生活中，两种经验，都必然会具有优越性、不足性、自返性以及自在性，而不可能是现行教育内容论关于人的概念所把握到的间接经验的优越性与直接经验的不足性——这种片面的优越性与不足性，当然，只能是抽象泛化的形而上学的属性。

第二，从两种经验的影响指向看，对应生活教育论关于人的概念，既能把握到在教育活动中两种经验优越性与不足性的双向度影响指向与自返性影响指向，又能把握到在教育活动之外两种经验的自在性影响指向，而不是现行教育内容论关于人的概念所把握到的间接经验优越性对直接经验不足性的单方面影响指向。这里的道理是：在教育活动中，既然两种经验各有属于自身的优越性与不足性，那么，两种经验的影响指向，就必然是两种经验双向度的影响指向。同时，这种双向度的影响指向，又必然会引起两种经验自返性的影响指向。而在教育活动之外，两种经验，都还具有自在性的影响指向。这清楚地表明，在实际生活中，两种经验的影响指向，必然是双向度影响指向与自返性影响指向以及自在性影响指向；而不可能是现行教育内容论关于人的概念所把握到的间接经验优越性对直接经验不足性的单一影响指向——这种单一的影响指向，当然，也只能是抽象泛化的形而上学的影响指向。

第三，从两种经验的影响结果看，对应生活教育论关于人的概念，既能把握到在教育活动中两种经验优越性与不足性的相互性影响结果与自返性影响结果，又能把握到在教育活动之外两种经验的自在性影响结果；而不是现行教育内容论关于人的概念所把握到的间接经验优越性对直接经验不足性的单方面影响结果。这里的道理是：在教育活动中，既然两种经验都有属于自身的优越性与不足性，同时两种经验也都有指向对方的双向度影响指向与自返性影响指向，那么，两种经验的影响结果，就必然是两种经验相互性的影响结果与自返性影响结果。而在教育活动之外，两种经验都还具有自在性的影响结果。这清楚地表明，在实际生活中，两种经验的影响结果，必然是相互性影响结果与自返性影响结果以及自在性影响结果；而不可能是现行教育内容论关于人的概念所把握到的间接经验优越性对直接经验不足性的单方面影响结果——这种单方面的影响结果，当然，也只能是抽象泛化的形而上学的影响结果。

四、对应生活教育论关于人的概念的积极功能

对应生活教育论关于人的概念,从对两种经验的边界比较,切到对实际生活中两种经验关系的理解,能够对两种经验的实际生活教育活动,产生哪些方面的积极影响呢?下面,分而论之。

第一,在两种经验的影响属性维度上,对应生活教育论关于人的概念,能够对实际的生活教育活动产生如下三方面的积极影响。首先,对应生活教育论关于人的概念,在学校教育活动中,能够把握到两种经验的优越性与不足性以及自返性,因此,不仅能够支持两种经验以自身的优越性去影响对方,而且能够支持两种经验因自身的不足性而向对方学习,还能够支持两种经验反思性的自我影响。其次,对应生活教育论关于人的概念,在教育活动之外,能够把握到两种经验的自在性,因此,能够支持两种经验自立自为的自在性变化。最后,对应生活教育论关于人的概念,既能把握到教育活动中两种经验的优越性与不足性以及自返性,又能把握到教育活动之外两种经验的自在性,因此,能够支持两种经验建构出以优越性、不足性、自返性以及自在性的对应影响为基础的对等关系。鉴于现行教育内容论关于人的概念的遮蔽或偏差,我们愿意特别强调如下三点。1. 关注间接经验的不足性与直接经验的优越性以及两种经验的自返性。这里的关键是要走出人们熟悉的现行教育内容论关于人的概念的遮蔽,那就是认为间接经验具有优越性而直接经验具有不足性的观点——这当然是简单抽象思维泛化的后果。在对应思维看来,两种经验都具有优越性与不足性以及自返性的对应性,因此,就不仅要关注间接经验的优越性与直接经验的不足性,而且要关注间接经验的不足性与直接经验的优越性以及两种经验的自返性。2. 关注两种经验在教育活动之外的自在性。这里的关键是要走出人们熟悉的现行教育内容论关于人的概念的遮蔽,那就是认为两种经验的属性只表现在教育活动中的观点——这当然是简单抽象思维泛化的后果。在对应思维看来,两种经验的属性,不仅表现在教育活动之中,而且表现在教育活动之外。因此,就不仅要关注在教育活动中两种经验的优越性、不足性与自返性,而且要关注在教育活动之外两种经验的自在性。3. 关注两种经验在影响属性维度上对等定位的生活教育关系即五线定位的生活教育关系。在实际生活中,既然两种经验都具有优越性、不足性、自返性以及自在性的对应性,那么,师生双方就要关注在两种经验对应性影响的一致性与不一致性前提下的五线定位关系。这种五线定位包含教育活动中的四线定位与教育活动之外的自在性定位。在教育活动中,四线定位的基本内容是:关注理想性的上线,即在两种经验优越性与不足性影

响的一致性（两种经验都能以对方的优越性来改造自身的不足性）前提下，走向对等的教育，以实现双方的互补性变化或发展；关注过渡性的自返线，即在两种经验优越性与不足性影响的不一致性（两种经验至少有一种不能以对方的优越性来改造自身的不足性）前提下，返回自身，以调整自身与对方的关系；关注现实性的中线，即在两种经验优越性与不足性影响的不一致性前提下，经由过渡性的自返线而走向对话或讨论，以实现双方的生成性变化或发展；关注禁止性的底线，即在两种经验优越性与不足性影响的不一致性前提下，经由过渡性的自返线，都不能破坏或割裂对应的教育关系。而在教育活动之外，两种经验都还具有自立自为的自在性定位，以实现自我的自在性转换或变换。我们认为，在两种经验的影响属性维度上，经由五线定位的生活教育，就可以构建出以两种经验各自优越性、不足性、自返性以及自在性为基础的涉及理想、自返、现实、戒律与自在的对等关系，以实现两种经验多样影响属性的转换或变换，由此，也可以规避由现行教育内容论关于间接经验优越性与直接经验不足性所必然导致的不对等关系，以免两种经验属性的单调或单薄。

　　第二，在两种经验的影响指向维度上，对应生活教育论关于人的概念，能够对实际的生活教育活动产生如下三方面的积极影响。首先，对应生活教育论关于人的概念，能够把握到教育活动中两种经验优越性与不足性的双向度影响指向与自返性影响指向，因此，不仅能够支持两种经验指向对方的影响，而且能够支持两种经验指向自身的影响。其次，对应生活教育论关于人的概念，能够把握到教育活动之外两种经验的自在性影响指向，因此能够支持两种经验的自在性影响指向。最后，对应生活教育论关于人的概念，既能把握到教育活动中两种经验优越性与不足性的双向度影响指向与自返性影响指向，又能把握到教育活动之外两种经验的自在性影响指向，因此，能够支持两种经验建构出以优越性与不足性的双向度影响指向与自返性影响指向以及自在性影响指向的对应为基础的对等关系。鉴于现行教育内容论关于人的概念的遮蔽或偏差，我们愿意特别强调如下三点。1. 关注直接经验优越性对间接经验不足性的影响指向以及两种经验的自返性影响指向。这里的关键是要走出人们熟悉的现行教育内容论关于人的概念的遮蔽，那就是认为两种经验的影响指向就是间接经验优越性对直接经验不足性的影响指向的观点——这当然是简单抽象思维泛化的后果。在对应思维看来，两种经验的影响指向，必然是两种经验优越性与不足性的双向度影响指向以及自返性影响指向，因此，不仅要关注间接经验优越性对直接经验不足性的影响指向，而且还要关注直接经验优越性对间接经验不足性的影响指向以及两种经验的自返性影响指向。2. 关注两种经验在教育活动之外的自在性影响指向。这里的关键是要走出人们熟悉的现行教育内容论关于人的概念的遮蔽，那就是认为两种经验的影响指向只表现在教育活动中的观点——这当然是简单抽象思维泛化的后果。在对应思维看来，两种经验的影响指向，不仅表现在教育活动之中，而且表现在教育活动之外。因此，不仅要关注在教育活动中两种经验的双向度影响指向与自返性影响指向，而且要关注在教育活动之外两种经验的自在性影响指向。3. 关注两种经验在影响指向维度上对等定位的教育关系即五线定位的教育关系。在实际生活中，既然两种经验都具有优越性与不足性的双向度影响指向与自返性影响指向以及自在性影响指向，那么，师生双方就要关注在两种经验对应性影响指向的一致性与不一致性前提下的五线定位关系。这种五线定位包含教育活动中的四线定位与教育活动之外的自在性定位。在教育活动中，四线定位的基本内容是：关注理想性的上线，即在两种经验优越性与不足性影响指向的一致性前提下，走向对等的教育，以实现双方的互补性变化或发展；关注过渡性的自返线，即在两种经验优越性与不足性影响指向的不一致性前提下，返回自身，以调整自身与对方的关系；关注现实性的中线，即在两种经验优越性与不足性影响指向的不一致性前提下，经由过渡性的自返线而走向对话或讨论，以实现双方的生成性变化或发展；关注禁止性的底线，即在两种经验优越性与不足性影响指向的不一致性前提下，经由过渡性的自返线，都不能破坏或割裂对应的教育关系。而在教育活动之外，两种经验都还具有自立自为的自在性影响指向，以实现自我的自在性转换或变换。我们认为，在两种经验的影响指向维度上，经由五线定位的生活教育，就可以构建出以两种经验的对应性影响指向为基础的涉及理想、自返、现实、戒律与自在的对等关系，以实现两种经验多样影响指向的转换或变换，由此，也可以规避由现行教育内容论关于间接经验对直接经验的简单影响指向所必然导致的不对等关系，以免两种经验单一影响指向的机械或僵硬。

　　第三，在两种经验的影响结果维度上，对应生活教育论关于人的概念，能够对实际的生活教育活动产生如下三方面的积极影响。首先，对应生活教育论关于人的概念，能够把握到教育活动中两种经验优越性与不足性的相互性影响结果与自返性影响结果，因此，不仅能够支持两种经验指向对方的影响结果，而且能够支持两种经验指向自身的影响结果。其次，对应生活教育论关于人的概念，能够把握到教育活动之外两种经验的自在性影响结果，因此能够支持两种经验的自在性影响结果。最后，对应生活教育论关于人的概念，既能把握到教育活动中两种经验优越性与不足性的相互性影响结果与自返性影响结果，又能把握到教育活动之外两种经验的自在性影响结果，因此，能够支持两种经验建构出以优越性与不足性的相互性影响结果与自返性影响结果以及自在性影响结果的对应为基础的对等关系。鉴于现行教育内容论关于人的概念的遮蔽或偏差，我们愿意特别强调如下三点。1. 关注直接经验优越性对间接经验的不足性的影响结果以及两种经验的自返性影响结果。这里的关键是要走出人们熟悉的现行教育内容论关于人的概念的遮蔽，那就是认为两种经验的影响结果就是间接经验优越性对直接经验不足性的影响结果的观点——这当然是简单抽象思维泛化的后果。在对应思维看来，两种经验的影响结果，必然是两种经验优越性与不足性的相互性影响结果以及自返性影响结果，因此，不仅要关注间接经验优越性对直接经验不足性的影响结果，而且要关注直接经验优越性对间接经验不足性的影响结果以及两种经验的自返性影响结果。2. 关注两种经验在教育活动之外的自在性影响结果。这里的关键是要走出人们熟悉的现行教育内容论关于人的概念的遮蔽，那就是认为两种经验的影响结果，只表现在教育活动中的观点——这当然是简单抽象思维泛化的后果。在对应思维看来，两种经验的影响结果，不仅表现在教育活动之中，而且表现在教育活动之外。因此，不仅要关注在教育活动中两种经验的相互性影响结果与自返性影响结果，而且要关注在教育活动之外两种经验的自在性影响结果。3. 关注两种经验在影响结果维度上对等定位的教育关系即五线定位的教育关系。在实际生活中，既然两种经验都具有优越性与不足性的相互性影响结果与自返性影响结果以及自在性影响结果，那么，师生双方就要关注在两种经验对应性影响结果的一致性与不一致性前提下的五线定位关系。这种五线定位包含教育活动中的四线定位与教育活动之外的自在性定位。在教育活动中，四线定位的基本内容是：关注理想性的上线，即在两种经验优越性与不足性影响结果的一致性前提下，走向对等的教育，以实现双方的互补性变化或发展；关注过渡性的自返线，即在两种经验优越性与不足性影响结果的不一致性前提下，返回自身，以调整自身与对方的关系；关注现实性的中线，即在两种经验优越性与不足性影响结果的不一致性前提下，经由过渡性的自返线而走向对话或讨论，以实现双方的生成性变化或发展；关注禁止性的底线，即在两种经验优越性与不足性影响结果的不一致性前提下，经由过渡性的自返线，都不能破坏或割裂对应的教育关系。而在教育活动之外，两种经验都还具有自立自为的自在性影响结果，以实现自我的自在性转换或变换。我们认为，在两种经验的影响结果维度上，经由五线定位的生活教育，就可以构建出两种经验以对应性影响结果为基础的涉及理想、自返、现实、戒律与自在的对等关系，以实现两种经验多样影响结果的丰富或丰满。由此，也可以规避由现行教育内容论关于间接经验对直接经验的简单影响结果所必然导致的不对等关系，以免两种经验单一影响结果的贫乏或贫穷。

五、本节小结

综上所述，我们对现行教育内容论关于人的概念的改造，涉及三层基本内容。首先，由现行教育内容论关于人的概念所包含的主观思维路线，转换到事实思维路线，之后，在事实思维路线基础上，将现行教育内容论关于人的概念所包含的单一主观抽象泛化的思维路线，改造为抽象与具体的对应思维或边界思维路线。其次，在对应思维路线上，将现行教育内容论关于人的概念所包含的认识两种经验关系的"对两种经验的简单比较"的思维切入点，改造为"对两种经验的对应比较"的思维切入点。最后，在"对两种经验的对应比较"视野中，分别对两种经验的影响属性、指向与结果这些基本教育关系，做出了对应的考察。此外，我们分别考察了对应生活教育论在两种经验的影响属性、指向与结果这些基本维度上对实际的生活教育活动所产生的积极影响，以推动人们从现行教育内容论关于人的概念，转换到对应生活教育论关于人的概念。

为了更简明地把握两种内容论关于人的概念的不同，我们不妨将其中所包含的不同思维路线，做出如下比较。

现行教育内容论关于人的概念所包含的对两种经验理解的单线定位路线——两种经验的关系，就是具有优越性的间接经验对具有不足性的直接经验的影响关系，这里需要特别注意，现行教育内容论关于人的概念，仅仅是对间接经验单一优越性这一条思维路线的反应。

对应生活教育论关于人的概念所包含的对两种经验理解的五线定位路线——两种经验的关系，就是具有优越性、不足性、自返性以及自在性的两种经验的对应影响关系；它包含两种经验对应影响的理想的上线、过渡的自返线、现实的中线、戒律的底线以及自在线，这里需要特别注意，对应生活教育论关于人的概念，是对两种经验对应影响的理想、自返、现实、戒律与自在的五条思维路线的反应。

六、本节提示

在本节最后，需要做两点提示。第一，由"对两种经验的简单比较"，到"对两种经验的对应比较"的过渡环节，就是由对两种经验关系的主观抽象思维，转向对两种经验关系的抽象与具体的对应思维。第二，从"以单一优越性或不足性为基础的他人经验与个人经验的概念"，到"以优越性、不足性、自返性以及自在性的对应为基础的他人经验与个人经验的概念"的过渡环节，就是他人经验与个人经验在实际生活中所必然生成的优越性、不足性、自返性以及自在性。不了解两种经验各自优越性、不足性、自返性以及自在性的对应生成这一机制，就很难完成从以简单性为基础的不对等的人的概念，到以对应性为基础的对等的人的概念的过渡。

附言：

1. 从生活事实看，现行教育理论所谓间接经验优越性或直接经验不足性的简单观点，其实，都只能是两种经验各自的优越性、不足性、自返性以及自在性的对应观点。

2. 对间接经验与直接经验的优越性、不足性、自返性以及自在性的评价，都应该是具体的边界评价，而不能是抽象的泛化评价。

3. 仅仅把握到间接经验优越性而不能把握到间接经验不足性的师生，很容易沦落为轻信他人甚至迷信他人的师生。

4. 只能看到直接经验不足性而不能看到直接经验优越性的师生，很容易沦落为轻视自我甚至否定自我的师生。

5. 不明白他人经验与个人经验自在性的师生，也就是不明白他人与个人自在性的师生。

6. 能够把握到他人经验与个人经验的对应性的师生，也就是能够把握到他人与个人的丰富性或对等性的师生。

第十章

对现行教育机制论中人的遮蔽性分析与对应改造

第一节 对现行教育机制论中人的遮蔽性分析

切问：

1. 现行教育理论，将教育活动的机制理解为教师对学生的合理性影响，其思维活动的切入点在哪里？我们如何才能探索到其思维活动的切入点？

2. 现行教育机制论关于人的概念，从自己理解师生双方活动机制的切入点上，能够把握到哪些方面的内容呢？

3. 现行教育机制论关于人的概念的根据是什么？这种理论对实际的教育活动会产生哪些积极作用？

4. 现行教育机制论关于人的概念，从自己理解师生双方活动机制的切入点上，在有所把握的同时却又遮蔽了哪些内容呢？

5. 在思维运行中，现行教育机制论关于人的概念，存在遮蔽的根源在哪里？

6. 现行教育机制论关于人的概念，对实际的生活教育活动会产生怎样的消极作用？

一、现行教育机制论关于人的概念的内容、属性及其思维活动的切入点

（一）现行教育机制论关于人的概念的内容

现行教育机制论关于人的概念，表现在关于学校教育概念的理解之中。关于学校教育的概念，在一本教育学教材中这样写道："它是根据一定社会的现实和未来的需要，遵循受教育者身心发展的规律，有目的、有计划、有组织地引导受教育者主动地学习，积极进行经验的改组和改造，促使他们提高素质、健

全人格的一种活动，以便把受教育者培养成为适应一定社会的需要，促进社会的发展，追求和创造人的合理存在的人。"①。按照现行教育理论的理解，教育者的活动因为是有根据、有目的、有计划、有组织的，因此，也就是合理的。而受教育者则需要教育者的培养才能成为适应社会需要的人，这也就是说，受教育者是具有不合理性的人。从教育者与受教育者双方的教育关系或教育机制看，那也就是具有合理性的教育者"引导"具有不合理性的受教育者的过程，或者说是具有合理性的教师引导具有不合理性的学生的过程。这也就是现行教育机制论关于人的概念的基本内容。

（二）现行教育机制论关于人的概念的属性

按照现行教育机制论关于人的概念的理解，学校教育的机制，也就是具有合理性的教师对于具有不合理性的学生的引导。师生双方活动的实际，果真是这样的吗？教师对学生的引导，难道都具有合理性吗？离开教师不合理性的存在，难道教师的合理性还能孤立地存在吗？学生仅仅具有不合理性吗？如果没有学生合理性的存在，那么，学生的合理性，难道还能够单独存在吗？师生双方的合理性与不合理性，难道不能推动师生双方产生回返自身的自返性吗？而在学校教育活动之外，师生双方的活动，难道不具有自立自为的自在性吗？从上文中我们不难看到，现行教育机制论关于人的概念，无视客观实际中这些内在的对应性问题，仅仅将师生双方活动的机制简单地规定为具有合理性的教师对于具有不合理性的学生的引导。由此，我们就可以有根据地说，现行教育机制论关于人的概念的属性，就是片面性或简单性。

（三）现行教育机制论关于人的概念的思维活动的切入点

现行教育机制论关于人的概念，既然将学校教育机制规定为具有合理性的教师对具有不合理性的学生的引导，那么，我们就可以据此逆向推论出其思维活动的起点或切入点，那就是"教育者对受教育者的合理性影响"或"教师对学生的合理性影响"。正向地表达，现行教育机制论关于人的概念，正是从教师对学生的合理性影响，切到对学校教育机制的理解，才将学校教育的机制规定为教师对于学生的引导。

二、现行教育机制论关于人的概念的所见、根据及其积极功能

（一）现行教育机制论关于人的概念的所见

首先，从师生双方的影响属性看，现行教育机制论关于人的概念，能够把

---

① 王道俊，郭文安．教育学［M］．北京：人民教育出版社，2009：26-27．

握到教师的合理性与学生的不合理性。其次，从师生双方的影响指向看，现行教育机制论关于人的概念，能够把握到具有合理性的教师对于具有不合理性的学生的影响指向。最后，从师生双方的影响结果看，现行教育机制论关于人的概念，能够把握到具有合理性的教师对于具有不合理性的学生的影响或改造。总之，现行教育机制论关于人的概念，从教师对学生的合理性影响，切到对学校教育机制的理解，能够把握到的基本内容，也就是具有合理性的教师对于具有不合理性的学生的影响或改造。

（二）现行教育机制论关于人的概念的根据

首先，从师生双方的影响属性看，教师的活动因为是有根据、有目的、有计划、有组织的，因而也就是合理的，而作为成长中的学生，当然会具有还不能适应社会的方面，这也是有根据的。其次，从师生双方的影响指向看，教师要对学生进行合理性的影响，就必然会将这种影响指向学生，这也是有根据的。最后，从师生双方的影响结果看，既然教师对学生进行了合理性的影响或教育，那么，学生就必然会受到教师的影响或教育，这也是有根据的。总之，现行教育机制论关于人的概念，从教师对学生的合理性影响，切到对学校教育机制的理解，所把握到的基本内容，从教师对学生的合理性影响来看，都是有根据的，因而也就是合理的。

（三）现行教育机制论关于人的概念的积极功能

首先，从师生双方的影响属性看，现行教育机制论关于人的概念，能够把握到教师的合理性与学生的不合理性，这能够支持师生双方展开合理性的教育。其次，从师生双方的影响指向看，现行教育机制论关于人的概念，能够把握到教师对学生的影响指向，这能够支持教师指向学生的合理性影响。最后，从师生双方的影响结果看，现行教育机制论关于人的概念，能够把握到教师对学生的合理性影响结果，这能够支持教师肯定对学生的合理性影响结果。总之，现行教育机制论关于人的概念，从教师对学生的合理性影响，切到对学校教育机制的理解，所把握到的基本内容，从教师对于学生的合理性影响来看，都具有积极的价值或作用。

三、现行教育机制论关于人的概念的遮蔽、根源及其消极功能

（一）现行教育机制论关于人的概念的遮蔽

首先，从师生双方的影响属性看，现行教育机制论关于人的概念，在把握到教育活动中教师合理性与学生不合理性的同时，却遮蔽了教师的不合理性与学生的合理性，进而又遮蔽了师生双方由合理性与不合理性所必然产生的自返

性。而在教育活动之外，现行教育机制论关于人的概念，还遮蔽了师生双方活动的自在性。其次，从师生双方的影响指向看，现行教育机制论关于人的概念，在把握到教师合理性对学生不合理性的影响指向的同时，却遮蔽了学生合理性对教师不合理性的影响指向，进而又遮蔽了师生双方由双向度影响指向所必然带来的自返性影响指向。而在教育活动之外，现行教育机制论关于人的概念，还遮蔽了师生双方活动的自在性影响指向。最后，从师生双方的影响结果看，现行教育机制论关于人的概念，在把握到教师合理性对学生不合理性的影响结果的同时，却遮蔽了学生合理性对教师不合理性的影响结果，进而又遮蔽了师生双方由相互性影响结果所必然带来的自返性影响结果。而在教育活动之外，现行教育机制论关于人的概念，还遮蔽了师生双方活动的自在性影响结果。总之，现行教育机制论关于人的概念，从教师对学生的合理性影响，切到对学校教育机制的理解，在把握到教育活动中教师合理性对于学生不合理性的影响的同时，却遮蔽了学生合理性对于教师不合理性的影响，进而又遮蔽了师生双方由合理性与不合理性所必然带来的自返性影响。而在教育活动之外，现行教育机制论关于人的概念，还遮蔽了师生双方活动的自在性影响。

（二）现行教育机制论关于人的概念的根源

从思维运作看，现行教育机制论关于人的概念，之所以存在上述遮蔽，是其主观抽象思维的泛化导致的。首先，从师生双方的影响属性看，在实际的学校教育活动中，师生双方影响的合理性与不合理性，都是对应存在的。同时，由于合理性与不合理性的对应存在，又必然会引起师生双方的自返性影响。而在教育活动之外，师生双方都还具有自在性影响。然而，现行教育机制论关于人的概念，却在其主观思维中片面地抽取出教师的合理性与学生的不合理性，并以偏概全地泛指师生双方在实际生活中所生成的对应属性，由此，便遮蔽了教师的不合理性与学生的合理性，还遮蔽了师生双方的自返性以及自在性。其次，从师生双方的影响指向看，在实际的学校教育活动中，教师对于学生的影响指向，必然会引起学生的反应；而学生的反应，又必然会引起教师的反应。同时，师生双方双向度的影响指向，又必然会引起师生双方的自返性影响指向。而在教育活动之外，师生双方都还具有自在性影响指向。然而，现行教育机制论关于人的概念，却在其主观思维中片面地抽取出教师对于学生的影响指向，并以偏概全地泛指师生双方在实际生活中所生成的对应性影响指向，由此，便遮蔽了学生对于教师的影响指向，还遮蔽了师生双方的自返性影响指向以及自在性影响指向。最后，从师生双方的影响结果看，在实际的学校教育活动中，教师对于学生的影响指向，必然会对学生产生影响结果，而这种影响结果，又必然会反过来对教师产生影响结果。同时，师生双方相互性的影响结果，又必然会引起师生双方的自返性影响结果。而在教育活动之外，师生双方都还具有自在性影响结果。然而，现行教育机制论关于人的概念，却在其主观思维中片面地抽取出教师对于学生的影响结果，并以偏概全地泛指师生双方在实际生活中所生成的对应性影响结果，由此，便遮蔽了学生对于教师的影响结果，还遮蔽了师生双方的自返性影响结果以及自在性影响结果。

（三）现行教育机制论关于人的概念的消极功能

现行教育机制论关于人的概念，从教师对学生的合理性影响，切到对学校教育机制的理解，在有所把握的同时却又存在遮蔽。这些认识或思维中的遮蔽，对实际的生活教育活动会产生哪些消极影响呢？

第一，从师生双方的影响属性看，现行教育机制论关于人的概念，在把握到教育活动中教师合理性与学生不合理性的同时，却遮蔽了教师的不合理性与学生的合理性，进而又遮蔽了师生双方由合理性与不合理性所必然产生的自返性。而在教育活动之外，现行教育机制论关于人的概念，还遮蔽了师生双方活动的自在性。由此，便直接导致了如下不足性。在学校教育活动中，师生双方仅仅把握到教师的合理性与学生的不合理性，便必然会产生对这种简单属性的偏重而难以产生对师生双方合理性与不合理性以及自返性的对应关注。而在学校教育活动之外，师生双方还是仅仅把握到教师的合理性与学生的不合理性，便必然会产生对这种简单属性的偏重而难以产生对双方自在性的关注。

第二，从师生双方的影响指向看，现行教育机制论关于人的概念，在把握到教师合理性对学生不合理性的影响指向的同时，却遮蔽了学生合理性对教师不合理性的影响指向，进而又遮蔽了师生双方由双向度影响指向所必然带来的自返性影响指向。而在教育活动之外，现行教育机制论关于人的概念，还遮蔽了师生双方活动的自在性影响指向。由此，便直接导致了如下不足性。在学校教育活动中，师生双方仅仅把握到教师对学生的影响指向，便必然会产生对这种影响指向的偏重而难以产生对师生双方双向度影响指向与自返性影响指向的对应关注。而在学校教育活动之外，师生双方还是仅仅把握到教师对学生的影响指向，便必然会产生对这种影响指向的偏重而难以产生对双方自在性影响指向的关注。

第三，从师生双方的影响结果看，现行教育机制论关于人的概念，在把握到教师合理性对学生不合理性的影响结果的同时，却遮蔽了学生合理性对教师不合理性的影响结果，进而又遮蔽了师生双方由相互性影响结果所必然带来的自返性影响结果。而在教育活动之外，现行教育机制论关于人的概念，还遮蔽了师生双方活动的自在性影响结果。由此，便直接导致了如下不足性。在学校教育活动中，师生双方仅仅把握到教师对学生的影响结果，便必然会产生对这种影响结果的偏重而难以产生对师生双方相互性影响结果与自返性影响结果的对应关注。而在学校教育活动之外，师生双方还是仅仅把握到教师对学生的影响结果，便必然会产生对这种影响结果的偏重而难以产生对双方自在性影响结果的关注。

总之，现行教育机制论关于人的概念，从教师对学生的合理性影响切到对教育机制的理解，从师生双方生活教育活动的合理性、不合理性、自返性以及自在性的对应关系来看，确实存在严重的简单性偏差，因此而必须被合理地反思与改造。

四、本节小结

综上所述，我们看到，现行教育机制论关于人的概念，从教师对学生的合理性影响，切到对学校教育机制的理解，虽然能够把握到教师的合理性与学生的不合理性，也能够把握到这种单一属性的根据并对简单的学校教育活动产生积极的作用，但是，却遮蔽了教师的不合理性与学生的合理性以及师生双方活动的自返性以及自在性。从思维运作看，现行教育机制论关于人的概念的遮蔽，是其主观思维的抽象泛化所导致的。从实际看，这种抽象泛化的思维或认识，对师生双方对应的生活教育活动存在多方面的消极作用。因此，现行教育机制论关于人的概念，就必然也因此而必须被合理地反思与改造。

五、本节提示

在本节最后，需要做两点提示。第一，探寻现行教育机制论关于人的概念的思维活动切入点的根据，就是现行教育机制论关于人的概念的内容，或者说，我们是通过现行教育机制论关于人的概念的内容而探寻到其思维活动的切入点的。第二，对现行教育机制论关于人的概念的思维活动切入点的遮蔽性分析，不是我们简单的主观分析，而是根据现行教育机制论关于人的概念所包含的主观思维活动切入点的所见与不足而展开的。要特别注意，现行教育机制论关于人的概念所包含的简单静态的主观思维，必然会遮蔽与其对应的动态的客观事实。

附言：

1. 教育活动的发生，可以从教师对学生的活动开始，但是，关于双方活动机制的理论，却不能仅仅停留在这里。

2. 现行教育机制论关于人的概念，只能把握到教师的合理性而把握不到不合理性——这为教师的好为人师提供了直接的认识论支持。

3. 现行教育机制论关于人的概念，只能把握到学生的不合理性而把握不到合理性——这为教师对学生的歧视提供了直接的认识论支持。

4. 不能反思到自身的不合理性的人，也就是没有反思品质的人。

5. 没能把握到自身的自在性的人，也就是没有自由感受的人。

6. 正是合理性、不合理性、自返性以及自在性所生成的张力，才构成人类通往人性的丰富性或对等性的基本动力。

第二节　对现行教育机制论中人的对应改造

切问：

1. 从动态的生活事实看，现行教育机制论关于人的概念所包含的"教师对学生的合理性影响"，其实都是"师生双方合理性、不合理性、自返性以及自在性的对应性影响"吗？

2. 从生活实际看，师生双方活动的合理性、不合理性、自返性以及自在性，都只能是相互对应的属性吗？

3. 从生活实际看，师生双方活动的影响指向，必然是师生双方合理性与不合理性的双向度影响指向与自返性影响指向以及自在性影响指向吗？

4. 从生活实际看，师生双方活动的影响结果，必然是师生双方合理性与不合理性的相互性影响结果与自返性影响结果以及自在性影响结果吗？

5. 从生活实际看，师生双方活动的合理性、不合理性、自返性以及自在性，都不是抽象泛化的属性，而是具有边界对应关系的具体属性吗？我们需要从抽象泛化的思维转换到具体的边界思维或对应思维吗？

6. 在师生双方的活动中，如果只有教师的合理性与学生的不合理性，那么，双方的教育就必然会成为灌输式的或不对等的教育吗？只有师生双方进行的包含合理性、不合理性、自返性以及自在性的对应生活教育，才可能成为具有丰富性或对等性的教育吗？

<<< 第十章 对现行教育机制论中人的遮蔽性分析与对应改造

一、对现行教育机制论关于人的概念所包含的泛化思维的对应改造

上一节我们谈到,现行教育机制论关于人的概念,之所以存在遮蔽,是因为在其思维运作中存在抽象泛化的不足。因此,要改造现行教育机制论关于人的概念,就必须改造其抽象泛化的主观思维。如何改造这种思维呢?第一,需要摆脱现行教育机制论关于人的概念所包含的简单主观思维,而转向对教育活动事实或过程的关注,即由主观思维转向事实思维。第二,还需要走出教育研究者简单泛化的抽象思维,而转向对教育活动的客观与主观对应的边界思维,即由简单的泛化思维,转向对应的边界思维。

二、对现行教育机制论关于人的概念所包含的思维切入点的对应改造

现行教育机制论关于人的概念,从教师对学生的合理性影响开始,切到对学校教育机制的理解,这一切入点本身并不存在问题。现行教育机制论关于人的概念的问题在于:从教师对学生的合理性影响开始,切到对学校教育机制的理解,之后却并没有对这一动态影响的过程做出对应的考察,而是仅仅停留在教师对学生的合理性影响这里,并将教育活动的机制简单地抽象为教师对学生的合理性影响。

教师对学生影响的教育活动的动态过程,又是怎样的呢?征之于实际,我们看到,在教育活动中,教师对学生的合理性或不合理性影响,都必然会引起学生合理性或不合理性的反应,而这种反应,又必然会反过来对教师产生合理性或不合理性的影响。同时,师生双方合理性或不合理性的影响,又必然会引起师生双方的自返性影响。而在教育活动之外,师生双方,都还具有自立自为的自在性影响。这清楚地表明,师生双方的影响,必然是师生双方合理性、不合理性、自返性以及自在性的对应影响,而不是现行教育机制论关于人的概念所把握到的教师对于学生简单的合理性影响。由此,我们就将现行教育机制论关于人的概念所包含的"教师对学生的合理性影响"的切入点,改造为"师生双方合理性、不合理性、自返性以及自在性的对应性影响"的切入点。

三、对现行教育机制论关于人的概念所包含的具体内容的对应改造

对应生活教育理论,从师生双方合理性、不合理性、自返性以及自在性的对应影响,切到对学校教育机制的理解,能够对现行简单教育机制论关于人的概念,做出哪些方面的改造呢?下面,分而论之。

第一，从师生双方的影响属性看，对应生活教育机制论关于人的概念，既能把握到在学校教育中师生双方的合理性与不合理性以及自返性，又能把握到在学校教育之外师生双方的自在性，而不是现行简单教育机制论关于人的概念所把握到的教师的合理性与学生的不合理性。这里的道理是：在学校教育的实际过程中，师生双方的合理性与不合理性，都是有边界限定的属性：在边界之内，有合理性；而在边界之外，则有不合理性。同时，师生双方由合理性与不合理性的对应又必然会产生双方的自返性。而在学校教育之外，师生双方都还具有自在性。这清楚地表明，在实际生活中，师生双方活动的合理性、不合理性、自返性以及自在性，都必然是对应的属性，而不可能是现行简单教育机制论关于人的概念所把握到的教师的合理性与学生的不合理性——这种片面的合理性与不合理性，当然，只能是抽象泛化的形而上学的属性。

第二，从师生双方的影响指向看，对应生活教育机制论关于人的概念，既能把握到在学校教育中师生双方合理性与不合理性的双向度影响指向以及自返性影响指向，又能把握到在学校教育之外师生双方的自在性影响指向，而不是现行简单教育机制论关于人的概念所把握到的教师合理性对学生不合理性的单方面影响指向。这里的道理是：在学校教育的实际过程中，教师对学生的合理性影响指向，必然会引起学生合理性或不合理性的反应，而这种反应，又必然会引起教师的合理性或不合理性反应。同时，师生双方合理性与不合理性的双向度影响指向，又必然会引起双方自返性的影响指向。而在学校教育之外，师生双方都还具有自在性影响指向。这清楚地表明，在实际生活中，师生双方活动的影响指向，必然是师生双方双向度的影响指向与自返性的影响指向以及自在性的影响指向，而不可能是现行简单教育机制论关于人的概念所把握到的教师合理性对学生不合理性的单一影响指向——这种单一的影响指向，当然，也只能是抽象泛化的形而上学的影响指向。

第三，从师生双方的影响结果看，对应生活教育机制论关于人的概念，既能把握到在学校教育中师生双方合理性与不合理性的相互性影响结果以及自返性影响结果，又能把握到在学校教育之外师生双方的自在性影响结果，而不是现行简单教育机制论关于人的概念所把握到的教师合理性对学生不合理性的单方面影响结果。这里的道理是：在学校教育的实际过程中，教师对学生的合理性影响指向，必然会产生学生合理性或不合理性的结果，而这种结果，又必然会产生教师合理性或不合理性的结果。同时，师生双方合理性与不合理性的相互性影响结果，又必然会引起双方自返性的影响结果。而在学校教育之外，师生双方都还具有自在性影响结果。这清楚地表明，在实际生活中，师生双方活动的影响结果,必然是师生双方相互性的影响结果与自返性的影响结果以及自在性的影响结果,而不可能是现行简单教育机制论关于人的概念所把握到的教师合理性对学生不合理性的单一影响结果——这种单一的影响结果,当然,也只能是抽象泛化的形而上学的影响结果。

四、对应生活教育机制论关于人的概念的积极功能

对应生活教育理论,从师生双方合理性、不合理性、自返性以及自在性的对应影响,切到对生活教育机制的理解,能够对实际的生活教育活动,产生哪些方面的积极影响呢?下面,分而论之。

第一,从师生双方的影响属性看,对应生活教育机制论关于人的概念,能够对实际的生活教育活动产生如下三方面的积极影响。首先,对应生活教育机制论关于人的概念,能够把握到在教育活动中师生双方活动的合理性、不合理性与自返性,因此,不仅能够支持师生双方以自身的合理性去影响对方,而且能够以对方的合理性来改造自身的不合理性,还能够支持师生双方进行关于合理性或不合理性的自我教育。其次,对应生活教育机制论关于人的概念,能够把握到在教育活动之外师生双方活动的自在性,因此,能够支持师生双方的自在性教育。最后,对应生活教育机制论关于人的概念,既能把握到在教育活动中师生双方活动的合理性、不合理性与自返性,又能把握到在教育活动之外师生双方活动的自在性,因此,能够支持师生双方建构出以双方对应性为基础的对等关系。鉴于现行简单教育机制论关于人的概念的遮蔽或偏差,我们愿意特别强调如下三点。1. 在教育活动中,关注教师活动的不合理性与学生活动的合理性以及师生双方活动的自返性。这里的关键是要走出人们熟悉的现行简单教育机制论关于人的概念的遮蔽,那就是认为师生双方的活动只是教师对学生的合理性活动的观点——这当然是简单抽象思维泛化的后果。在对应思维看来,在教育活动中,师生双方的活动,必然是合理性、不合理性与自返性的对应活动,因此,就不仅要关注教师活动的合理性与学生活动的不合理性,而且要关注教师活动的不合理性与学生活动的合理性以及师生双方活动的自返性。2. 在教育活动之外,关注师生双方活动的自在性。这里的关键也是要走出人们熟悉的现行简单教育机制论关于人的概念的遮蔽,那就是认为师生双方的活动只表现在教育活动中的观点——这当然是简单抽象思维泛化的后果。在对应思维看来,在实际生活中,师生双方的活动,既表现在教育活动中,也表现在教育活动之外。因此,不能仅仅关注在教育活动中师生双方活动的合理性与不合理性以及自返性,而且要关注在教育活动之外师生双方活动的自在性。3. 关注师生双方在影响属性维度上对等定位的生活教育关系即五线定位的生活教育关系。在实际生活中，既然师生双方都具有合理性、不合理性、自返性与自在性的对应性。那么，师生双方就要关注在双方对应性影响的一致性与不一致性前提下的五线定位关系。这种五线定位包含教育活动中的四线定位与教育活动之外的自在性定位。在教育活动中，四线定位的基本内容是：关注理想性的上线，即师生双方在合理性与不合理性影响的一致性（师生双方都能以对方的合理性来改造自身的不合理性）前提下，走向对等的教育，以实现双方的互补性变化或发展；关注过渡性的自返线，即师生双方在合理性与不合理性影响的不一致性（师生双方至少有一方不能以对方的合理性来改造自身的不合理性）前提下，返回自身，以调整自身与对方的关系；关注现实性的中线，即师生双方在合理性与不合理性影响的不一致性前提下，经由过渡性的自返线而走向对话或讨论，以实现双方的生成性变化或发展；关注禁止性的底线，即师生双方在合理性与不合理性影响的不一致性前提下，经由过渡性的自返线，都不能破坏或割裂对应的教育关系。而在教育活动之外，师生双方都还具有自立自为的自在性定位，以实现自我的自在性转换或变换。我们认为，在师生双方的影响属性维度上，经由五线定位的生活教育，就可以构建出师生双方以各自合理性、不合理性、自返性以及自在性为基础的涉及理想、自返、现实、戒律与自在的对等关系，以实现师生双方活动多样影响属性的转换或变换，由此，也可以规避由现行简单教育机制论关于教师对学生的片面合理性影响所必然导致的不对等关系，以免师生双方活动属性的单调或单薄。

  第二，从师生双方的影响指向看，对应生活教育机制论关于人的概念，能够对实际的生活教育活动产生如下三方面的积极影响。首先，对应生活教育机制论关于人的概念，能够把握到在教育活动中师生双方合理性与不合理性的双向度影响指向与自返性影响指向，因此，不仅能够支持师生双方的相互性影响指向，而且能够支持师生双方返回自身的影响指向。其次，对应生活教育机制论关于人的概念，能够把握到在教育活动之外师生双方的自在性影响指向，因此，能够支持师生双方回归自身的自在性影响指向。最后，对应生活教育机制论关于人的概念，既能把握到在教育活动中师生双方的双向度影响指向与自返性影响指向，又能把握到在教育活动之外师生双方的自在性影响指向，因此能够支持师生双方建构出以双方的对应性影响指向为基础的对等关系。鉴于现行简单教育机制论关于人的概念的遮蔽或偏差，我们愿意特别强调如下三点。1. 在教育活动中，关注学生合理性对教师不合理性的影响指向与师生双方的自返性影响指向。这里的关键是要走出人们熟悉的现行简单教育机制论关于人的概念的遮蔽，那就是认为师生双方活动的影响指向就是教师合理性对学生不合理性的影响指向的观点——这当然是简单抽象思维泛化的后果。在对应思维看来，师生双方活动的影响指向，必然是双方合理性与不合理性以及自返性对应的影响指向，因此，不仅要关注教师合理性对学生不合理性的影响指向，而且要关注学生合理性对教师不合理性的影响指向以及师生双方的自返性影响指向。2.在教育活动之外，关注师生双方的自在性影响指向。这里的关键也是要走出人们熟悉的现行简单教育机制论关于人的概念的遮蔽，那就是认为师生双方活动的影响指向只存在于教育活动中的观点——这当然是简单抽象思维泛化的后果。在对应思维看来，在实际生活中，师生双方活动的影响指向，既存在于教育活动中，也存在于教育活动之外。因此，就不能仅仅关注在教育活动中师生双方活动的双向度影响指向与自返性影响指向，而且要关注在教育活动之外师生双方的自在性影响指向。3. 关注师生双方在影响指向维度上对等定位的生活教育关系即五线定位的生活教育关系。在实际生活中，既然师生双方都具有合理性与不合理性的双向度影响指向与自返性影响指向以及自在性影响指向，那么，师生双方就要关注在双方对应性影响指向的一致性与不一致性前提下的五线定位关系。这种五线定位包含教育活动中的四线定位与教育活动之外的自在性定位。在教育活动中，四线定位的基本内容是：关注理想性的上线，即师生双方在合理性与不合理性影响指向的一致性前提下，走向对等的教育，以实现双方的互补性变化或发展；关注过渡性的自返线，即师生双方在合理性与不合理性影响指向的不一致性前提下，返回自身，以调整自身与对方的关系；关注现实性的中线，即师生双方在合理性与不合理性影响指向的不一致性前提下，经由过渡性的自返线而走向对话或讨论，以实现双方的生成性变化或发展；关注禁止性的底线，即师生双方在合理性与不合理性影响指向的不一致性前提下，经由过渡性的自返线，都不能破坏或割裂对应的教育关系。而在教育活动之外，师生双方都还具有自立自为的自在性影响指向，以实现自我的自在性转换或变换。我们认为，在师生双方活动的影响指向维度上，经由五线定位的生活教育，就可以构建出师生双方以对应性影响指向为基础的涉及理想、自返、现实、戒律与自在的对等关系，以实现师生双方活动的多样影响指向的转换或变换，由此，也可以规避由现行简单教育机制论关于教师对学生的简单影响指向所必然导致的不对等关系，以免师生双方活动的单一影响指向的机械或僵硬。

第三，从师生双方的影响结果看，对应生活教育机制论关于人的概念，能够对实际的生活教育活动产生如下三方面的积极影响。首先，对应生活教育机制论关于人的概念，能够把握到在教育活动中师生双方合理性与不合理性的相互性影响结果与自返性影响结果,因此,不仅能够支持师生双方的相互性影响结果,而且能够支持师生双方返回自身的影响结果。其次,对应生活教育机制论关于人的概念,能够把握到在教育活动之外师生双方的自在性影响结果,因此,能够支持师生双方回归自身的自在性影响结果。最后,对应生活教育机制论关于人的概念,既能把握到在教育活动中师生双方的相互性影响结果与自返性影响结果,又能把握到在教育活动之外师生双方的自在性影响结果,因此能够支持师生双方建构出以双方的对应性影响结果为基础的对等关系。鉴于现行简单教育机制论关于人的概念的遮蔽或偏差,我们愿意特别强调如下三点。1. 在教育活动中,关注学生合理性对教师不合理性的影响结果与师生双方的自返性影响结果。这里的关键是要走出人们熟悉的现行简单教育机制论关于人的概念的遮蔽,那就是认为师生双方活动的影响结果就是教师合理性对学生不合理性的影响结果的观点——这当然是简单抽象思维泛化的后果。在对应思维看来,师生双方活动的影响结果,必然是双方合理性与不合理性以及自返性对应的影响结果,因此,不仅要关注教师合理性对学生不合理性的影响结果,而且要关注学生合理性对教师不合理性的影响结果以及师生双方的自返性影响结果。2. 在教育活动之外,关注师生双方的自在性影响结果。这里的关键也是要走出人们熟悉的现行简单教育机制论关于人的概念的遮蔽,那就是认为师生双方活动的影响结果只存在于教育活动中的观点——这当然是简单抽象思维泛化的后果。在对应思维看来,在实际生活中,师生双方活动的影响结果,既存在于教育活动中,也存在于教育活动之外。因此,就不能仅仅关注在教育活动中师生双方活动的相互性影响结果与自返性影响结果,而且要关注在教育活动之外师生双方的自在性影响结果。3. 关注师生双方在影响结果维度上对等定位的生活教育关系即五线定位的生活教育关系。在实际生活中,既然师生双方都具有合理性与不合理性的相互性影响结果与自返性影响结果以及自在性影响结果,那么,师生双方就要关注在双方对应性影响结果的一致性与不一致性前提下的五线定位关系。这种五线定位包含教育活动中的四线定位与教育活动之外的自在性定位。在教育活动中,四线定位的基本内容是:关注理想性的上线,即师生双方在合理性与不合理性影响结果的一致性前提下,走向对等的教育,以实现双方的互补性变化或发展;关注过渡性的自返线,即师生双方在合理性与不合理性影响结果的不一致性前提下,返回自身,以调整自身与对方的关系;关注现实性的中线,即师生双方在合理性与不合理性影响结果的不一致性前提下,经由过渡性的自返线而走向对话或讨论,以实现双方的生成性变化或发展;关注禁止性的底线,即师生双方在合理性与不合理性影响结果的不一致性前提下,经由过渡性的自返线，都不能破坏或割裂对应的教育关系。而在教育活动之外，师生双方都还具有自立自为的自在性影响结果，以实现自我的自在性转换或变换。我们认为，在师生双方活动的影响结果维度上，经由五线定位的生活教育，就可以构建出师生双方以对应性影响结果为基础的涉及理想、自返、现实、戒律与自在的对等关系，以实现师生双方活动的多样影响结果的丰富或丰满，由此，也可以规避由现行简单教育机制论关于教师对学生的简单影响结果所必然导致的不对等关系，以免师生双方活动的单一影响结果的贫乏或贫穷。

五、本节小结

综上所述，我们对现行简单教育机制论关于人的概念的改造，涉及三层基本内容。首先，由现行简单教育机制论关于人的概念所包含的主观思维路线，转换到事实思维路线，之后在事实思维路线基础上，将现行简单教育机制论关于人的概念所包含的单一主观泛化的思维路线，改造为主观与客观的对应思维路线。其次，在对应思维路线上，将现行简单教育机制论关于人的概念所包含的认识学校教育机制的"教师对学生的合理性影响"的思维切入点，改造为"师生双方合理性、不合理性、自返性以及自在性的对应性影响"的思维切入点。最后，在"师生双方合理性、不合理性、自返性以及自在性的对应性影响"视野中，分别对师生双方的影响属性、指向与结果这些基本教育关系，做出了对应的考察。此外，我们分别考察了对应生活教育机制论，在师生双方的影响属性、指向与结果这些基本维度上，对实际的生活教育活动所产生的积极影响，以推动人们从现行简单教育机制论关于人的概念，转换到对应生活教育机制论关于人的概念。

为了更简明地把握两种教育机制论关于人的概念的不同，我们不妨将其中所包含的不同思维路线，做出如下比较。

简单教育机制论关于人的概念的单线定位路线——学校教育的机制，就是具有合理性的教师对具有不合理性的学生的简单影响，这里需要特别注意，简单教育机制论关于人的概念，仅仅是对教师单一合理性这一条思维路线的反应。

对应生活教育机制论关于人的概念的五线定位路线——生活教育的机制，就是分别具有合理性、不合理性、自返性以及自在性的教师与学生双方的对应影响。它包含双方对应影响的理想的上线、过渡的自返线、现实的中线、戒律的底线以及自在线，这里需要特别注意，对应生活教育机制论关于人的概念，是对师生双方对应影响的理想、自返、现实、戒律以及自在的五条思维路线的反应。

六、本节提示

在本节最后，需要做两点提示。第一，由"教师对学生的合理性影响"，到"师生双方合理性、不合理性、自返性以及自在性的对应性影响"的过渡环节，就是由对师生双方活动的主观抽象思维，转向对师生双方活动的客观与主观的对应思维。第二，从"以单一合理性或不合理性为基础的人的概念"，到"以合理性、不合理性、自返性以及自在性的对应为基础的人的概念"的过渡环节，就是师生双方活动在实际生活中所必然引起的合理性、不合理性、自返性以及自在性。不了解师生双方合理性、不合理性、自返性以及自在性的对应生成这一机制，就很难完成从以简单性为基础的不对等的人的概念，到以对应性为基础的对等的人的概念的过渡。

附言：

1. 从教师对学生合理性影响开始的教育活动，其实都是师生双方合理性、不合理性、自返性以及自在性的对应影响活动。

2. 对教师与学生合理性、不合理性、自返性以及自在性的评价，都应该是具体的边界评价，而不能是抽象的泛化评价。

3. 仅仅把握到教师合理性而不能把握到不合理性的现行教育机制论，必然会导致对教师合理性的误判甚至迷信。

4. 仅仅看到学生不合理性而不能看到合理性的现行教育机制论，必然会导致对学生的苛求甚至刻薄。

5. 仅仅明白人的合理性而不能同时明白人的不合理性的人，其实，也就是不能进入反思状态的人。

6. 以他人的合理性来改造自身的不合理性，或者，以自身的合理性去改造他人的不合理性，都属于人们在理想生活中的简单教育关系；而以人们的合理性、不合理性、自返性以及自在性的对应为基础的影响关系，才构成人们在实在生活中的对应教育关系。

第十一章

对现行教育途径论中人的遮蔽性分析与对应改造

第一节 对现行教育途径论中人的遮蔽性分析

切问：

1. 现行教育途径论关于人的概念，将教育活动的途径抽象为教师对学生的外在性影响，其思维活动的切入点在哪里？我们如何才能探索到其思维活动的切入点？

2. 现行教育途径论关于人的概念，从自己理解教育途径的切入点上，能够把握到教育途径哪些方面的内容呢？

3. 现行教育途径论关于人的概念的根据是什么？这种理论对实际的教育活动会产生哪些积极作用？

4. 现行教育途径论关于人的概念，从自己理解教育途径的切入点上，在对教育途径有所把握的同时却又遮蔽了哪些内容呢？

5. 在思维运行中，现行教育途径论关于人的概念存在遮蔽的根源在哪里？

6. 现行教育途径论关于人的概念，对实际的生活教育活动会产生怎样的消极作用？

一、现行教育途径论关于人的概念的内容、属性及其思维活动的切入点

（一）现行教育途径论关于人的概念的内容

现行教育途径论关于人的概念，表现在关于学校教育概念的理解之中。关于学校教育的概念，在一本教育学教材中这样写道："它是根据一定社会的现实和未来的需要，遵循受教育者身心发展的规律，有目的、有计划、有组织地引

导受教育者主动地学习，积极进行经验的改组和改造，促使他们提高素质、健全人格的一种活动，以便把受教育者培养成为适应一定社会的需要，促进社会的发展，追求和创造人的合理存在的人。"①。按照现行教育理论的理解，学校教育就是教育者或教师对于受教育者或学生的外在"引导"或"促使"的过程，简约地表达，学校教育也就是教师对学生的外在引导或主导过程。这种教师对学生外在引导或主导的过程，也就是现行教育途径论关于人的概念的基本内容。

（二）现行教育途径论关于人的概念的属性

按照现行教育途径论关于人的概念的理解，学校教育的途径，也就是教师对学生的外在引导过程。师生双方活动的实际，果真是这样的吗？在学校教育活动中，教师对学生的外在引导，难道不会引起学生外在与内在的反应吗？学生的外在与内在反应，难道不会对教师产生外在与内在的影响吗？同时，师生双方的外在与内在反应，难道不能推动师生双方产生回返自身的自返性影响吗？而在学校教育活动之外，师生双方难道不会具有自立自为的自在性影响吗？但是现行教育途径论关于人的概念，却根本无视这些客观实际中内在的对应性问题，而仅仅将学校教育的途径简单地抽象为教师对学生的外在引导过程。由此，我们就可以有根据地说，现行教育途径论关于人的概念的属性，就是片面性或简单性。

（三）现行教育途径论关于人的概念的思维活动的切入点

现行教育途径论关于人的概念，既然将学校教育途径规定为教师对学生的外在"引导"或"促使"的过程，那么，我们就可以据此逆向推论出其思维活动的起点或切入点，那就是"教师对学生的外在性影响"。正向地表达，现行教育途径论关于人的概念，正是从教师对学生的外在性影响，切到对学校教育途径的理解，才将学校教育的途径规定为教师对于学生的"引导"或"促使"的过程。

二、现行教育途径论关于人的概念的所见、根据及其积极功能

（一）现行教育途径论关于人的概念的所见

首先，从师生双方的影响属性看，现行教育途径论关于人的概念，能够把握到教师对学生的外在性影响，也能够把握到学生对这种外在性影响的接受。其次，从师生双方的影响指向看，现行教育途径论关于人的概念，能够把握到

---

① 王道俊，郭文安．教育学［M］．北京：人民教育出版社，2009：26-27．

教师外在性影响对于学生的影响指向，也能够把握到学生对这种影响指向的接受。最后，从师生双方的影响结果看，现行教育途径论关于人的概念，能够把握到教师外在性影响对于学生的影响或改造，也能够把握到学生对这种影响或改造的接受。总之，现行教育途径论关于人的概念，从教师对学生的外在性影响，切到对学校教育途径的理解，能够把握到的基本内容，也就是教师的外在性影响对于学生的影响或改造。

（二）现行教育途径论关于人的概念的根据

首先，从师生双方的影响属性看，教师要对学生进行教育，就必须对学生进行外在性影响，而学生要接受教师的教育，也就必须接受这种外在性影响。这是有根据的。其次，从师生双方的影响指向看，教师要对学生进行影响，就必然会将这种影响指向学生，这也是有根据的。最后，从师生双方的影响结果看，既然教师对学生进行了外在性影响或教育，那么，学生就必然会受到教师的外在影响或教育。这也是有根据的。总之，现行教育途径论关于人的概念，从教师对学生的外在性影响，切到对学校教育途径的理解，所把握到的基本内容，从教师对学生的外在性影响或教育来看都是有根据的，因而也就是合理的。

（三）现行教育途径论关于人的概念的积极功能

首先，从师生双方的影响属性看，现行教育途径论关于人的概念，能够把握到教师对学生的外在影响与学生对这种外在影响的接受，这能够支持师生双方展开传授与接受的教育。其次，从师生双方的影响指向看，现行教育途径论关于人的概念，能够把握到教师对学生的影响指向，这能够支持教师对学生的外在性影响指向，也能够支持学生接受教师的这种外在性影响指向。最后，从师生双方的影响结果看，现行教育途径论关于人的概念，能够把握到教师对学生的外在性影响结果，这能够支持教师肯定对学生的外在性影响结果，也能够支持学生接受教师的这种外在性影响结果。总之，现行教育途径论关于人的概念，从教师对学生的外在性影响，切到对学校教育途径的理解，所把握到的基本内容，从教师对于学生的外在性影响或教育来看，都具有积极的价值或作用。

三、现行教育途径论关于人的概念的遮蔽、根源及其消极功能

（一）现行教育途径论关于人的概念的遮蔽

首先，从师生双方的影响属性看，现行教育途径论关于人的概念，在把握到学校教育活动中教师对学生的外在性影响同时，却遮蔽了教师对学生的内在性影响，也遮蔽了学生对教师的外在与内在性影响，进而又遮蔽了师生双方由外在与内在性影响所必然引起的自返性影响。而在学校教育活动之外，现行教

育途径论关于人的概念，还遮蔽了师生双方的自在性影响。其次，从师生双方的影响指向看，现行教育途径论关于人的概念，在把握到学校教育活动中教师对学生的外在性影响指向的同时，却遮蔽了教师对学生的内在性指向，也遮蔽了学生反过来对教师的外在与内在性影响指向，进而又遮蔽了师生双方由外在与内在性影响指向所必然引起的自返性影响指向。而在学校教育活动之外，现行教育途径论关于人的概念，还遮蔽了师生双方的自在性影响指向。最后，从师生双方的影响结果看，现行教育途径论关于人的概念，在把握到学校教育活动中教师对学生的外在性影响结果的同时，却遮蔽了教师对学生的内在性影响结果，也遮蔽了学生反过来对教师的外在与内在性影响结果，进而又遮蔽了师生双方由外在与内在性影响结果所必然带来的自返性影响结果。而在学校教育活动之外，现行教育途径论关于人的概念，还遮蔽了师生双方的自在性影响结果。总之，现行教育途径论关于人的概念，从教师对学生的外在性影响，切到对学校教育途径的理解，在把握到学校教育活动中教师对学生的外在性影响的同时，却遮蔽了对学生的内在性影响，也遮蔽了学生对教师的外在与内在性影响，进而又遮蔽了师生双方的自返性影响。而在学校教育活动之外，现行教育途径论关于人的概念，还遮蔽了师生双方的自在性影响。

（二）现行教育途径论关于人的概念的根源

从思维运作看，现行教育途径论关于人的概念，之所以存在上述遮蔽，是其主观抽象思维的泛化导致的。首先，从师生双方的影响属性看，在实际的学校教育活动中，师生双方影响的外在性与内在性，都是相互对应存在的属性。教师对于学生的影响，从学生方面看，就是外在性影响，而学生不管是接受还是不接受，都属于学生自我的内在性影响。同样地，学生对于教师的影响，从教师方面看，就是外在性影响，而教师不管是接受还是不接受，都属于教师自我的内在性影响。同时，由于外在性与内在性影响的对应，师生双方又必然会产生自返性影响。而在学校教育活动之外，师生双方都还具有自在性影响。然而，现行教育途径论关于人的概念，却在其主观思维中片面地抽取出教师对学生影响的外在性，并以偏概全地泛指师生双方在实际生活中所产生的对应属性。由此，便遮蔽了教师对学生影响的内在性，也遮蔽了学生反过来对教师影响的外在性与内在性，进而又遮蔽了师生双方的自返性影响以及自在性影响。其次，从师生双方的影响指向看，在实际的学校教育活动中，教师对于学生的外在性影响指向，必然会引起学生指向自我的内在性的反应，而学生的反应，又必然会反过来对教师产生外在与内在性影响指向。同时，由于外在性与内在性影响指向的对应，师生双方又必然会产生自返性影响指向。而在学校教育活动之外，师生双方都还具有自在性影响指向。然而，现行教育途径论关于人的概念，却在其主观思维中，片面地抽取出教师对于学生的外在性影响指向，并以偏概全地泛指师生双方在实际生活中所产生的对应性影响指向，由此，便遮蔽了教师对学生自我的影响指向，也遮蔽了学生反过来对教师产生的外在与内在性影响指向，进而又遮蔽了师生双方的自返性影响指向以及自在性影响指向。最后，从师生双方的影响结果看，在实际的学校教育活动中，教师对于学生的外在性影响指向，必然会引起学生自我的内在反应并对学生产生外在与内在性对应的影响结果，而这种影响结果，又必然会反过来对教师产生外在与内在性对应的影响结果。同时，由于外在性与内在性影响结果的对应，师生双方又必然会产生自返性影响结果。而在学校教育活动之外，师生双方都还具有自在性影响结果。然而，现行教育途径论关于人的概念，却在其主观思维中，片面地抽取出教师对于学生的外在性影响结果，并以偏概全地泛指师生双方在实际生活中所产生的对应影响结果。由此，便遮蔽了教师对学生自我的内在性影响结果，也遮蔽了学生反过来对教师产生的外在与内在性影响结果，进而又遮蔽了师生双方的自返性影响结果以及自在性影响结果。

（三）现行教育途径论关于人的概念的消极功能

现行教育途径论关于人的概念，从教师对学生的外在性影响切到对学校教育途径的理解，在有所把握的同时却又存在遮蔽。这些认识或思维中的遮蔽，对实际的生活教育活动，会产生哪些消极影响呢？

第一，从师生双方的影响属性看，现行教育途径论关于人的概念，在把握到学校教育活动中教师对学生的外在性影响同时，却遮蔽了教师对学生的内在性影响，也遮蔽了学生对教师的外在与内在性影响，进而又遮蔽了师生双方由外在与内在性影响所必然引起的自返性影响。而在学校教育活动之外，现行教育途径论关于人的概念，还遮蔽了师生双方的自在性影响。由此，便直接导致了如下不足性。在学校教育活动中，师生双方仅仅把握到教师对学生影响的外在性，便必然会产生对这种简单属性的偏重而难以产生对师生双方外在性与内在性以及自返性的对应关注。而在学校教育活动之外，师生双方还是仅仅把握到教师对学生影响的外在性，便必然会产生对这种简单属性的偏重而难以产生对双方自在性的关注。

第二，从师生双方的影响指向看，现行教育途径论关于人的概念，在把握到学校教育活动中教师对学生的外在性影响指向的同时，却遮蔽了教师对学生的内在性指向，也遮蔽了学生反过来对教师的外在与内在性影响指向，进而又遮蔽了师生双方由外在与内在性影响指向所必然引起的自返性影响指向。而在学校教育活动之外，现行教育途径论关于人的概念，还遮蔽了师生双方的自在性影响指向。由此，便直接导致了如下不足性。在学校教育活动中，师生双方仅仅把握到教师对学生的外在性影响指向，便必然会产生对这种影响指向的偏重而难以产生对师生双方双向度影响指向与自返性影响指向的对应关注。而在学校教育活动之外，师生双方还是仅仅把握到教师对学生的外在性影响指向，便必然会产生对这种影响指向的偏重而难以产生对双方自在性影响指向的关注。

第三，从师生双方的影响结果看，现行教育途径论关于人的概念，在把握到学校教育活动中教师对学生的外在性影响结果的同时，却遮蔽了教师对学生的内在性影响结果，也遮蔽了学生反过来对教师的外在与内在性影响结果，进而又遮蔽了师生双方由外在与内在性影响结果所必然带来的自返性影响结果。而在学校教育活动之外，现行教育途径论关于人的概念，还遮蔽了师生双方的自在性影响结果。由此，便直接导致了如下不足性。在学校教育活动中，师生双方仅仅把握到教师对学生的外在性影响结果，便必然会产生对这种影响结果的偏重而难以产生对师生双方相互性影响结果与自返性影响结果的对应关注。而在学校教育活动之外，师生双方还是仅仅把握到教师对学生的外在性影响结果，便必然会产生对这种影响结果的偏重而难以产生对双方自在性影响结果的关注。

总之，现行教育途径论关于人的概念，从教师对学生的外在性影响切到对教育途径的理解，从师生双方生活教育途径的外在性、内在性、自返性以及自在性的对应关系来看，确实存在严重的简单性偏差并因此而必须被合理地反思与改造。

四、本节小结

综上所述，我们看到，现行教育途径论关于人的概念，从教师对学生的外在性影响，切到对学校教育途径的理解，虽然能够把握到教师对学生影响的外在性，也能够把握到这种外在性的根据并对实际的学校教育活动产生积极的作用，但是，却遮蔽了教师对学生影响的内在性，也遮蔽了学生反过来对教师影响的外在性与内在性，还遮蔽了师生双方影响的自返性以及自在性。从思维运作看，现行教育途径论关于人的概念的遮蔽，是其主观思维的抽象泛化所导致的。从实际看，这种抽象泛化的思维或认识，对师生双方的对应生活教育活动存在多方面的消极作用。因此，现行教育途径论关于人的概念，就必然也因此而必须被合理地反思与改造。

五、本节提示

在本节最后，需要做两点提示。第一，探寻现行教育途径论关于人的概念的思维活动切入点的根据，就是现行教育途径论关于人的概念的内容，或者说，我们是通过现行教育途径论关于人的概念的内容而探寻到其思维活动的切入点的。第二，对现行教育途径论关于人的概念的思维活动切入点的遮蔽性分析，不是我们简单的主观分析，而是根据现行教育途径论关于人的概念所包含的主观思维活动切入点的所见与不足而展开的，要特别注意，现行教育途径论关于人的概念所包含的简单静态的主观思维，必然会遮蔽与其对应的动态的客观事实。

附言：

1. 教育活动的发生，可以从教师对学生的外在性影响开始，但是，关于教育途径的理论，却不能仅仅停留在这里。

2. 现行教育途径论关于人的概念，只能把握到教师对学生的外在性影响，这便是典型的明目张胆的外因论或机械论。

3. 无视师生双方自我教育的现行教育途径论，只能沦落为没有内在涵养的教育理论。

4. 没有自我教育的对应，他人教育就必然会成为洗脑式的教育。

5. 没有他人教育的对应，自我教育就必然会成为自闭式的教育。

6. 他人教育、自我教育、反思性的教育以及自在性的教育，共同构成涵养人性的丰富性或对等性的四种必要的教育形式。

第二节 对现行教育途径论中人的对应改造

切问：

1. 从动态的生活事实看，现行教育途径论关于人的概念所包含的"教师对学生的外在性影响"，其实都是"师生双方外在性、内在性、自返性以及自在性的对应性影响"吗？

2. 从生活实际看，师生双方活动的外在性、内在性、自返性以及自在性，都只能是相互对应的属性吗？

3. 从生活实际看，师生双方活动的影响指向，必然是师生双方外在性与内在性的双向度影响指向与自返性影响指向以及自在性影响指向吗？

4. 从生活实际看，师生双方活动的影响结果，必然是师生双方外在性与内在性的相互性影响结果与自返性影响结果以及自在性影响结果吗？

5. 从生活实际看，师生双方活动的外在性、内在性、自返性以及自在性，都不是抽象泛化的属性，而是具有边界对应关系的具体属性吗？我们需要从抽象泛化的思维转换到具体的边界思维或对应思维吗？

6. 在师生双方的活动中，如果只有教师对学生的外在性活动，那么，双方的教育就很容易成为表演性的简单教育吗？只有师生双方进行的包含外在性、内在性、自返性以及自在性的对应生活教育，才可能成为具有丰富性或对等性的教育吗？

一、对现行教育途径论关于人的概念所包含的泛化思维的对应改造

上一节我们谈到，现行教育途径论关于人的概念，之所以存在遮蔽，是因为在其思维运作中存在抽象泛化的不足。因此，要改造现行教育途径论关于人的概念，就必须改造其抽象泛化的主观思维。如何改造这种思维呢？第一，就需要摆脱现行教育途径论关于人的概念所包含的简单主观思维，而转向对教育活动事实或过程的关注，即由主观思维转向事实思维。第二，还需要走出教育研究者简单泛化的抽象思维，而转向对教育活动的客观与主观对应的边界思维，即由简单的泛化思维转向对应的边界思维。

二、对现行教育途径论关于人的概念所包含的思维切入点的对应改造

现行教育途径论关于人的概念，从教师对学生的外在性影响开始，切到对学校教育途径的理解，这一切入点本身并不存在问题。现行教育途径论关于人的概念的问题在于：从教师对学生的外在性影响开始，切到对学校教育途径的理解，之后却并没有对这一动态影响的过程做出对应的考察，而是仅仅停留在教师对学生的外在性影响这里，并将教育活动的途径简单地抽象为教师对学生的外在性影响。

教师对学生外在性影响的教育活动的动态过程，又是怎样的呢？征之于实际，我们看到，在学校教育中教师对学生的外在性影响，不管学生是接受还是不接受，都必然会引起学生对自我的内在性反应，而这种反应，又必然会反过

来对教师产生外在性与内在性的影响。同时，由于外在性影响与内在性影响的对应，师生双方又必然会产生自返性影响。而在学校教育之外，师生双方，都还具有自立自为的自在性影响。这清楚地表明，教师与学生双方的影响途径，必然是师生双方外在性、内在性、自返性以及自在性的对应影响途径，而不是现行教育途径论关于人的概念所把握到的教师对学生的外在性影响途径。由此，我们就将现行教育途径论关于人的概念所包含的"教师对学生的外在性影响"的切入点，改造为"师生双方外在性、内在性、自返性以及自在性的对应性影响"的切入点。

三、对现行教育途径论关于人的概念所包含的具体内容的对应改造

对应生活教育途径论关于人的概念，从师生双方外在性、内在性、自返性以及自在性的对应影响，切到对学校教育途径的理解，能够对现行的简单教育途径论关于人的概念做出哪些方面的改造呢？下面，分而论之。

第一，从师生双方的影响属性看，对应生活教育途径论关于人的概念，既能把握到在学校教育中师生双方的外在性与内在性以及自返性，又能把握到在学校教育之外师生双方的自在性，而不是现行简单教育途径论关于人的概念所把握到的教师对学生的外在性。这里的道理是：在学校教育的实际过程中，师生双方对对方的外在性影响，不管对方是接受还是不接受，都必然会引起对方内在性的反应并产生反向的影响。同时，由于外在性与内在性的对应影响，师生双方又必然会产生自返性影响。而在学校教育之外，师生双方都还具有自在性影响。这清楚地表明，在实际生活中，师生双方活动的外在性、内在性、自返性以及自在性，都必然是对应的属性，而不可能是现行简单教育途径论关于人的概念所把握到的教师对学生的外在性——这种片面的外在性，当然，只能是抽象泛化的形而上学的属性。

第二，从师生双方的影响指向看，对应生活教育途径论关于人的概念，既能把握到在学校教育中师生双方外在性与内在性的双向度影响指向以及自返性影响指向，又能把握到在学校教育之外师生双方的自在性影响指向，而不是现行简单教育途径论关于人的概念所把握到的教师对学生单方面的外在性影响指向。这里的道理是：在学校教育的实际过程中，教师对学生的外在性影响指向，必然会引起学生外在性或内在性的反应，而这种反应，又必然会引起教师的外在性或内在性反应。同时，师生双方外在性与内在性的双向度影响指向，又必然会引起双方自返性的影响指向。而在学校教育之外，师生双方都还具有自在性影响指向。这清楚地表明，在实际生活中，师生双方活动的影响指向，必然

是师生双方双向度的影响指向与自返性的影响指向以及自在性的影响指向，而不可能是现行简单教育途径论关于人的概念所把握到的教师对学生单方面的外在性影响指向——这种单方面的影响指向，当然，也只能是抽象泛化的形而上学的影响指向。

第三，从师生双方的影响结果看，对应生活教育途径论关于人的概念，既能把握到在学校教育中师生双方外在性与内在性的相互性影响结果以及自返性影响结果，又能把握到在学校教育之外师生双方的自在性影响结果，而不是现行简单教育途径论关于人的概念所把握到的教师对学生单方面的外在性影响结果。这里的道理是：在学校教育的实际过程中，教师对学生的外在性影响指向，必然会引起学生外在性或内在性的结果，而这种结果，又必然会引起教师的外在性或内在性结果。同时，师生双方外在性与内在性的相互性影响结果，又必然会引起双方自返性的影响结果。而在学校教育之外，师生双方都还具有自在性影响结果。这清楚地表明，在实际生活中，师生双方活动的影响结果，必然是师生双方相互性的影响结果与自返性的影响结果以及自在性的影响结果，而不可能是现行简单教育途径论关于人的概念所把握到的教师对学生单方面的外在性影响结果——这种单方面的影响结果，当然，也只能是抽象泛化的形而上学的影响结果。

四、对应生活教育途径论关于人的概念的积极功能

对应生活教育途径论关于人的概念，从师生双方外在性、内在性、自返性以及自在性的对应性影响，切到对生活教育途径的理解，能够对实际的生活教育活动产生哪些方面的积极影响呢？下面，分而论之。

第一，从师生双方的影响属性看，对应生活教育途径论关于人的概念，能够对实际的生活教育活动产生如下三方面的积极影响。首先，对应生活教育途径论关于人的概念，能够把握到在教育活动中师生双方活动的外在性、内在性与自返性，因此，不仅能够支持师生双方对对方的外在性与内在性影响，而且能够支持师生双方对自身的反思性影响。其次，对应生活教育途径论关于人的概念，能够把握到在教育活动之外师生双方活动的自在性，因此，能够支持师生双方的自在性影响。最后，对应生活教育途径论关于人的概念，既能把握到在教育活动中师生双方活动的外在性、内在性与自返性，又能把握到在教育活动之外师生双方的自在性，因此，能够支持师生双方建构出以双方对应性为基础的对等关系。鉴于现行简单教育途径论关于人的概念的遮蔽或偏差，我们愿意特别强调如下三点。1. 在教育活动中，关注师生双方活动的内在性以及自返性。这里的关键是要走出人们熟悉的现行简单教育途径论关于人的概念的遮蔽，那就是认为师生双方的活动只是教师对学生外在性活动的观点——这当然是简单抽象思维泛化的后果。在对应思维看来，在教育活动中，师生双方的活动，必然是外在性、内在性与自返性的对应活动；因此，不仅要关注师生双方活动的外在性，而且要关注师生双方活动的内在性以及自返性。2. 在教育活动之外，关注师生双方活动的自在性。这里的关键也是要走出人们熟悉的现行简单教育途径论关于人的概念的遮蔽，那就是认为师生双方的活动只表现在教育活动中的观点——这当然是简单抽象思维泛化的后果。在对应思维看来，在实际生活中，师生双方的活动，既表现在教育活动中，也表现在教育活动之外。因此，不能仅仅关注在教育活动中师生双方活动的外在性与内在性以及自返性，而且要关注在教育活动之外师生双方活动的自在性。3. 关注师生双方在影响属性维度上对等定位的生活教育关系即五线定位的生活教育关系。在实际生活中，既然师生双方都具有外在性、内在性、自返性以及自在性的对应性，那么，师生双方就要关注在双方对应性影响的一致性与不一致性前提下的五线定位关系。这种五线定位包含教育活动中的四线定位与教育活动之外的自在性定位。在教育活动中，四线定位的基本内容是：关注理想性的上线，即师生双方在外在性与内在性影响的一致性前提下，走向对等的教育，以实现双方的互补性变化或发展；关注过渡性的自返线，即师生双方在外在性与内在性影响的不一致性前提下，返回自身，以调整自身与对方的关系；关注现实性的中线，即师生双方在外在性与内在性影响的不一致性前提下，经由过渡性的自返线而走向对话或讨论，以实现双方的生成性变化或发展；关注禁止性的底线，即师生双方在外在性与内在性影响的不一致性前提下，经由过渡性的自返线，都不能破坏或割裂对应的教育关系。而在教育活动之外，师生双方都还具有自立自为的自在性定位，以实现自我的自在性转换或变换。我们认为，在师生双方的影响属性维度上，经由五线定位的生活教育，就可以构建出师生双方以各自外在性、内在性、自返性以及自在性为基础的涉及理想、自返、现实、戒律与自在的对等关系，以实现师生双方活动的多样影响属性的转换或变换，由此，也可以规避由现行简单教育途径论关于教师对学生的片面外在性影响所必然导致的不对等关系，以免师生双方活动属性的单调或单薄。

第二，从师生双方的影响指向看，对应生活教育途径论关于人的概念，能够对实际的生活教育活动产生如下三方面的积极影响。首先，对应生活教育途径论关于人的概念，能够把握到在教育活动中师生双方外在性与内在性的双向度影响指向与自返性影响指向，因此，不仅能够支持师生双方的相互性影响指向，而且能够支持师生双方返回自身的影响指向。其次，对应生活教育途径论关于人的概念，能够把握到在教育活动之外师生双方的自在性影响指向，因此，能够支持师生双方回归自身的自在性影响指向。最后，对应生活教育途径论关于人的概念，既能把握到在教育活动中师生双方的双向度影响指向与自返性影响指向，又能把握到教育活动之外师生双方的自在性影响指向，因此能够支持师生双方建构出以双方的对应性影响指向为基础的对等关系。鉴于现行简单教育途径论关于人的概念的遮蔽或偏差，我们愿意特别强调如下三点。1. 在教育活动中，关注师生双方的内在性影响指向以及自返性影响指向。这里的关键是要走出人们熟悉的现行简单教育途径论关于人的概念的遮蔽，那就是认为师生双方活动的影响指向就是教师对学生外在性影响指向的观点——这当然是简单抽象思维泛化的后果。在对应思维看来，师生双方活动的影响指向，必然是双方外在性与内在性以及自返性对应的影响指向，因此，就不仅要关注师生双方的外在性影响指向，而且要关注师生双方的内在性影响指向以及师生双方的自返性影响指向。2. 在教育活动之外，关注师生双方的自在性影响指向。这里的关键也是要走出人们熟悉的现行简单教育途径论关于人的概念的遮蔽，那就是认为师生双方活动的影响指向只存在于教育活动中的观点——这当然是简单抽象思维泛化的后果。在对应思维看来，在实际生活中，师生双方活动的影响指向既存在于教育活动中，也存在于教育活动之外。因此，就不能仅仅关注在教育活动中师生双方活动的双向度影响指向与自返性影响指向，而且要关注在教育活动之外师生双方的自在性影响指向。3. 关注师生双方在影响指向维度上对等定位的生活教育关系即五线定位的生活教育关系。在实际生活中，既然师生双方都具有外在性与内在性的双向度影响指向与自返性影响指向以及自在性影响指向，那么，师生双方就要关注在双方对应性影响指向的一致性与不一致性前提下的五线定位关系。这种五线定位包含教育活动中的四线定位与教育活动之外的自在性定位。在教育活动中，四线定位的基本内容是：关注理想性的上线，即师生双方在外在性与内在性影响指向的一致性前提下，走向对等的教育，以实现双方的互补性变化或发展；关注过渡性的自返线，即师生双方在外在性与内在性影响指向的不一致性前提下，返回自身，以调整自身与对方的关系；关注现实性的中线，即师生双方在外在性与内在性影响指向的不一致性前提下，经由过渡性的自返线而走向对话或讨论，以实现双方的生成性变化或发展；关注禁止性的底线，即师生双方在外在性与内在性影响指向的不一致性前提下，经由过渡性的自返线，都不能破坏或割裂对应的教育关系。而在教育活动之外，师生双方都还具有自立自为的自在性影响指向，以实现自我的自在性转换或变换。我们认为，在师生双方活动的影响指向维度上，经由五线定位的生活教育，就可以构建出师生双方以对应性影响指向为基础的涉及理想、自返、现实、戒律与自在的对等关系，以实现师生双方活动多样影响指向的转换或变换，由此，也可以规避由现行简单教育途径论关于教师对学生简单影响指向所必然导致的不对等关系，以免生双方活动单一影响指向的机械或僵硬。

  第三，从师生双方的影响结果看，对应生活教育途径论关于人的概念，能够对实际的生活教育活动产生如下三方面的积极影响。首先，对应生活教育途径论关于人的概念，能够把握到在教育活动中师生双方外在性与内在性的相互性影响结果与自返性影响结果，因此，不仅能够支持师生双方的相互性影响结果，而且能够支持师生双方返回自身的影响结果。其次，对应生活教育途径论关于人的概念，能够把握到在教育活动之外师生双方的自在性影响结果，因此，能够支持师生双方回归自身的自在性影响结果。最后，对应生活教育途径论关于人的概念，既能把握到在教育活动中师生双方的相互性影响结果与自返性影响结果，又能把握到在教育活动之外师生双方的自在性影响结果，因此能够支持师生双方建构出以双方的对应性影响结果为基础的对等关系。鉴于现行简单教育途径论关于人的概念的遮蔽或偏差，我们愿意特别强调如下三点。1. 在教育活动中，关注师生双方的内在性影响结果以及自返性影响结果。这里的关键是要走出人们熟悉的现行简单教育途径论关于人的概念的遮蔽，那就是认为师生双方活动的影响结果就是教师对学生外在性影响结果的观点——这当然是简单抽象思维泛化的后果。在对应思维看来，师生双方活动的影响结果，必然是双方外在性与内在性以及自返性对应的影响结果，因此，不仅要关注师生双方的外在性影响结果，而且要关注师生双方的内在性影响结果以及师生双方的自返性影响结果。2. 在教育活动之外，关注师生双方的自在性影响结果。这里的关键也是要走出人们熟悉的现行简单教育途径论关于人的概念的遮蔽，那就是认为师生双方活动的影响结果只存在于教育活动中的观点——这当然是简单抽象思维泛化的后果。在对应思维看来，在实际生活中，师生双方活动的影响结果，既存在于教育活动中，也存在于教育活动之外。因此，不能仅仅关注在教育活动中师生双方活动的相互性影响结果与自返性影响结果，而且要关注在教育活动之外师生双方的自在性影响结果。3. 关注师生双方在影响结果维度上对等定位的生活教育关系即五线定位的生活教育关系。在实际生活中，既然师生双方都具有外在性与内在性的相互性影响结果与自返性影响结果以及自在性影响结果，那么，师生双方就要关注在双方对应性影响结果的一致性与不一致性前提下的五线定位关系。这种五线定位包含教育活动中的四线定位与教育活动之外的自在性定位。在教育活动中，四线定位的基本内容是：关注理想性的上线，即师生双方在外在性与内在性影响结果的一致性前提下，走向对等的教育，以实现双方的互补性变化或发展；关注过渡性的自返线，即师生双方在外在性与内在性影响结果的不一致性前提下，返回自身，以调整自身与对方的关系；关注现实性的中线，即师生双方在外在性与内在性影响结果的不一致性前提下，经由过渡性的自返线而走向对话或讨论，以实现双方的生成性变化或发展；关注禁止性的底线，即师生双方在外在性与内在性影响结果的不一致性前提下，经由过渡性的自返线，都不能破坏或割裂对应的教育关系。而在教育活动之外，师生双方都还具有自立自为的自在性影响结果，以实现自我的自在性转换或变换。我们认为，在师生双方活动的影响结果维度上，经由五线定位的生活教育，就可以构建出师生双方以对应性影响结果为基础的涉及理想、自返、现实、戒律与自在的对等关系，以实现师生双方活动多样影响结果的丰富或丰满，由此，也可以规避由现行简单教育途径论关于教师对学生简单影响结果所必然导致的不对等关系，以免师生双方活动单一影响结果的贫乏或贫穷。

五、本节小结

综上所述，我们对现行简单教育途径论关于人的概念的改造，涉及三层基本内容。首先，由现行简单教育途径论关于人的概念所包含的主观思维路线转换到事实思维路线，之后在事实思维路线基础上，将现行简单教育途径论关于人的概念所包含的单一主观泛化的思维路线，改造为主观与客观的对应思维路线。其次，在对应思维路线上，将现行简单教育途径论关于人的概念所包含的认识学校教育途径的"教师对学生的外在性影响"的思维切入点，改造为"师生双方外在性、内在性、自返性以及自在性的对应性影响"的思维切入点。最后，在"师生双方外在性、内在性、自返性以及自在性的对应性影响"视野中，分别对师生双方的影响属性、指向与结果这些基本教育关系，做出了对应的考察。此外，我们分别考察了对应生活教育途径论关于人的概念，在师生双方的影响属性、指向与结果这些基本维度上，对实际的生活教育活动所产生的积极影响，以推动人们从现行简单教育途径论关于人的概念，转换到对应生活教育途径论关于人的概念。

为了更简明地把握两种教育途径论关于人的概念的不同，我们不妨将其中所包含的不同思维路线，做出如下比较。

简单教育途径论关于人的概念的单线定位路线——学校教育的途径，就是教师对学生的外在性影响，这里需要特别注意，简单教育途径论关于人的概念，仅仅是对教师单一主观性这一条思维路线的反应。

对应生活教育途径论关于人的概念的五线定位路线——生活教育的途径，就是师生双方外在性、内在性、自返性以及自在性的对应影响，它包含双方对应影响的理想的上线、过渡的自返线、现实的中线、戒律的底线以及自在线，这里需要特别注意，对应生活教育途径论关于人的概念，是对师生双方对应影响的理想、自返、现实、戒律以及自在的五条思维路线的反应。

六、本节提示

在本节最后，需要做两点提示。第一，由"教师对学生的外在性影响"，到"师生双方外在性、内在性、自返性以及自在性的对应性影响"的过渡环节，就是由对师生双方活动的主观抽象思维，转向对师生双方活动的客观与主观的对应思维。第二，从"以单一外在性或内在性为基础的人的概念"，到"以外在性、内在性、自返性以及自在性的对应为基础的人的概念"的过渡环节，就是师生双方活动在实际生活中所必然引起的外在性、内在性、自返性以及自在性。不了解师生双方外在性、内在性、自返性以及自在性的对应生成这一机制，就很难完成从以简单性为基础的不对等的人的概念，到以对应性为基础的对等的人的概念的过渡。

附言：

1. 从教师对学生外在性影响开始的教育活动，其实都是师生双方外在性、内在性、自返性以及自在性的对应教育活动。

2. 对师生双方影响的外在性、内在性、自返性以及自在性的认知，都应该是具体的边界认知，而不能是抽象泛化的认知。

3. 仅仅把握到教师对学生外在性影响的现行教育途径论，必然会导致对学生的外在束缚或压抑。

4. 不能容纳师生双方内在性活动的现行教育途径论，很难成为拥有内在涵养的有品质的教育理论。

5. 仅仅明白自己对学生外在性影响的教师，很容易成为简单的教师。

6. 他人教育与自我教育以及反思性教育的一致性关系，是人们在简单生活中的简单教育关系；而他人教育与自我教育以及反思性教育的不一致性关系，则是人们在对应生活中具有张力的对应教育关系。

第十二章

对现行教育原则论中人的遮蔽性分析与对应改造

第一节 对现行教育原则论中人的遮蔽性分析

切问：

1. 现行教育原则论关于人的概念，将教育原则理解为教育者对受教育者的理想性规定，其思维活动的切入点在哪里？我们如何才能探索到其思维活动的切入点？

2. 现行教育原则论关于人的概念，从自己理解教育原则的切入点上，能够把握到教育原则哪些方面的内容呢？

3. 现行教育原则论关于人的概念的根据是什么？这种原则论对实际的教育活动会产生哪些积极作用？

4. 现行教育原则论关于人的概念，从自己理解教育原则的切入点上，在对教育原则有所把握的同时，却又遮蔽了哪些内容呢？

5. 在思维运行中，现行教育原则论关于人的概念，存在遮蔽的根源在哪里？

6. 现行教育原则论关于人的概念，对实际的生活教育活动会产生怎样的消极作用？

一、现行教育原则论关于人的概念的内容、属性及其思维活动的切入点

（一）现行教育原则论关于人的概念的内容

现行教育的原则关于人的概念，表现在学校教育的概念之中。关于学校教育的概念，在一本教育学教材中这样写道："它是根据一定社会的现实和未来的需要，遵循受教育者身心发展的规律，有目的、有计划、有组织地引导受教育者主动地学习，积极进行经验的改组和改造，促使他们提高素质、健全人格的一种活动，以便把受教育者培养成为适应一定社会的需要，促进社会的发展，追求和创造人的合理存在的人。"①。从这种理解中我们可以看到，学校教育被理解为一种活动，这种活动是以"有根据、有遵循、有目的、有计划、有组织"的理想形式而展开的，其目的是要培养出"适应一定社会的需要，促进社会的发展，追求和创造人的合理存在的人"——这当然就是要培养出理想的受教育者。简单地说，在现行教育理论的理解中，学校教育，也就是教育者以理想的形式去培养理想的受教育者。由此，我们就能得到现行学校教育的基本原则，那就是教育者对于受教育者的理想性原则或主观价值性原则。

（二）现行教育原则论关于人的概念的属性

按照现行教育原则论关于人的概念的理解，学校教育的原则，就是教育者对于受教育者的理想性原则。学校教育的实际，果真是这样的吗？当教育者对受教育者进行理想性的教育活动时，难道不会受到受教育者客观性或现实性情况的制约吗？教育者对受教育者的理想性与现实性的教育活动，难道不能引起受教育者的理想性与现实性的活动吗？同时，教育者与受教育者双方的理想性与现实性活动，难道不能推动双方返回自身的自返性活动吗？而在学校教育活动之外，教育者与受教育者双方，难道不会具有自立自为的自在性活动吗？但是，现行教育理论却根本无视生活实际中这些具有内在对应性的问题，而仅仅从自己的主观愿望出发，简单地将学校教育的原则抽象为教育者对于受教育者的理想性原则，由此，我们就可以有根据地说，现行教育原则论关于人的概念的属性，就是片面性或简单性。

（三）现行教育原则论关于人的概念的思维活动的切入点

现行教育原则论关于人的概念，既然将学校教育的原则抽象为教育者对受教育者的理想性原则，那么，我们就可以据此逆向推论出其思维活动的起点或切入点，那就是"教育者或教师对受教育者或学生的理想性规定"。正向地表达，现行教育原则论关于人的概念，从教育者或教师对受教育者或学生的理想性规定，切到对学校教育原则的理解，由此，才将学校教育的原则抽象为教师对学生的理想性原则。

---

① 王道俊，郭文安. 教育学 [M]. 北京：人民教育出版社，2009：26-27.

二、现行教育原则论关于人的概念的所见、根据及其积极功能

（一）现行教育原则论关于人的概念的所见

首先，从师生双方的活动属性看，现行教育原则论关于人的概念，能够把握到教师活动的理想性与学生活动的现实性。关于教师活动的理想性，套用上文中的话说，那就是教师活动的目的性、计划性或组织性等内容。关于学生活动的现实性，则内含在上文所包含的学生具有现实的不足性的内容之中。其次，从师生双方的活动指向看，现行教育原则论关于人的概念，能够把握到教师活动理想性对学生活动现实性的影响指向。最后，从师生双方的活动结果看，现行教育原则论关于人的概念，能够把握到教师活动的理想性对学生活动现实性的影响结果。总之，现行教育原则论关于人的概念，从教师对学生的理想性规定，切到对学校教育原则的理解，能够把握到的基本内容，也就是教师活动的理想性对于学生活动的现实性的影响或改造。

（二）现行教育原则论关于人的概念的根据

首先，从师生双方的活动属性看，因为学校教育活动具有人为设计的属性，所以，教师就会具有对学生的理想性规定。而学生因为是正在成长中的人，所以，就会具有成长过程中的现实不足性。就此而论，教师活动的理想性与学生活动的现实性就是有根据的。其次，从师生双方的活动指向看，教师要对学生进行理想性的规定，就必然会将自身的活动以理想性的形式指向学生，这也是有根据的。最后，从师生双方的活动结果看，既然教师对学生进行了理想性的规定，教师也以理想性的形式对学生进行了引导，那么，学生就必然会受到教师的影响而发生变化或发展，这也是有根据的。总之，现行教育原则论关于人的概念，从教师对学生的理想性规定，切到对学校教育原则的理解，所把握到的基本内容，从教师对于学生单方面的教育来看，都是有根据的，因而也就是合理的。

（三）现行教育原则论关于人的概念的积极功能

首先，从师生双方的活动属性看，现行教育原则论关于人的概念，能够把握到教师活动的理想性与学生活动的现实性，这能够支持教师按照理想性规定去影响学生。其次，从师生双方的活动指向看，现行教育原则论关于人的概念，能够把握到教师对学生有目的、有计划、有组织的引导，这能够支持教师对学生的理想性影响。最后，从师生双方的活动结果看，现行教育原则论关于人的概念，能够把握到教师对学生理想性规定的影响结果，这能够支持教师对学生理想性规定的影响结果。总之，现行教育原则论关于人的概念，从教师对学生

的理想性规定,切到对学校教育原则的理解,所把握到的基本内容,从教师对于学生单方面的教育来看,都具有积极的价值或作用。

三、现行教育原则论关于人的概念的遮蔽、根源及其消极功能

（一）现行教育原则论关于人的概念的遮蔽

首先,从师生双方的活动属性看,现行教育原则论关于人的概念,在把握到教育活动中教师活动的理想性与学生活动的现实性的同时,却遮蔽了教师活动的现实性与学生活动的理想性,进而又遮蔽了师生双方由理想性与现实性所必然带来的自返性。而在教育活动之外,现行教育原则论关于人的概念,还遮蔽了师生双方的自在性。其次,从师生双方的活动指向看,现行教育原则论关于人的概念,在把握到教师活动理想性对学生活动现实性的影响指向的同时,却遮蔽了学生活动理想性对教师活动现实性的影响指向,进而又遮蔽了师生双方由理想性与现实性影响指向所必然带来的自返性影响指向。而在教育活动之外,现行教育原则论关于人的概念,还遮蔽了师生双方的自在性影响指向。最后,从师生双方的活动结果看,现行教育原则论关于人的概念,在把握到教师活动理想性对学生活动现实性的影响结果的同时,却遮蔽了学生活动理想性对教师活动现实性的影响结果,进而又遮蔽了师生双方由理想性与现实性影响结果所必然带来的自返性影响结果。而在教育活动之外,现行教育原则论关于人的概念还遮蔽了师生双方的自在性影响结果。总之,现行教育原则论关于人的概念,从教师对学生的理想性规定切入到对学校教育原则的理解,在把握到教育活动中教师活动理想性对学生活动现实性的影响的同时,却遮蔽了学生活动理想性对教师活动现实性的影响,进而又遮蔽了师生双方的自返性影响。而在教育活动之外,现行教育原则论关于人的概念,还遮蔽了师生双方的自在性影响。

（二）现行教育原则论关于人的概念的遮蔽的根源

从思维运作看,现行教育原则论关于人的概念之所以存在上述遮蔽,是其主观抽象思维的泛化导致的。首先,从师生双方的活动属性看,教师对学生的理想性规定,在实际的学校教育活动中,必然会引起学生包含理想性与现实性的反应,并对教师产生理想性与现实性的规定。同时,由于理想性与现实性规定的对应,师生双方又必然会产生自返性规定。而在教育活动之外,师生双方都还具有自立自为的自在性规定。这清楚地表明,在实际生活中,师生双方都会同时具有理想性、现实性、自返性以及自在性。然而,现行教育原则论关于人的概念,却在其主观思维中片面地抽取出教师活动的理想性与学生活动的现

实性,并以偏概全地泛指师生双方在实际生活中产生的对应属性,由此,便遮蔽了教师活动的现实性与学生活动的理想性,还遮蔽了师生双方的自返性以及自在性。其次,从师生双方的活动指向看,教师对学生的理想性影响指向,在实际的学校教育活动中必然会引起学生的反应并对教师产生回返性的指向。同时,由于双向度的影响指向,师生双方又必然会产生自返性的影响指向。而在教育活动之外,师生双方都还具有自立自为的自在性影响指向。这清楚地表明,在实际生活中,师生双方的影响指向,必然是双向度影响指向与自返性影响指向以及自在性影响指向。然而,现行教育原则论关于人的概念,却在其主观思维中片面地抽取出教师对学生的理想性影响指向,并以偏概全地泛指师生双方在实际生活中产生的对应影响指向,由此,便遮蔽了学生对教师的理想性与现实性影响指向,也遮蔽了师生双方的自返性影响指向以及自在性影响指向。最后,从师生双方的活动结果看,教师对学生的理想性影响,在实际的学校教育活动中,必然会对学生产生影响结果并对教师产生回返性的影响结果。同时,由于相互性的影响结果,师生双方又必然会产生自返性的影响结果。而在教育活动之外,师生双方都还具有自立自为的自在性影响结果。这清楚地表明,在实际生活中,师生双方的影响结果,必然是相互性的影响结果与自返性的影响结果以及自在性的影响结果。然而,现行教育原则论关于人的概念,却在其主观思维中片面地抽取出教师对学生的影响结果,并以偏概全地泛指师生双方在实际生活中所产生的对应影响结果,由此,便遮蔽了学生对教师的理想性与现实性影响结果,也遮蔽了师生双方的自返性影响结果与自在性影响结果。

(三) 现行教育原则论关于人的概念的消极功能

现行教育原则论关于人的概念,从教师对学生的理想性规定切入到对学校教育原则的理解,在有所把握的同时却又存在遮蔽。这些认识或思维中的遮蔽,对实际的生活教育活动会产生哪些消极影响呢?

第一,从师生双方的活动属性看,现行教育原则论关于人的概念,在把握到教育活动中教师活动的理想性与学生活动的现实性的同时,却遮蔽了教师活动的现实性与学生活动的理想性,进而又遮蔽了师生双方由理想性与现实性所必然带来的自返性。而在教育活动之外,现行教育原则论关于人的概念,还遮蔽了师生双方的自在性。由此,便直接导致了如下不足性。在学校教育活动中,师生双方仅仅把握到教师活动的理想性与学生活动的现实性,便必然会产生对这种简单属性的偏重而难以产生对师生双方活动的理想性与现实性以及自返性的对应关注。而在学校教育活动之外,师生双方还是仅仅把握到教师活动的理想性与学生活动的现实性,便必然会产生对这种简单属性的偏重而难以产生对双方自在性的关注。

第二，从师生双方的活动指向看，现行教育原则论关于人的概念，在把握到教师活动理想性对学生活动现实性的影响指向的同时，却遮蔽了学生活动理想性对教师活动现实性的影响指向，进而又遮蔽了师生双方由理想性与现实性影响指向所必然带来的自返性影响指向。而在教育活动之外，现行教育原则论关于人的概念，还遮蔽了师生双方的自在性影响指向。由此，便直接导致了如下不足性。在学校教育活动中，师生双方仅仅把握到教师对学生的理想性影响指向，便必然会产生对这种影响指向的偏重而难以产生对师生双方双向度影响指向与自返性影响指向的对应关注。而在学校教育活动之外，师生双方还是仅仅把握到教师对学生的理想性影响指向，便必然会产生对这种影响指向的偏重而难以产生对双方自在性影响指向的关注。

第三，从师生双方的活动结果看，现行教育原则论关于人的概念，在把握到教师活动理想性对学生活动现实性的影响结果的同时，却遮蔽了学生活动理想性对教师活动现实性的影响结果，进而又遮蔽了师生双方由理想性与现实性影响结果所必然带来的自返性影响结果。而在教育活动之外，现行教育原则论关于人的概念，还遮蔽了师生双方的自在性影响结果。由此，便直接导致了如下不足性。在学校教育活动中，师生双方仅仅把握到教师对学生的理想性影响结果，便必然会产生对这种影响结果的偏重而难以产生对师生双方双向度影响结果与自返性影响结果的对应关注。而在学校教育活动之外，师生双方还是仅仅把握到教师对学生的理想性影响结果，便必然会产生对这种影响结果的偏重而难以产生对双方自在性影响结果的关注。

总之，现行教育原则论关于人的概念，从教师对学生的理想性规定，切入到对教育原则的理解，从师生双方生活教育原则的理想性、现实性、自返性以及自在性的对应关系来看，确实存在严重的简单性偏差，因此而必须被合理地反思与改造。

四、本节小结

综上所述，我们看到，现行教育原则论关于人的概念，从教师对学生的理想性规定，切到对学校教育原则的理解，虽然能够把握到教师对学生理想性的简单教育，也能够把握到这种教育的根据并对学校的简单教育活动产生积极的作用，但是，却遮蔽了学生对教师理想性与现实性的反向的教育，还遮蔽了师生双方的自返性教育以及自在性教育。从思维运作看，现行教育原则论关于人的概念的遮蔽，是其主观思维的抽象泛化所导致的。从实际看，这种抽象泛化的思维或认识，对师生双方的对应生活教育活动存在多方面的消极作用。因此，现行教育原则论关于人的概念，就必然也因此而必须被合理地反思与改造。

五、本节提示

在本节最后，需要做两点提示。第一，探寻现行教育原则论关于人的概念的思维活动切入点的根据，就是现行教育原则论关于人的概念的内容，或者说，我们是通过现行教育原则论关于人的概念的内容而探寻到其思维活动的切入点的。第二，对现行教育原则论关于人的概念的思维活动切入点的遮蔽性分析，不是我们简单的主观分析，而是根据现行教育原则论关于人的概念所包含的主观思维活动切入点的所见与不足而展开的，要特别注意，现行教育原则论关于人的概念所包含的简单静态的主观思维，必然会遮蔽与其对应的动态的客观事实。

附言：

1. 教育活动，可以从教师对学生的理想性规定开始，但是，关于教育原则的理论，却不能仅仅停留在这里。

2. 现行教育原则论，只能把握到教师对学生的理想性规定而把握不到现实性规定，这决定了现行教育原则论不可能具有理想性与现实性的对应品质。

3. 缺少对应品质的现行教育原则论，也就是缺少内在张力的教育原则论。

4. 只能把握到教师对学生理想性规定的现行教育原则论，当然也就是无根的教育原则论。

5. 不能把握到自身活动的理想性与现实性相对应的教师，就不可能产生反思性的教育品质。

6. 人类的行为或活动，必然具有理想性、现实性、自返性以及自在性的对应性，这直接决定了生活教育的基本原则必须具有以这四种属性为基础的对应性。

第二节　对现行教育原则论中人的对应改造

切问：

1. 从动态的生活事实看，现行教育原则论关于人的概念所包含的"教师对学生的理想性规定",其实都是"师生双方理想性、现实性、自返性以及自在性的对应性规定"吗?

2. 从生活实际看,师生双方活动的理想性、现实性、自返性以及自在性,都只能是相互对应的属性吗?

3. 从生活实际看,师生双方活动的影响指向,必然是师生双方理想性与现实性的双向度影响指向与自返性影响指向以及自在性影响指向吗?

4. 从生活实际看,师生双方活动的影响结果,必然是师生双方理想性与现实性的相互性影响结果与自返性影响结果以及自在性影响结果吗?

5. 从生活实际看,师生双方活动的理想性、现实性、自返性以及自在性,都不是抽象泛化的属性,而是具有边界对应关系的具体属性吗?我们需要从抽象泛化的思维转换到具体的边界思维或对应思维吗?

6. 在师生双方的活动中,如果只有教师对学生的理想性活动,那么,双方的教育就很容易成为浪漫而无根的简单教育吗?只有师生双方进行的包含理想性、现实性、自返性以及自在性的对应生活教育,才可能成为具有丰富性或对等性的教育吗?

一、对现行教育原则论关于人的概念所包含的泛化思维的对应改造

上一节我们谈到,现行教育原则论关于人的概念,之所以存在遮蔽,是因为在其思维运作中存在抽象泛化的不足。因此,要改造现行教育原则论关于人的概念,就必须改造其抽象泛化的主观思维。如何改造这种思维呢?第一,需要摆脱现行教育原则论关于人的概念所包含的简单主观思维,而转向对教育活动事实或过程的关注,即由主观思维转向事实思维。第二,还需要走出教育研究者简单泛化的抽象思维,而转向对教育活动的客观与主观对应的边界思维,即由简单的泛化思维,转向对应的边界思维。

二、对现行教育原则论关于人的概念所包含的思维切入点的对应改造

现行教育原则论关于人的概念,从教师对学生的理想性规定开始,切到对学校教育原则的理解,这一切入点本身并不存在问题。现行教育原则论关于人的概念的问题在于:从教师对学生的理想性规定开始,切到对学校教育原则的理解,之后却并没有对这一动态影响的过程做出对应的考察,而是仅仅停留在教师对学生的理想性规定方面,并将教育原则简单地抽象为教师对学生的理想性规定。

从教师对学生的理想性规定开始的教育活动的动态过程，又是怎样的呢？征之于实际，我们看到，在学校教育中，教师对学生的理想性规定，必然会引起学生包含理想性与现实性的反应，而这种反应，又必然会反过来对教师产生包含理想性与现实性的影响。同时，由于理想性与现实性的对应，师生双方又必然会产生返回自身的自返性影响。而在学校教育之外，师生双方都还具有自立自为的自在性影响。这清楚地表明，教师对学生的理想性规定，必然是师生双方理想性、现实性、自返性以及自在性的对应规定，而不是现行教育原则论关于人的概念所把握到的教师对于学生简单的理想性规定。由此，我们就将现行教育原则论关于人的概念所包含的"教师对学生的理想性规定"的切入点，改造为"教师与学生双方理想性、现实性、自返性以及自在性的对应性规定"的切入点。

三、对现行教育原则论关于人的概念所包含的具体内容的对应改造

对应生活教育原则论关于人的概念，从师生双方理想性、现实性、自返性以及自在性的对应性规定，切到对学校教育原则的理解，能够对现行的简单教育原则论关于人的概念做出哪些方面的改造呢？下面，分而论之。

第一，从师生双方的活动属性看，对应生活教育原则论关于人的概念，既能把握到在学校教育中师生双方的理想性与现实性以及自返性，又能把握到在学校教育之外师生双方的自在性，而不是现行简单教育原则论关于人的概念所把握到的教师对学生的理想性。这里的道理是：在学校教育的实际过程中，教师对学生的理想性规定，只能从师生双方的现实性开始，并依靠师生双方的现实性才能实现；而离开师生双方的现实性规定，师生双方单一的理想性规定，就只能是抽象思维中不健康的产物。同时，师生双方由于理想性与现实性的对应又必然会产生自返性规定。而在学校教育之外，师生双方都还具有自在性影响。这清楚地表明，在实际生活中，师生双方活动的理想性、现实性、自返性以及自在性，都必然是对应的属性，而不可能是现行简单教育原则论关于人的概念所把握到的教师对学生的理想性——这种片面的理想性，当然，只能是抽象泛化的形而上学的属性。

第二，从师生双方的活动指向看，对应生活教育原则论关于人的概念，既能把握到在学校教育中师生双方理想性与现实性的双向度影响指向以及自返性影响指向，又能把握到在学校教育之外师生双方的自在性影响指向，而不是现行简单教育原则论关于人的概念所把握到的教师对学生单方面的理想性影响指向。这里的道理是：在学校教育的实际过程中，教师对学生的理想性与现实性

影响指向，都必然会引起学生的反应，而这种反应，又必然会引起教师的反应。同时，师生双方理想性与现实性的双向度影响指向，又必然会引起双方自返性的影响指向。而在学校教育之外，师生双方都还具有自在性影响指向。这清楚地表明，在实际生活中，师生双方活动的影响指向，必然是师生双方双向度的影响指向与自返性的影响指向以及自在性的影响指向，而不可能是现行简单教育原则论关于人的概念所把握到的教师对学生单方面的理想性影响指向——这种单方面的影响指向，当然，也只能是抽象泛化的形而上学的影响指向。

第三，从师生双方的活动结果看，对应生活教育原则论关于人的概念，既能把握到在学校教育中师生双方理想性与现实性的相互性影响结果以及自返性影响结果，又能把握到在学校教育之外师生双方的自在性影响结果，而不是现行简单教育原则论关于人的概念所把握到的教师对学生单方面的理想性影响结果。这里的道理是：在学校教育的实际过程中，教师对学生的理想性与现实性影响指向，都必然会对学生产生影响结果；而这种结果，又必然会反过来对教师产生影响结果。同时，师生双方理想性与现实性的相互性影响结果，又必然会引起双方自返性的影响结果。而在学校教育之外，师生双方都还具有自在性影响结果。这清楚地表明，在实际生活中，师生双方活动的影响结果，必然是师生双方相互性的影响结果与自返性的影响结果以及自在性的影响结果，而不可能是现行简单教育原则论关于人的概念所把握到的教师对学生单方面的理想性影响结果——这种单方面的影响结果，当然，也只能是抽象泛化的形而上学的影响结果。

四、对应生活教育原则论关于人的概念的积极功能

对应生活教育原则论关于人的概念，从师生双方理想性、现实性、自返性以及自在性的对应性规定，切到对生活教育原则的理解，能够对实际的生活教育活动，产生哪些方面的积极影响呢？下面，分而论之。

第一，从师生双方的活动属性看，对应生活教育原则论关于人的概念，能够对实际的生活教育活动产生如下三方面的积极影响。首先，对应生活教育原则论关于人的概念，能够把握到在教育活动中师生双方活动的理想性、现实性与自返性，因此，不仅能够支持师生双方对对方的理想性与现实性影响，而且能够支持师生双方对自身的反思性影响。其次，对应生活教育原则论关于人的概念，能够把握到在教育活动之外师生双方活动的自在性，因此，能够支持师生双方的自在性影响。最后，对应生活教育原则论关于人的概念，既能把握到在教育活动中师生双方活动的理想性、现实性与自返性，又能把握到在教育活

动之外师生双方的自在性,因此,能够支持师生双方建构出以双方对应性为基础的对等关系。鉴于现行简单教育原则论关于人的概念的遮蔽或偏差,我们愿意特别强调如下三点。1. 在教育活动中,关注师生双方活动的现实性以及自返性。这里的关键是要走出人们熟悉的现行简单教育原则论关于人的概念的遮蔽,那就是认为师生双方的活动只是教师对学生的理想性活动的观点——这当然是简单抽象思维泛化的后果。在对应思维看来,在教育活动中,师生双方的活动,必然是理想性、现实性与自返性的对应活动,因此,就不仅要关注师生双方活动的理想性,而且要关注师生双方活动的现实性以及自返性。2. 在教育活动之外,关注师生双方活动的自在性。这里的关键也是要走出人们熟悉的现行简单教育原则论关于人的概念的遮蔽,那就是认为师生双方的活动只表现在教育活动中的观点——这当然是简单抽象思维泛化的后果。在对应思维看来,在实际生活中,师生双方的活动,既表现在教育活动中,也表现在教育活动之外。因此,就不能仅仅关注在教育活动中师生双方活动的理想性与现实性以及自返性,而且要关注在教育活动之外师生双方活动的自在性。3. 关注师生双方在影响属性维度上对等定位的生活教育关系即五线定位的生活教育关系。在实际生活中,既然师生双方都具有理想性、现实性、自返性与自在性的对应性;那么,师生双方就要关注在双方对应性影响的一致性与不一致性前提下的五线定位关系。这种五线定位包含教育活动中的四线定位与教育活动之外的自在性定位。在教育活动中,四线定位的基本内容是:关注理想性的上线,即师生双方在理想性与现实性影响的一致性前提下,走向对等的教育,以实现双方的互补性变化或发展;关注过渡性的自返线,即师生双方在理想性与现实性影响的不一致性前提下,返回自身,以调整自身与对方的关系;关注现实性的中线,即师生双方在理想性与现实性影响的不一致性前提下,经由过渡性的自返线而走向对话或讨论,以实现双方的生成性变化或发展;关注禁止性的底线,即师生双方在理想性与现实性影响的不一致性前提下,经由过渡性的自返线,都不能破坏或割裂对应的教育关系。而在教育活动之外,师生双方都还具有自立自为的自在性定位,以实现自我的自在性转换或变换。我们认为,在师生双方的影响属性维度上,经由五线定位的生活教育,就可以构建出师生双方以各自理想性、现实性、自返性以及自在性为基础的涉及理想、自返、现实、戒律与自在的对等关系,以实现师生双方活动多样影响属性的转换或变换,由此,也可以规避由现行简单教育原则论关于教师对学生的片面理想性影响所必然导致的不对等关系,以免师生双方活动属性的单调或单薄。

第二,从师生双方的活动指向看,对应生活教育原则论关于人的概念,能够对实际的生活教育活动产生如下三方面的积极影响。首先，对应生活教育原则论关于人的概念，能够把握到在教育活动中师生双方理想性与现实性的双向度影响指向与自返性影响指向，因此，不仅能够支持师生双方的相互性影响指向，而且能够支持师生双方返回自身的影响指向。其次，对应生活教育原则论关于人的概念，能够把握到在教育活动之外师生双方的自在性影响指向，因此，能够支持师生双方回归自身的自在性影响指向。最后，对应生活教育原则论关于人的概念，既能把握到在教育活动中师生双方的双向度影响指向与自返性影响指向，又能把握到在教育活动之外师生双方的自在性影响指向，因此能够支持师生双方建构出以双方的对应性影响指向为基础的对等关系。鉴于现行简单教育原则论关于人的概念的遮蔽或偏差，我们愿意特别强调如下三点。1. 在教育活动中，关注师生双方的现实性影响指向以及自返性影响指向。这里的关键是要走出人们熟悉的现行简单教育原则论关于人的概念的遮蔽，那就是认为师生双方活动的影响指向就是教师对学生理想性影响指向的观点——这当然是简单抽象思维泛化的后果。在对应思维看来，师生双方活动的影响指向，必然是双方理想性与现实性以及自返性对应的影响指向，因此，不仅要关注师生双方的理想性影响指向，而且要关注师生双方的现实性影响指向以及师生双方的自返性影响指向。2. 在教育活动之外，关注师生双方的自在性影响指向。这里的关键也是要走出人们熟悉的现行简单教育原则论关于人的概念的遮蔽，那就是认为师生双方活动的影响指向只存在于教育活动中的观点——这当然是简单抽象思维泛化的后果。在对应思维看来，在实际生活中，师生双方活动的影响指向，既存在于教育活动中，也存在于教育活动之外。因此，不能仅仅关注在教育活动中师生双方活动的双向度影响指向与自返性影响指向，而且要关注在教育活动之外师生双方的自在性影响指向。3. 关注师生双方在影响指向维度上对等定位的生活教育关系即五线定位的生活教育关系。在实际生活中，既然师生双方都具有理想性与现实性的双向度影响指向与自返性影响指向以及自在性影响指向，那么，师生双方就要关注在双方对应性影响指向的一致性与不一致性前提下的五线定位关系。这种五线定位包含教育活动中的四线定位与教育活动之外的自在性定位。在教育活动中，四线定位的基本内容是：关注理想性的上线，即师生双方在理想性与现实性影响指向的一致性前提下，走向对等的教育，以实现双方的互补性变化或发展；关注过渡性的自返线，即师生双方在理想性与现实性影响指向的不一致性前提下，返回自身，以调整自身与对方的关系；关注现实性的中线，即师生双方在理想性与现实性影响指向的不一致性前提下，经由过渡性的自返线而走向对话或讨论，以实现双方的生成性变化或发展；关注禁止性的底线,即师生双方在理想性与现实性影响指向的不一致性前提下,经由过渡性的自返线,都不能破坏或割裂对应的教育关系。而在教育活动之外,师生双方都具有自立自为的自在性影响指向,以实现自我的自在性转换或变换。我们认为,在师生双方活动的影响指向维度上,经由五线定位的生活教育,就可以构建出师生双方以对应性影响指向为基础的涉及理想、自返、现实、戒律与自在的对等关系,以实现师生双方活动多样影响指向的转换或变换;由此,也可以规避由现行简单教育原则论关于教师对学生简单影响指向所必然导致的不对等关系,以免师生双方活动单一影响指向的机械或僵硬。

第三,从师生双方的活动结果看,对应生活教育原则论关于人的概念,能够对实际的生活教育活动产生如下三方面的积极影响。首先,对应生活教育原则论关于人的概念,能够把握到在教育活动中师生双方理想性与现实性的相互性影响结果与自返性影响结果,因此,不仅能够支持师生双方的相互性影响结果,而且能够支持师生双方返回自身的影响结果。其次,对应生活教育原则论关于人的概念,能够把握到在教育活动之外师生双方的自在性影响结果,因此,能够支持师生双方回归自身的自在性影响结果。最后,对应生活教育原则论关于人的概念,既能把握到在教育活动中师生双方的相互性影响结果与自返性影响结果,又能把握到在教育活动之外师生双方的自在性影响结果,因此能够支持师生双方建构出以双方的对应性影响结果为基础的对等关系。鉴于现行简单教育原则论关于人的概念的遮蔽或偏差,我们愿意特别强调如下三点。1. 在教育活动中,关注师生双方的现实性影响结果以及自返性影响结果。这里的关键是要走出人们熟悉的现行简单教育原则论关于人的概念的遮蔽,那就是认为师生双方活动的影响结果就是教师对学生理想性影响结果的观点——这当然是简单抽象思维泛化的后果。在对应思维看来,师生双方活动的影响结果,必然是双方理想性与现实性以及自返性对应的影响结果,因此,不仅要关注师生双方的理想性影响结果,而且要关注师生双方的现实性影响结果以及师生双方的自返性影响结果。2. 在教育活动之外,关注师生双方的自在性影响结果。这里的关键也是要走出人们熟悉的现行简单教育原则论关于人的概念的遮蔽,那就是认为师生双方活动的影响结果只存在于教育活动中的观点——这当然是简单抽象思维泛化的后果。在对应思维看来,在实际生活中,师生双方活动的影响结果,既存在于教育活动中,也存在于教育活动之外。因此,不能仅仅关注在教育活动中师生双方活动的相互性影响结果与自返性影响结果,而且要关注在教育活动之外师生双方的自在性影响结果。3. 关注师生双方在影响结果维度上对等定位的生活教育关系即五线定位的生活教育关系。在实际生活中,既然师生双方都具有理想性与现实性的相互性影响结果与自返性影响结果以及自在性影响结果,那么,师生双方就要关注在双方对应性影响结果的一致性与不一致性前提下的五线定位关系。这种五线定位包含教育活动中的四线定位与教育活动之外的自在性定位。在教育活动中,四线定位的基本内容是:关注理想性的上线,即师生双方在理想性与现实性影响结果的一致性前提下,走向对等的教育,以实现双方的互补性变化或发展;关注过渡性的自返线,即师生双方在理想性与现实性影响结果的不一致性前提下,返回自身,以调整自身与对方的关系;关注现实性的中线,即师生双方在理想性与现实性影响结果的不一致性前提下,经由过渡性的自返线而走向对话或讨论,以实现双方的生成性变化或发展;关注禁止性的底线,即师生双方在理想性与现实性影响结果的不一致性前提下,经由过渡性的自返线,都不能破坏或割裂对应的教育关系。而在教育活动之外,师生双方都具有自立自为的自在性影响结果,以实现自我的自在性转换或变换。我们认为,在师生双方活动的影响结果维度上,经由五线定位的生活教育,就可以构建出师生双方以对应性影响结果为基础的涉及理想、自返、现实、戒律与自在的对等关系,以实现师生双方活动多样影响结果的丰富或丰满,由此,也可以规避由现行简单教育原则论关于教师对学生简单影响结果所必然导致的不对等关系,以免师生双方活动单一影响结果的贫乏或贫穷。

五、本节小结

综上所述,我们对现行简单教育原则论关于人的概念的改造,涉及三层基本内容。首先,由现行简单教育原则论关于人的概念所包含的主观思维路线转换到事实思维路线,之后在事实思维路线基础上,将现行简单教育原则论关于人的概念所包含的单一主观泛化的思维路线,改造为主观与客观的对应思维路线。其次,在对应思维路线上,将现行简单教育原则论关于人的概念所包含的认识教育原则的"教师对学生理想性规定"的思维切入点,改造为"师生双方理想性、现实性、自返性以及自在性的对应性规定"的思维切入点。最后,在"师生双方理想性、现实性、自返性以及自在性的对应性规定"视野中,分别对师生双方的活动属性、指向与结果这些基本教育关系,做出了对应的考察。此外,我们分别考察了对应生活教育原则论关于人的概念,在师生双方的活动属性、指向与结果这些基本维度上,对实际的生活教育活动所产生的积极影响,以推动人们从现行简单教育原则论关于人的概念,转换到对应生活教育原则论关于人的概念。

为了更简明地把握两种教育原则论关于人的概念的不同,我们不妨将其中所包含的不同思维路线，做出如下比较。

简单教育原则论关于人的概念的单线定位路线——教育原则，就是教育者对于受教育者简单的理想性规定，这里需要特别注意，简单教育原则论关于人的概念，仅仅是对教育者单一理想性这一条思维路线的反应。

对应生活教育原则论关于人的概念的五线定位路线——教育原则，就是教育者与受教育者双方理想性、现实性、自返性以及自在性的对应规定；它包含双方对应规定的理想的上线、过渡的自返线、现实的中线、戒律的底线以及自在线，这里需要特别注意，对应生活教育原则论关于人的概念，是对教育者与受教育者双方对应规定的理想、自返、现实、戒律以及自在的五条思维路线的反应。

六、本节提示

在本节最后，需要做两点提示。第一，由"教师对学生的理想性规定"，到"师生双方理想性、现实性、自返性以及自在性的对应性规定"的过渡环节，就是由对师生双方活动的主观抽象思维，转向对师生双方活动的客观与主观的对应思维。第二，从"以单一理想性或现实性为基础的人的概念"，到"以理想性、现实性、自返性以及自在性的对应为基础的人的概念"的过渡环节，就是师生双方活动在实际生活中所必然引起的理想性、现实性、自返性以及自在性。不了解师生双方理想性、现实性、自返性以及自在性的对应生成这一机制，就很难完成从以简单性为基础的不对等的人的概念，到以对应性为基础的对等的人的概念的过渡。

附言：

1. 从教师对学生的理想性规定开始的教育活动，其实，都是教师与学生双方理想性、现实性、自返性以及自在性的对应影响活动。

2. 对师生双方理想性、现实性、自返性以及自在性的评价，都应该是具体的边界评价，而不能是抽象的泛化评价。

3. 只有师生双方理想性与现实性的对应，才能推动师生双方产生自返性；而只有自返性的作用，才可能进一步推动师生双方产生自在性。

4. 教师职业理想性或崇高性的花朵，如果离开现实性或平凡性的土壤，那么，就只能是永远也结不出果实的幻想的花朵。

5. 仅仅把握到教师的理想性而不能把握到现实性与自返性以及自在性的人，

当然，也就只能是简单的人。

6. 人的理想性与现实性以及自返性的一致性对应关系，是人在简单生活中的简单关系，而人的理想性与现实性以及自返性的不一致性对应关系，则是人在对应生活中充满张力的对应关系。

第十三章

对现行教育方法论中人的遮蔽性分析与对应改造

第一节 对现行教育方法论中人的遮蔽性分析

切问：

1. 现行教育方法论关于人的概念，将教育方法理解为教育者对受教育者的引导法，其思维活动的切入点在哪里？我们如何才能探索到其思维活动的切入点？

2. 现行教育方法论关于人的概念，从自己理解教育方法的切入点上，能够把握到教育方法哪些方面的内容呢？

3. 现行教育方法论关于人的概念的根据是什么？这种方法论，对实际的教育活动会产生哪些积极作用？

4. 现行教育方法论关于人的概念，从自己理解教育方法的切入点上，在对教育方法有所把握的同时却又遮蔽了哪些内容呢？

5. 在思维运行中，现行教育方法论关于人的概念，存在遮蔽的根源在哪里？

6. 现行教育方法论关于人的概念，对实际的生活教育活动会产生怎样的消极作用？

一、现行教育方法论关于人的概念的内容、属性及其思维活动的切入点

（一）现行教育方法论关于人的概念的内容

现行教育方法关于人的概念，表现在学校教育的概念之中。关于学校教育的概念，在一本教育学教材中这样写道："它是根据一定社会的现实和未来的需要，遵循受教育者身心发展的规律，有目的、有计划、有组织地引导受教育者主动地学习，积极进行经验的改组和改造，促使他们提高素质、健全人格的一种活动，以便把受教育者培养成为适应一定社会的需要，促进社会的发展，追求和创造人的合理存在的人。"①。从这种理解中我们能够看到，现行教育理论把学校教育理解为教育者或教师对于受教育者或学生的活动，在这种活动中，师生双方的活动方法，也就是引文中所谓的教师对学生的"引导"。直白地说，现行教育方法关于人的概念，也就是教师对学生的引导。

（二）现行教育方法论关于人的概念的属性

按照现行教育方法论关于人的概念的理解，学校教育的方法，就是教师对学生的引导法。学校教育的实际，果真是这样的吗？当教师对学生进行引导时，难道不会受到学生自身需要的限定吗？学生自身需要的限定，难道不是对教师引导的反向制约吗？师生双方的引导与被引导，难道不能推动双方产生返回自身的自返性影响吗？而在学校教育之外，师生双方，难道不能具有自立自为的自在性影响吗？但是，现行教育方法论关于人的概念，却根本无视生活实际中这些具有内在对应性的问题，而仅仅从自己的主观愿望出发，简单地将学校教育的方法抽象为教师对学生的引导法，由此，我们就可以有根据地说，现行教育方法论关于人的概念的属性，就是片面性或简单性。

（三）现行教育方法论关于人的概念的思维活动的切入点

现行教育方法论关于人的概念，既然将学校教育的方法抽象为教师对学生的引导法，那么，我们就可以据此逆向推论出其思维活动的起点或切入点，那就是"教师对学生的规定性"。正向地表达，现行教育方法论关于人的概念，从教师对学生的规定性，切到对学校教育方法的理解，由此，才将学校教育的方法规定为教师对学生的引导法。

二、现行教育方法论关于人的概念的所见、根据及其积极功能

（一）现行教育方法论关于人的概念的所见

首先，从师生双方的活动属性看，现行教育方法论关于人的概念，能够把握到教师的引导性与学生的被引导性。其次，从师生双方的活动指向看，现行教育方法论关于人的概念，能够把握到教师引导性对学生被引导性的影响指向。最后，从师生双方的活动结果看，现行教育方法论关于人的概念，能够把握到教师引导性对学生被引导性的影响结果。总之，现行教育方法论关于人的概念，从教师对学生的规定性，切到对学校教育方法的理解，能够把握到的基本内容，

---

① 王道俊，郭文安. 教育学 [M]. 北京：人民教育出版社，2009：26-27.

也就是教师引导性对于学生被引导性的影响或改造。

(二) 现行教育方法论关于人的概念的根据

首先，从师生双方的活动属性看，作为学校教育活动的参加者一方，教师以自身的优越性必然会对学生产生引导性，而作为学校教育活动参加者的另一方，学生因自身的不足性也必然会具有被引导性。这是有根据的。其次，从师生双方的活动指向看，教师要对学生进行引导，就必然会将自身的活动指向学生，这也是有根据的。最后，从师生双方的活动结果看，既然教师具有引导性而学生具有被引导性，既然教师对学生进行了引导，那么，学生就必然会受到教师的影响而发生变化或发展，这也是有根据的。总之，现行教育方法论关于人的概念，从教师对学生的规定性切到对学校教育方法的理解，所把握到的基本内容，从教师对于学生方面的教育来看，都是有根据的，因而也就是合理的。

(三) 现行教育方法论关于人的概念的积极功能

首先，从师生双方的活动属性看，现行教育方法论关于人的概念，能够把握到教师的引导性与学生的被引导性，这能够支持教师按照既定的目的或目标去引导学生，也能够支持学生去接受教师的引导。其次，从师生双方的活动指向看，现行教育方法论关于人的概念，能够把握到教师对学生的指向，这能够支持教师对学生的引导，也能够支持学生接受教师的引导。最后，从师生双方的活动结果看，现行教育方法论关于人的概念，能够把握到教师对学生引导性的影响结果，这能够支持教师对学生引导性的影响结果，也能够支持学生接受教师引导性的影响结果。总之，现行教育方法论关于人的概念，从教师对学生的规定性切到对学校教育方法的理解，所把握到的基本内容，从教师对于学生方面的教育来看，都具有积极的价值或作用。

三、现行教育方法论关于人的概念的遮蔽、根源及其消极功能

(一) 现行教育方法论关于人的概念的遮蔽

首先，从师生双方的活动属性看，现行教育方法论关于人的概念，在把握到教育活动中教师引导性与学生被引导性的同时，却遮蔽了教师的被引导性与学生的引导性，进而又遮蔽了师生双方由引导性与被引导性所必然引起的自返性影响。而在教育活动之外，现行教育方法论关于人的概念，还遮蔽了师生双方自立自为的自在性影响。其次，从师生双方的活动指向看，现行教育方法论关于人的概念，在把握到教育活动中教师引导性对学生被引导性的影响指向的同时，却遮蔽了学生引导性对教师被引导性的影响指向，进而又遮蔽了师生双方由引导性与被引导性影响指向所必然产生的自返性影响指向。而在教育活动

之外，现行教育方法论关于人的概念，还遮蔽了师生双方自立自为的自在性影响指向。最后，从师生双方的活动结果看，现行教育方法论关于人的概念，在把握到教育活动中教师引导性对学生被引导性的影响结果的同时，却遮蔽了学生引导性对教师被引导性的影响结果，进而又遮蔽了师生双方由引导性与被引导性影响结果所必然产生的自返性影响结果。而在教育活动之外，现行教育方法论关于人的概念，还遮蔽了师生双方自立自为的自在性影响结果。总之，现行教育方法论关于人的概念，从教师对学生的规定性切到对学校教育方法的理解，在把握到教育活动中教师引导性对学生被引导性的影响的同时，却遮蔽了学生引导性对教师被引导性的影响，进而又遮蔽了师生双方的自返性影响。而在教育活动之外，现行教育方法论关于人的概念，还遮蔽了师生双方自立自为的自在性影响。

（二）现行教育方法论关于人的概念的遮蔽的根源

从思维运作看，现行教育方法论关于人的概念，之所以存在上述遮蔽，是其主观抽象思维的泛化导致的。首先，从师生双方的活动属性看，教师对学生的任何引导性，在实际的学校教育活动中，都必然会引起学生包含被引导性与引导性在内的反应并对教师产生反向的规定性。同时，由于引导性与被引导性的对应，师生双方又必然会产生返回自身的自返性影响。而在学校教育活动之外，师生双方都还具有自立自为的自在性影响。这清楚地表明，在实际生活中，师生双方都会同时具有引导性、被引导性、自返性以及自在性。然而，现行教育方法论关于人的概念，却在其主观思维中，片面地抽取出教师的引导性与学生的被引导性，并以偏概全地泛指师生双方在实际生活中的对应属性。由此，便遮蔽了教师的被引导性与学生的引导性，还遮蔽了师生双方的自返性与自在性。其次，从师生双方的活动指向看，教师对学生的影响指向，在实际的学校教育活动中，都必然会引起学生的反应并对教师产生回返性的指向。同时，由于引导性与被引导性的双向度影响指向，师生双方又必然会产生自返性影响指向。而在学校教育活动之外，师生双方都还具有自立自为的自在性影响指向。这清楚地表明，在实际生活中，师生双方的影响指向，必然是双向度影响指向与自返性影响指向以及自在性影响指向。然而，现行教育方法论关于人的概念，却在其主观思维中片面地抽取出教师对学生的影响指向，并以偏概全地泛指师生双方在实际生活中产生的对应影响指向。由此，便遮蔽了学生对教师的影响指向，也遮蔽了师生双方的自返性影响指向以及自在性影响指向。最后，从师生双方的活动结果看，教师对学生的引导性影响，在实际的学校教育活动中，都必然会对学生产生影响结果并对教师产生回返性的影响结果。同时，由于引导性与被引导性的相互性影响结果，师生双方又必然会产生自返性影响结果。而在学校教育活动之外，师生双方都还具有自立自为的自在性影响结果。这清楚地表明，在实际生活中，师生双方的影响结果，必然是双方引导性与被引导性的相互性影响结果与自返性影响结果以及自在性影响结果。然而，现行教育方法论关于人的概念，却在其主观思维中片面地抽取出教师对学生的影响结果，并以偏概全地泛指师生双方在实际生活中所产生的对应影响结果。由此，便遮蔽了学生对教师的引导性与被引导性影响结果，也遮蔽了师生双方的自返性影响结果以及自在性影响结果。

（三）现行教育方法论关于人的概念的消极功能

现行教育方法论关于人的概念，从教师对学生的规定性，切到对学校教育方法的理解，在有所把握的同时却又存在遮蔽。这些认识或思维中的遮蔽，对实际的生活教育活动会产生哪些消极影响呢？

第一，从师生双方的活动属性看，现行教育方法论关于人的概念，在把握到教育活动中教师引导性与学生被引导性的同时，却遮蔽了教师的被引导性与学生的引导性，进而又遮蔽了师生双方由引导性与被引导性所必然带来的自返性。而在教育活动之外，现行教育方法论关于人的概念，还遮蔽了师生双方的自在性。由此，便直接导致了如下不足性。在学校教育活动中，师生双方仅仅把握到教师的引导性与学生的被引导性，便必然会产生对这种简单属性的偏重而难以产生对师生双方引导性与被引导性以及自返性的对应关注。而在学校教育活动之外，师生双方还是仅仅把握到教师的引导性与学生的被引导性，便必然会产生对这种简单属性的偏重而难以产生对双方自在性的关注。

第二，从师生双方的活动指向看，现行教育方法论关于人的概念，在把握到教育活动中教师引导性对学生被引导性的影响指向的同时，却遮蔽了学生引导性对教师被引导性的影响指向，进而又遮蔽了师生双方由引导性与被引导性影响指向所必然带来的自返性影响指向。而在教育活动之外，现行教育方法论关于人的概念，还遮蔽了师生双方的自在性影响指向。由此，便直接导致了如下不足性。在学校教育活动中，师生双方仅仅把握到教师对学生的引导性影响指向，便必然会产生对这种影响指向的偏重而难以产生对师生双方双向度影响指向与自返性影响指向的对应关注。而在学校教育活动之外，师生双方还是仅仅把握到教师对学生的引导性影响指向，便必然会产生对这种影响指向的偏重而难以产生对双方自在性影响指向的关注。

第三，从师生双方的活动结果看，现行教育方法论关于人的概念，在把握到教育活动中教师引导性对学生被引导性的影响结果的同时，却遮蔽了学生引导性对教师被引导性的影响结果,进而又遮蔽了师生双方由引导性与被引导性影响结果所必然带来的自返性影响结果。而在教育活动之外,现行教育方法论关于人的概念,还遮蔽了师生双方的自在性影响结果。由此,便直接导致了如下不足性。在学校教育活动中,师生双方仅仅把握到教师对学生的引导性影响结果,便必然会产生对这种影响结果的偏重而难以产生对师生双方相互性影响结果与自返性影响结果的对应关注。而在学校教育活动之外,师生双方还是仅仅把握到教师对学生的引导性影响结果,便必然会产生对这种影响结果的偏重而难以产生对双方自在性影响结果的关注。

总之,现行教育方法论关于人的概念,从教师对学生的规定性切到对学校教育方法的理解,从师生双方生活教育方法的引导性、被引导性、自返性以及自在性的对应关系来看,确实存在严重的简单性偏差并因此而必须被合理地反思与改造。

四、本节小结

综上所述,我们看到,现行教育方法论关于人的概念,从教师对学生的规定性切到对学校教育方法的理解,虽然能够把握到教师对学生单方面引导性的教育,也能够把握到这种教育的根据并对学校的简单教育活动产生积极的作用;但是,却遮蔽了学生引导性对教师反向的教育,还遮蔽了师生双方的自返性教育以及自在性教育。从思维运作看,现行教育方法论关于人的概念的遮蔽,是其主观思维的抽象泛化所导致的。从实际看,这种抽象泛化的思维或认识,对师生双方的对应生活教育活动存在多方面的消极作用。因此,现行教育方法论关于人的概念,就必然也因此而必须被合理地反思与改造。

五、本节提示

在本节最后,需要做两点提示。第一,探寻现行教育方法论关于人的概念的思维活动切入点的根据,就是现行教育方法论关于人的概念的内容,或者说,我们是通过现行教育方法论关于人的概念的内容而探寻到其思维活动的切入点的。第二,对现行教育方法论关于人的概念的思维活动切入点的遮蔽性分析,不是我们简单的主观分析,而是根据现行教育方法论关于人的概念所包含的主观思维活动切入点的所见与不足而展开的。要特别注意,现行教育方法论关于人的概念所包含的简单静态的主观思维,必然会遮蔽与其对应的动态的客观事实。

附言：

1. 教育的方法，可以从教师对学生的引导开始，但是，关于教育方法的理论，却不能仅仅停留在这里。

2. 现行教育方法论，仅仅把握到教师对学生的引导性而把握不到被引导性，这决定了现行教育方法论不可能具有引导性与被引导性的对应品质。

3. 缺少对应品质的现行教育方法论，也就是缺少内在张力的教育方法论。

4. 只能把握到教师对学生引导性的现行教育方法论，当然也就是引导性泛滥的教育方法论。

5. 不能把握到自身活动的被引导性的教师，就不可能产生反思性的教育品质。

6. 人类的行为或活动，必然具有引导性、被引导性、自返性以及自在性的对应性，这直接决定了生活教育的基本方法必须具有对应联结人类行为的技术性品质。

第二节　对现行教育方法论中人的对应改造

切问：

1. 从动态的生活事实看，涉及人的概念的现行教育途径论所包含的"教师对学生的引导性"，其实都是"师生双方引导性、被引导性、自返性以及自在性的对应性"吗？

2. 从生活实际看，师生双方活动的引导性、被引导性、自返性以及自在性，都只能是相互对应的属性吗？

3. 从生活实际看，师生双方活动的影响指向，必然是师生双方引导性与被引导性的双向度影响指向与自返性影响指向以及自在性影响指向吗？

4. 从生活实际看，师生双方活动的影响结果，必然是师生双方引导性与被引导性的相互性影响结果与自返性影响结果以及自在性影响结果吗？

5. 从生活实际看，师生双方活动的引导性、被引导性、自返性以及自在性，都不是抽象泛化的属性，而是具有边界对应关系的具体属性吗？我们需要从抽象泛化的思维转换到具体的边界思维或对应思维吗？

6. 在师生双方的活动中，如果只有教师对学生的引导性活动，那么，双方就只能产生不对等的简单关系吗？只有师生双方进行的包含引导性、被引导性、自返性以及自在性的对应生活教育，才可能成为具有丰富性或对等性的教育吗？

一、对现行涉及人的概念的教育方法论所包含的泛化思维的对应改造

上一节我们谈到，现行涉及人的概念的教育方法论，之所以存在遮蔽，是因为在其思维运作中存在抽象泛化的不足。因此，要改造现行涉及人的概念的教育方法论，就必须改造其抽象泛化的主观思维。如何改造这种思维呢？第一，需要摆脱现行涉及人的概念的教育方法论所包含的简单主观思维，而转向对教育活动事实或过程的关注，即由主观思维转向事实思维。第二，需要走出教育研究者简单泛化的抽象思维，而转向对教育活动的客观与主观对应的边界思维，即由简单的泛化思维转向对应的边界思维。

二、对现行涉及人的概念的教育方法论所包含的思维切入点的对应改造

现行涉及人的概念的教育方法论，从教师对学生的规定性开始，切到对学校教育方法的理解，这一切入点本身并不存在问题。现行涉及人的概念的教育方法论的问题在于：从教师对学生的规定性开始，切到对学校教育方法的理解，之后却并没有对这一动态影响的过程做出对应的考察，而是仅仅停留在教师对学生的规定性那里，并将教育方法简单地抽象为教师对学生单方面的引导。

从教师对学生的规定性开始的教育活动的动态过程，又是怎样的呢？征之于实际，我们看到，在学校教育中，教师对学生的引导，必然会引起学生包含被引导性与引导性在内的反应，而这种反应，又必然会反过来对教师产生包含被引导性与引导性在内的对应影响。同时，由于引导性与被引导性的对应，师生双方又必然会产生返回自身的自返性影响。而在学校教育之外，师生双方都还具有自立自为的自在性影响。这清楚地表明，教师对学生的引导性，必然是师生双方引导性、被引导性、自返性以及自在性的对应规定，而不是现行涉及人的概念的教育方法论所把握到的教师对于学生简单的引导性。由此，我们就将现行涉及人的概念的教育方法论所包含的"教师对学生的规定性"的切入点，改造为"师生双方规定性、被规定性、自返性以及自在性的对应性"的切入点。

三、对现行涉及人的概念的教育方法论所包含的具体内容的对应改造

对应生活教育方法论，从师生双方规定性、被规定性、自返性以及自在性

的对应性，切到对学校教育方法的理解，能够对现行的简单教育方法论做出哪些方面的改造呢？下面，分而论之。

第一，从师生双方的活动属性看，对应生活教育方法论关于人的概念，既能把握到在学校教育中师生双方的引导性与被引导性以及自返性，又能把握到在学校教育之外师生双方的自在性，而不是现行简单教育方法论关于人的概念所把握到的教师对学生的引导性。这里的道理是：在学校教育的实际过程中，教师对学生的引导性，只能从师生双方的实际情况出发，这也就是说，教师对学生的引导性，是被师生双方的实际情况所规定或引导的。而离开师生双方的实际情况，师生双方单一的引导性，就只能是抽象思维中不健康的产物。同时，由于引导性与被引导性的对应，师生双方又必然会产生自返性影响。而在学校教育之外，师生双方都还具有自在性影响。这清楚地表明，在实际生活中，师生双方的引导性、被引导性、自返性以及自在性，都必然是对应的属性，而不可能是现行简单教育方法论关于人的概念所把握到的教师对学生的引导性——这种片面的引导性，当然，只能是抽象泛化的形而上学的属性。

第二，从师生双方的活动指向看，对应生活教育方法论关于人的概念，既能把握到在学校教育中师生双方引导性与被引导性的双向度影响指向以及自返性影响指向，又能把握到在学校教育之外师生双方的自在性影响指向，而不是现行简单教育方法论关于人的概念所把握到的教师对学生单方面的引导性影响指向。这里的道理是：在学校教育的实际过程中，教师对学生的引导性与被引导性影响指向，都必然会引起学生的反应，而这种反应，又必然会引起教师的反应。同时，师生双方引导性与被引导性的双向度影响指向，又必然会引起双方自返性的影响指向。而在学校教育之外，师生双方都还具有自在性影响指向。这清楚地表明，在实际生活中，师生双方的影响指向，必然是师生双方双向度的影响指向与自返性的影响指向以及自在性的影响指向，而不可能是现行简单教育方法论关于人的概念所把握到的教师对学生单方面的引导性影响指向——这种单方面的影响指向，当然，也只能是抽象泛化的形而上学的影响指向。

第三，从师生双方的活动结果看，对应生活教育方法论关于人的概念，既能把握到在学校教育中师生双方引导性与被引导性的相互性影响结果以及自返性影响结果，又能把握到在学校教育之外师生双方的自在性影响结果，而不是现行简单教育方法论关于人的概念所把握到的教师对学生单方面的引导性影响结果。这里的道理是：在学校教育的实际过程中，教师对学生的引导性与被引导性影响指向，都必然会对学生产生影响结果，而这种结果，又必然会对教师产生影响结果。同时，师生双方引导性与被引导性的相互性影响结果，又必然会引起双方自返性的影响结果。而在学校教育之外，师生双方都还具有自在性影响结果。这清楚地表明，在实际生活中，师生双方的影响结果，必然是师生双方相互性的影响结果与自返性的影响结果以及自在性的影响结果，而不可能是现行简单教育方法论关于人的概念所把握到的教师对学生单方面的引导性影响结果——这种单方面的影响结果，当然，也只能是抽象泛化的形而上学的影响结果。

四、对应生活教育方法论关于人的概念的积极功能

对应生活教育方法论关于人的概念，从师生双方规定性、被规定性、自返性以及自在性的对应性，切到对学校教育方法的理解，能够对实际的生活教育活动产生哪些方面的积极影响呢？下面，分而论之。

第一，从师生双方的活动属性看，对应生活教育方法论关于人的概念，能够对实际的生活教育活动产生如下三方面的积极影响。首先，对应生活教育方法论关于人的概念，能够把握到在教育活动中师生双方活动的引导性、被引导性与自返性，因此，不仅能够支持师生双方对对方的引导性与被引导性影响，而且能够支持师生双方对自身的反思性影响。其次，对应生活教育方法论关于人的概念，能够把握到在教育活动之外师生双方活动的自在性，因此，能够支持师生双方的自在性影响。最后，对应生活教育方法论关于人的概念，既能把握到在教育活动中师生双方活动的引导性、被引导性与自返性，又能把握到在教育活动之外师生双方的自在性，因此，能够支持师生双方建构出以双方对应性为基础的对等关系。鉴于现行简单教育方法论关于人的概念的遮蔽或偏差，我们愿意特别强调如下三点。1. 在教育活动中，关注学生的引导性与教师的被引导性以及师生双方的自返性。这里的关键是要走出人们熟悉的现行简单教育方法论关于人的概念的遮蔽，那就是认为师生双方活动只是教师引导性与学生被引导性活动的观点——这当然是简单抽象思维泛化的后果。在对应思维看来，在教育活动中，师生双方的活动，必然是引导性、被引导性与自返性的对应活动，因此，就不仅要关注教师的引导性与学生的被引导性，而且要关注学生的引导性与教师的被引导性以及师生双方的自返性。2. 在教育活动之外，关注师生双方活动的自在性。这里的关键也是要走出人们熟悉的现行简单教育方法论关于人的概念的遮蔽，那就是认为师生双方的活动只表现在教育活动中的观点——这当然是简单抽象思维泛化的后果。在对应思维看来，在实际生活中，师生双方的活动，既表现在教育活动中，也表现在教育活动之外。因此，就不能仅仅关注在教育活动中师生双方活动的引导性与被引导性以及自返性，而且要关注在教育活动之外师生双方活动的自在性。3. 关注师生双方在影响属性维度上对等定位的生活教育关系即五线定位的生活教育关系。在实际生活中，既然师生双方都具有引导性、被引导性、自返性与自在性的对应性，那么，师生双方就要关注在双方对应性影响的一致性与不一致性前提下的五线定位关系。这种五线定位包含教育活动中的四线定位与教育活动之外的自在性定位。在教育活动中，四线定位的基本内容是：关注理想性的上线，即师生双方在引导性与被引导性影响的一致性前提下，走向对等的教育，以实现双方的互补性变化或发展；关注过渡性的自返线，即师生双方在引导性与被引导性影响的不一致性前提下，返回自身，以调整自身与对方的关系；关注现实性的中线，即师生双方在引导性与被引导性影响的不一致性前提下，经由过渡性的自返线而走向对话或讨论，以实现双方的生成性变化或发展；关注禁止性的底线，即师生双方在引导性与被引导性影响的不一致性前提下，经由过渡性的自返线，都不能破坏或割裂对应的教育关系。而在教育活动之外，师生双方都还具有自立自为的自在性定位，以实现自我的自在性转换或变换。我们认为，在师生双方的影响属性维度上，经由五线定位的生活教育，就可以构建出师生双方以各自引导性、被引导性、自返性以及自在性为基础的涉及理想、自返、现实、戒律与自在的对等关系，以实现师生双方活动的多样影响属性的转换或变换；由此，也可以规避由现行简单教育方法论关于教师对学生片面引导性影响所必然导致的不对等关系，以免师生双方活动属性的单调或单薄。

第二，从师生双方的活动指向看，对应生活教育方法论关于人的概念，能够对实际的生活教育活动产生如下三方面的积极影响。首先，对应生活教育方法论关于人的概念，能够把握到在教育活动中师生双方引导性与被引导性的双向度影响指向与自返性影响指向，因此，不仅能够支持师生双方的相互性影响指向，而且能够支持师生双方返回自身的影响指向。其次，对应生活教育方法论关于人的概念，能够把握到在教育活动之外师生双方的自在性影响指向，因此，能够支持师生双方回归自身的自在性影响指向。最后，对应生活教育方法论关于人的概念，既能把握到在教育活动中师生双方的双向度影响指向与自返性影响指向，又能把握到在教育活动之外师生双方的自在性影响指向，因此能够支持师生双方建构出以双方的对应性影响指向为基础的对等关系。鉴于现行简单教育方法论关于人的概念的遮蔽或偏差，我们愿意特别强调如下三点。1. 在教育活动中，关注学生对教师的影响指向以及师生双方的自返性影响指向。这里的关键是要走出人们熟悉的现行简单教育方法论关于人的概念的遮蔽，那就是认为师生双方活动的影响指向就是教师对学生引导性影响指向的观点——

这当然是简单抽象思维泛化的后果。在对应思维看来,师生双方活动的影响指向,必然是双方引导性与被引导性以及自返性对应的影响指向,因此,就不仅要关注教师对学生的引导性影响指向,而且要关注学生对教师的引导性影响指向以及师生双方的自返性影响指向。2. 在教育活动之外,关注师生双方的自在性影响指向。这里的关键也是要走出人们熟悉的现行简单教育方法论关于人的概念的遮蔽,那就是认为师生双方活动的影响指向只存在于教育活动中的观点——这当然是简单抽象思维泛化的后果。在对应思维看来,在实际生活中,师生双方活动的影响指向,既存在于教育活动中,也存在于教育活动之外。因此,不能仅仅关注在教育活动中师生双方活动的双向度影响指向与自返性影响指向,而且要关注在教育活动之外师生双方的自在性影响指向。3. 关注师生双方在影响指向维度上对等定位的生活教育关系即五线定位的生活教育关系。在实际生活中,既然师生双方都具有引导性与被引导性的双向度影响指向与自返性影响指向以及自在性影响指向,那么,师生双方就要关注在双方对应性影响指向的一致性与不一致性前提下的五线定位关系。这种五线定位包含教育活动中的四线定位与教育活动之外的自在性定位。在教育活动中,四线定位的基本内容是：关注理想性的上线,即师生双方在引导性与被引导性影响指向的一致性前提下,走向对等的教育,以实现双方的互补性变化或发展；关注过渡性的自返线,即师生双方在引导性与被引导性影响指向的不一致性前提下,返回自身,以调整自身与对方的关系；关注现实性的中线,即师生双方在引导性与被引导性影响指向的不一致性前提下,经由过渡性的自返线而走向对话或讨论,以实现双方的生成性变化或发展；关注禁止性的底线,即师生双方在引导性与被引导性影响指向的不一致性前提下,经由过渡性的自返线,都不能破坏或割裂对应的教育关系。而在教育活动之外,师生双方都还具有自立自为的自在性影响指向,以实现自我的自在性转换或变换。我们认为,在师生双方活动的影响指向维度上,经由五线定位的生活教育,就可以构建出师生双方以对应性影响指向为基础的涉及理想、自返、现实、戒律与自在的对等关系,以实现师生双方活动多样影响指向的转换或变换,由此,也可以规避由现行简单教育方法论关于教师对学生简单影响指向所必然导致的不对等关系,以免师生双方活动单一影响指向的机械或僵硬。

　　第三,从师生双方的活动结果看,对应生活教育方法论关于人的概念,能够对实际的生活教育活动产生如下三方面的积极影响。首先,对应生活教育方法论关于人的概念,能够把握到在教育活动中师生双方引导性与被引导性的相互性影响结果与自返性影响结果,因此,不仅能够支持师生双方的相互性影响结果，而且能够支持师生双方返回自身的影响结果。其次，对应生活教育方法论关于人的概念，能够把握到在教育活动之外师生双方的自在性影响结果，因此，能够支持师生双方回归自身的自在性影响结果。最后，对应生活教育方法论关于人的概念，既能把握到在教育活动中师生双方的相互性影响结果与自返性影响结果，又能把握到在教育活动之外师生双方的自在性影响结果，因此能够支持师生双方建构出以双方的对应性影响结果为基础的对等关系。鉴于现行简单教育方法论关于人的概念的遮蔽或偏差，我们愿意特别强调如下三点。1. 在教育活动中，关注学生对教师的影响结果以及师生双方的自返性影响结果。这里的关键是要走出人们熟悉的现行简单教育方法论关于人的概念的遮蔽，那就是认为师生双方活动的影响结果就是教师对学生引导性影响结果的观点——那当然是简单抽象思维泛化的后果。在对应思维看来，师生双方活动的影响结果，必然是双方引导性与被引导性以及自返性对应的影响结果，因此，不仅要关注教师对学生的引导性影响结果，而且要关注学生对教师的引导性影响结果以及师生双方的自返性影响结果。2. 在教育活动之外，关注师生双方的自在性影响结果。这里的关键也是要走出人们熟悉的现行简单教育方法论关于人的概念的遮蔽，那就是认为师生双方活动的影响结果只存在于教育活动中的观点——这当然是简单抽象思维泛化的后果。在对应思维看来，在实际生活中，师生双方活动的影响结果，既存在于教育活动中，也存在于教育活动之外。因此，不能仅仅关注在教育活动中师生双方活动的相互性影响结果与自返性影响结果，而且要关注在教育活动之外师生双方的自在性影响结果。3. 关注师生双方在影响结果维度上对等定位的生活教育关系即五线定位的生活教育关系。在实际生活中，既然师生双方都具有引导性与被引导性的相互性影响结果与自返性影响结果以及自在性影响结果，那么，师生双方就要关注在双方对应性影响结果的一致性与不一致性前提下的五线定位关系。这种五线定位包含教育活动中的四线定位与教育活动之外的自在性定位。在教育活动中，四线定位的基本内容是：关注理想性的上线，即师生双方在引导性与被引导性影响结果的一致性前提下，走向对等的教育，以实现双方的互补性变化或发展；关注过渡性的自返线，即师生双方在引导性与被引导性影响结果的不一致性前提下，返回自身，以调整自身与对方的关系；关注现实性的中线，即师生双方在引导性与被引导性影响结果的不一致性前提下，经由过渡性的自返线而走向对话或讨论，以实现双方的生成性变化或发展；关注禁止性的底线，即师生双方在引导性与被引导性影响结果的不一致性前提下，经由过渡性的自返线，都不能破坏或割裂对应的教育关系。而在教育活动之外，师生双方都还具有自立自为的自在性影响结果,以实现自我的自在性转换或变换。我们认为,在师生双方活动的影响结果维度上,经由五线定位的生活教育,就可以构建出师生双方以对应性影响结果为基础的涉及理想、自返、现实、戒律与自在的对等关系,以实现师生双方活动多样影响结果的丰富或丰满,由此,也可以规避由现行简单教育方法论关于教师对学生简单影响结果所必然导致的不对等关系,以免师生双方活动单一影响结果的贫乏或贫穷。

五、本节小结

综上所述,我们对现行简单教育方法论关于人的概念的改造,涉及三层基本内容。首先,由现行简单教育方法论关于人的概念所包含的主观思维路线,转换到事实思维路线,之后,在事实思维路线基础上,将现行简单教育方法论关于人的概念所包含的单一主观泛化的思维路线,改造为主观与客观的对应思维路线。其次,在对应思维路线上,将现行简单教育方法论关于人的概念所包含的认识教育方法的"教师对学生的规定性"的思维切入点,改造为"师生双方规定性、被规定性、自返性以及自在性的对应性"的思维切入点。最后,在"师生双方规定性、被规定性、自返性以及自在性的对应性"视野中,分别对师生双方的活动属性、指向与结果这些基本教育关系,做出了对应的考察。此外,我们分别考察了对应生活教育方法论在师生双方的活动属性、指向与结果这些基本维度上,对实际的生活教育活动所产生的积极影响,以推动人们从现行简单教育方法论关于人的概念,转换到对应生活教育方法论关于人的概念。

为了更简明地把握两种教育方法论关于人的概念的不同,我们不妨将其中所包含的不同思维路线,做出如下比较。

简单教育方法论关于人的概念的单线定位路线——学校教育的方法,就是教师对学生的引导性规定。这里需要特别注意,简单教育方法论关于人的概念,仅仅是对教师单一主观性这一条思维路线的反应。

对应生活教育方法论关于人的概念的五线定位路线——生活教育的方法,就是教师与学生双方引导性、被引导性、自返性以及自在性的对应规定,它包含双方对应规定的理想的上线、过渡的自返线、现实的中线、戒律的底线以及自在线。这里需要特别注意,对应生活教育方法论关于人的概念,是对师生双方对应规定的理想、自返、现实、戒律以及自在的五条思维路线的反应。

六、本节提示

在本节最后,需要做两点提示。第一,由"教师对学生的规定性",到"师生双方规定性、被规定性、自返性以及自在性的对应规定"的过渡环节，就是由对师生双方活动的主观抽象思维，转向对师生双方活动的客观与主观的对应思维。第二，从"以单一规定性或被规定性为基础的人的概念"，到"以规定性、被规定性、自返性以及自在性的对应为基础的人的概念"的过渡环节，就是师生双方活动在实际生活中所必然引起的规定性、被规定性、自返性以及自在性。不了解师生双方规定性、被规定性、自返性以及自在性的对应生成这一机制，就很难完成从以简单性为基础的不对等的人的概念，到以对应性为基础的对等的人的概念的过渡。

附言：

1. 从教师对学生的引导性而开始的教育活动，其实，都是师生双方引导性、被引导性、自返性以及自在性的对应影响活动。

2. 对师生双方引导性、被引导性、自返性以及自在性的评价，都应该是具体的边界评价，而不能是抽象的泛化评价。

3. 只有师生双方引导性与被引导性的对应，才能推动师生双方产生自返性；而只有自返性的作用，才可能进一步推动师生双方产生自在性。

4. 教师对学生的引导性，不仅受学生条件的限定，而且受自身条件的限定，简言之，教师的引导性与被引导性是对应存在的属性。

5. 仅仅把握到教师的引导性而不能把握到被引导性与自返性以及自在性的人，当然，也就只能是简单的人。

6. 人的引导性与被引导性以及自返性的一致性对应关系，是人在简单生活中的简单关系；而人的引导性与被引导性以及自返性的不一致性对应关系，则是人在对应生活中充满张力的对应关系。

第十四章

对现行教育策略论中人的遮蔽性分析与对应改造

第一节 对现行教育策略论中人的遮蔽性分析

切问：

1. 现行涉及人的概念的教育策略论，将教育归属于一方对另一方的施教活动，其思维活动的切入点在哪里？我们如何才能探索到其思维活动的切入点？

2. 现行涉及人的概念的教育策略论，从自己理解教育活动的切入点上，能够把握到教育策略哪些方面的内容呢？

3. 现行涉及人的概念的教育策略论的根据是什么？这种策略论对实际的教育活动会产生哪些积极作用？

4. 现行涉及人的概念的教育策略论，从自己理解教育的切入点上，在对教育策略有所把握的同时却又遮蔽了哪些内容呢？

5. 在思维运行中，现行涉及人的概念的教育策略论，存在遮蔽的根源在哪里？

6. 现行涉及人的概念的教育策略论，对实际的生活教育活动会产生怎样的消极作用？

一、现行涉及人的概念的教育策略论的内容、属性及其思维活动的切入点

（一）现行涉及人的概念的教育策略论的内容

作为对教育活动的整体规划，现行涉及人的概念的教育策略，表现在关于教育的概念之中。关于教育的概念，在一本教育学教材中这样写道："教育是培养人的一种社会活动，是传承社会文化、传递生产经验和社会生活经验的基本

途径。学校教育则是教育者根据一定社会的要求,有目的、有计划、有组织地对受教育者的身心施加影响,期望他们发生某种变化的活动。"[1] 在这里,教育的概念包含广义与狭义两种理解。第一种是广义教育,即"培养人"的活动,也是人对人的培养活动——其中的整体规划或策略,就是一方对另一方的施教策略。第二种是狭义教育,即学校教育,也是教育者对受教育者"施加影响"并期望他们发生某种变化的活动——其中的整体规划或策略,就是一方对另一方的施教策略。总之,在现行教育理论的理解中,不管是广义教育,还是狭义教育,现行涉及人的概念的教育策略,都是教育活动中的一方对于另一方的施教策略。

(二)现行涉及人的概念的教育策略论的属性

按照现行涉及人的概念的教育策略论的理解,学校教育的策略,也就是教育者对于受教育者的施教策略,同时也是教师对于学生的施教策略。学校教育活动的实际,果真是这样的吗?当教师对学生施加影响时,不管学生是接受还是不接受,难道都不会对教师产生回返性的影响吗?学生对教师的影响,难道不会带来教师的变化或发展吗?师生双方的施教与受教,难道不能推动师生双方产生回返自身的自返性影响吗?而在学校教育活动之外,师生双方,难道不能具有自立自为的自在性影响吗?从上文中我们不难看到,现行教育策略论根本无视生活教育实际中这些客观存在的对应性问题,而仅仅将学校教育的策略简单地抽象为教师对于学生的施教策略。由此,我们就可以有根据地说,现行教育策略论的属性,就是片面性或简单性。

(三)现行涉及人的概念的教育策略论的思维活动的切入点

现行涉及人的概念的教育策略论,既然将学校教育的策略抽象为教师对学生的施教策略,那么,我们就可以据此逆向推论出其思维活动的起点或切入点,那就是"教师对学生的规划性"。正向地表达,现行教育理论,正是从教师对学生的规划性切到对学校教育策略的理解,才将学校教育的策略抽象为教师对学生的施教策略。

二、现行涉及人的概念的教育策略论的所见、根据及其积极功能

(一)现行涉及人的概念的教育策略论的所见

首先,从师生双方的活动属性看,现行涉及人的概念的教育策略论,能够把握到教师的施教性与学生的受教性。其次,从师生双方的活动指向看,现行

---

[1] 袁振国.当代教育学[M].北京:教育科学出版社,2010:87.

涉及人的概念的教育策略论，能够把握到具有施教性的教师对于具有受教性的学生的影响指向。最后，从师生双方的活动结果看，现行涉及人的概念的教育策略论，能够把握到具有施教性的教师对于具有受教性的学生的影响。总之，现行涉及人的概念的教育策略论，从教师对学生的规划性，切到对学校教育策略的理解，能够把握到的基本内容，也就是具有施教性的教师对于具有受教性的学生的影响。

(二) 现行涉及人的概念的教育策略论的根据

首先，从师生双方的活动属性看，作为教育活动的参加者，在学校教育活动中教师当然会具有施教性。而学生也当然会具有接受教师教育的受教性，这是有根据的。其次，从师生双方的活动指向看，教师要对学生施加影响，就必然会将这种影响指向学生，这也是有根据的。最后，从师生双方的活动结果看，既然教师具有施教性，教师对学生施加了影响，那么，学生就必然会受到教师的影响。这也是有根据的。总之，现行涉及人的概念的教育策略论，从教师对学生的规划性，切到对学校教育策略的理解，所把握到的基本内容，从教师对学生方面的教育来看，都是有根据的，因而也就是合理的。

(三) 现行涉及人的概念的教育策略论的积极功能

首先，从师生双方的活动属性看，现行涉及人的概念的教育策略论，能够把握到教师的施教性与学生的受教性，这能够支持教师的施教与学生的受教。其次，从师生双方的活动指向看，现行涉及人的概念的教育策略论，能够把握到教师对学生施加的影响，这能够支持教师指向学生的影响，也能够支持学生接受教师的影响。最后，从师生双方的活动结果看，现行涉及人的概念的教育策略论，能够把握到教师对学生的影响结果，这能够支持教师肯定对学生的教育结果，也能够支持学生接受教师的教育结果。总之，现行涉及人的概念的教育策略论，从教师对学生的规划性切到对学校教育策略的理解，所把握到的基本内容，从教师对学生方面的教育来看，都具有积极的价值或作用。

三、现行涉及人的概念的教育策略论的遮蔽、根源及其消极功能

(一) 现行涉及人的概念的教育策略论的遮蔽

首先，从师生双方的活动属性看，现行涉及人的概念的教育策略论，在把握到学校教育活动中教师施教性与学生受教性的同时，却遮蔽了教师的受教性与学生的施教性，进而又遮蔽了师生双方由施教性与受教性所必然产生的自返性。而在学校教育活动之外，现行涉及人的概念的教育策略论，还遮蔽了师生双方的自在性。其次，从师生双方的活动指向看，现行涉及人的概念的教育策

略论，在把握到学校教育活动中教师施教性对学生受教性的影响指向的同时，却遮蔽了学生施教性对教师受教性的影响指向，进而又遮蔽了师生双方由双向度影响指向所必然产生的自返性影响指向。而在学校教育活动之外，现行涉及人的概念的教育策略论，还遮蔽了师生双方的自在性影响指向。最后，从师生双方的活动结果看，现行涉及人的概念的教育策略论，在把握到学校教育活动中教师施教性对学生受教性的影响结果的同时，却遮蔽了学生施教性对教师受教性的影响结果，进而又遮蔽了师生双方由相互性影响结果所必然产生的自返性影响结果。而在学校教育活动之外，现行涉及人的概念的教育策略论，还遮蔽了师生双方的自在性影响结果。总之，现行涉及人的概念的教育策略论，从教师对学生的规划性切到对学校教育策略的理解，在把握到学校教育活动中教师施教性对学生受教性的影响的同时，却遮蔽了学生施教性对教师受教性的影响，进而又遮蔽了师生双方的自返性影响。而在学校教育活动之外，现行涉及人的概念的教育策略论，还遮蔽了师生双方的自在性影响。

（二）现行涉及人的概念的教育策略论的根源

从思维运作看，现行涉及人的概念的教育策略论，之所以存在上述遮蔽，是其主观抽象思维的泛化导致的。首先，从师生双方的活动属性看，在实际的学校教育活动中，教师对学生施加的任何影响，都必然会引起学生的反应，而学生的反应，又必然会对教师产生影响。同时，由于施教性与受教性的对应影响，师生双方又必然会产生自返性影响。而在学校教育活动之外，师生双方都还具有自在性影响。这清楚地表明，师生双方的施教性、受教性、自返性以及自在性，都必然是对应的属性。然而，现行涉及人的概念的教育策略论，却在其主观思维中，片面地抽取出教师的施教性与学生的受教性，并以偏概全地泛指师生双方在实际生活中所产生的对应属性。由此，便遮蔽了教师的受教性与学生的施教性，进一步，还遮蔽了师生双方的自返性以及自在性。其次，从师生双方的活动指向看，在实际的学校教育活动中，教师指向学生的影响，必然会引起学生的反应，而学生的反应，又必然会反过来指向教师。同时，由于双向度的影响指向，师生双方又必然会产生自返性影响指向。而在学校教育活动之外，师生双方都还具有自在性影响指向。这清楚地表明，师生双方的影响指向，必然是双向度影响指向与自返性影响指向以及自在性影响指向。然而，现行涉及人的概念的教育策略论，却在其主观思维中片面地抽取出教师对学生的影响指向，并以偏概全地泛指师生双方在实际生活中所产生的对应影响指向。由此，便遮蔽了学生对教师的影响指向，进一步，还遮蔽了师生双方的自返性影响指向以及自在性影响指向。最后，从师生双方的活动结果看，在实际的学校教育活动中，教师指向学生的影响，必然会对学生产生影响结果，而这种影响结果，又必然会反过来对教师产生影响结果。同时，由于相互性的影响结果，师生双方又必然会产生自返性影响结果。而在学校教育活动之外，师生双方都还具有自在性影响结果。这清楚地表明，师生双方的影响结果，必然是相互性影响结果与自返性影响结果以及自在性影响结果。然而，现行涉及人的概念的教育策略论，却在其主观思维中片面地抽取出教师对学生的影响结果，并以偏概全地泛指师生双方在实际生活中所产生的对应影响结果。由此，便遮蔽了学生对教师的影响结果，进而又遮蔽了师生双方的自返性影响结果以及自在性影响结果。

（三）现行涉及人的概念的教育策略论的消极功能

现行涉及人的概念的教育策略论，从教师对学生的规划性，切到对学校教育策略的理解，在有所把握的同时却又存在遮蔽。这些认识或思维中的遮蔽，对实际的生活教育活动会产生哪些消极影响呢？

第一，从师生双方的活动属性看，现行涉及人的概念的教育策略论，在把握到学校教育活动中教师施教性与学生受教性的同时，却遮蔽了教师的受教性与学生的施教性，进而又遮蔽了师生双方由施教性与受教性所必然产生的自返性。而在学校教育活动之外，现行涉及人的概念的教育策略论，还遮蔽了师生双方的自在性。由此，便直接导致了如下不足性。在学校教育活动中，师生双方仅仅把握到教师的施教性与学生的受教性，便必然会产生对这种简单属性的偏重而难以产生对师生双方施教性与受教性以及自返性的对应关注。而在学校教育活动之外，师生双方还是仅仅把握到教师的施教性与学生的受教性，便必然会产生对这种简单属性的偏重而难以产生对双方自在性的关注。

第二，从师生双方的活动指向看，现行涉及人的概念的教育策略论，在把握到学校教育活动中教师施教性对学生受教性的影响指向的同时，却遮蔽了学生施教性对教师受教性的影响指向，进而又遮蔽了师生双方由双向度影响指向所必然产生的自返性影响指向。而在学校教育活动之外，现行涉及人的概念的教育策略论，还遮蔽了师生双方的自在性影响指向。由此，便直接导致了如下不足性。在学校教育活动中，师生双方仅仅把握到教师对学生的施教性影响指向，便必然会产生对这种影响指向的偏重而难以产生对师生双方双向度影响指向与自返性影响指向的对应关注。而在学校教育活动之外，师生双方还是仅仅把握到教师对学生的施教性影响指向，便必然会产生对这种影响指向的偏重而难以产生对双方自在性影响指向的关注。

第三，从师生双方的活动结果看，现行涉及人的概念的教育策略论，在把握到学校教育活动中教师施教性对学生受教性的影响结果的同时，却遮蔽了学生施教性对教师受教性的影响结果，进而又遮蔽了师生双方由相互性影响结果所必然产生的自返性影响结果。而在学校教育活动之外，现行涉及人的概念的教育策略论，还遮蔽了师生双方的自在性影响结果。由此，便直接导致了如下不足性。在学校教育活动中，师生双方仅仅把握到教师对学生的施教性影响结果，便必然会产生对这种影响结果的偏重而难以产生对师生双方相互性影响结果与自返性影响结果的对应关注。而在学校教育活动之外，师生双方还是仅仅把握到教师对学生的施教性影响结果，便必然会产生对这种影响结果的偏重而难以产生对双方自在性影响结果的关注。

总之，现行涉及人的概念的教育策略论，从教师对学生的规划性，切到对学校教育策略的理解，从师生双方生活教育策略的施教性、受教性、自返性以及自在性的对应关系来看，确实存在严重的简单性偏差并因此而必须被合理地反思与改造。

四、本节小结

综上所述，我们看到，现行涉及人的概念的教育策略论，从教师对学生的规划性，切入到对学校教育策略的理解，虽然能够把握到教师的施教性与学生的受教性，也能够把握到双方单一属性的根据并对实际的简单学校教育活动产生积极的作用，但是，却遮蔽了教师的受教性与学生的施教性，还遮蔽了师生双方的自返性以及自在性。从思维运作看，现行涉及人的概念的教育策略论的遮蔽，是其主观思维的抽象泛化所导致的。从实际看，这种抽象泛化的思维或认识，对师生双方对应的生活教育活动存在多方面的消极作用。因此，现行涉及人的概念的教育策略论，就必然也因此而必须被合理地反思与改造。

五、本节提示

在本节最后，需要做两点提示。第一，探寻现行涉及人的概念的教育策略论的思维活动切入点的根据，就是现行教育策略论的内容，或者说，我们是通过现行教育策略论的内容而探寻到其思维活动的切入点的。第二，对现行涉及人的概念的教育策略论的思维活动切入点的遮蔽性分析，不是我们简单的主观分析，而是根据现行教育策略论所包含的主观思维活动切入点的所见与不足而展开的。要特别注意，现行教育策略论所包含的简单静态的主观思维，必然会遮蔽与其对应的动态的客观事实。

附言：

1. 教育活动，可以从教师对学生的规划开始，但是，关于教育策略的理论，却不能仅仅停留在这里。

2. 现行教育策略论，只能把握到教师的施教性而把握不到受教性，此种理论，根本不可能涵养教师谦虚的教育品质。

3. 现行教育策略论，只能把握到学生的受教性而把握不到施教性，此种理论，根本不可能推动学生去影响教师，更难推动教师去向学生学习。

4. 教师生成反思性教育策略的必要前提，就是具体感受到自身施教性与受教性的内在张力。

5. 仅仅把握到教师施教性与学生受教性的现行教育策略论，只能沦落为制造简单人的教育策略论。

6. 师生双方施教性与受教性以及自返性的一致性对应关系，是师生双方在简单生活中的简单关系；而师生双方施教性与受教性以及自返性的不一致性对应关系，则是师生双方在对应生活中具有张力的对应关系。

第二节　对现行教育策略论中人的对应改造

切问：

1. 从动态的生活事实看，现行涉及人的概念的教育策略论所包含的"教师对学生的规划性"，其实都是"师生双方规划性、被规划性、自返性以及自在性的对应性"吗？

2. 从生活实际看，师生双方的施教性、受教性、自返性以及自在性，都只能是相互对应的属性吗？

3. 从生活实际看，师生双方的影响指向，必然是师生双方施教性与受教性的双向度影响指向与自返性影响指向以及自在性影响指向吗？

4. 从生活实际看，师生双方的影响结果，必然是师生双方施教性与受教性的相互性影响结果与自返性影响结果以及自在性影响结果吗？

5. 从生活实际看，师生双方活动的施教性、受教性、自返性以及自在性，都不是抽象泛化的属性，而是具有边界对应关系的具体属性吗？我们需要从抽象泛化的思维转换到具体的边界思维或对应思维吗？

6. 在师生双方的活动中，如果只有教师对学生的施教性活动，那么，双方就只能产生不对等的简单关系吗？只有师生双方进行的包含施教性、受教性、自返性以及自在性的对应生活教育，才可能成为具有丰富性或对等性的教育吗？

一、对现行涉及人的概念的教育策略论所包含的泛化思维的对应改造

上一节我们谈到，现行涉及人的概念的教育策略论，之所以存在遮蔽，是因为在其思维运作中存在抽象泛化的不足。因此，要改造现行涉及人的概念的教育策略论，就必须改造其抽象泛化的主观思维。如何改造这种思维呢？第一，需要摆脱现行涉及人的概念的教育策略论所包含的简单主观思维，而转向对教育活动事实或过程的关注，即由主观思维转向事实思维。第二，需要走出教育研究者简单泛化的抽象思维，而转向对教育活动的客观与主观对应的边界思维，即由简单的泛化思维转向对应的边界思维。

二、对现行涉及人的概念的教育策略论所包含的思维切入点的对应改造

现行涉及人的概念的教育策略论，从教师对学生的规划性开始，切到对学校教育策略的理解，这一切入点本身并不存在问题。现行涉及人的概念的教育策略论的问题在于：从教师对学生的规划性开始，切到对学校教育策略的理解，之后却并没有对这一动态影响的过程做出对应的考察，而是仅仅停留在教师对学生的规划性这里，并将教育活动的策略简单地抽象为教师对学生的施教策略。

教师对学生规划的教育活动的动态过程，又是怎样的呢？征之于实际，我们看到，在学校教育中，教师对学生的任何规划性，都必然会引起学生的反应，而这种反应，又必然会反过来对教师产生的影响。同时，由于规划性与被规划性的对应影响，师生双方又必然会产生返回自身的自返性影响。而在学校教育之外，师生双方，都还具有自立自为的自在性影响。这清楚地表明，教师与学生的规划性、被规划性、自返性以及自在性，都是对应的属性，而不是现行涉及人的概念的教育策略论所把握到的教师对学生单方面的规划性。由此，我们就将现行涉及人的概念的教育策略论所包含的"教师对学生的规划性"的切入点，改造为"师生双方规划性、被规划、自返性以及自在性的对应规划性"的切入点。

三、对现行涉及人的概念的教育策略论所包含的具体内容的对应改造

对应生活教育策略论，从师生双方规划性、被规划性、自返性以及自在性

的对应规划性，切到对学校教育策略的理解，能够对现行涉及人的概念的简单教育策略论做出哪些方面的改造呢？下面，分而论之。

第一，从师生双方的活动属性看，对应生活教育策略论关于人的概念，既能把握到在学校教育中师生双方的施教性与受教性以及自返性，又能把握到在学校教育之外师生双方的自在性，而不是现行简单教育策略论关于人的概念所把握到的教师对学生的施教性。这里的道理是：在学校教育的实际过程中，教师的施教性，对于学生而言就是受教性；而学生的施教性，对于教师而言就是受教性。同时，由于施教性与受教性的对应影响，师生双方又必然会产生自返性影响。而在学校教育之外，师生双方都还具有自在性影响。这清楚地表明，在实际生活中，师生双方的施教性、受教性、自返性以及自在性，都必然是对应的属性，而不可能是现行简单教育策略论关于人的概念所把握到的教师对学生的施教性——这种片面的施教性，当然，只能是抽象泛化的形而上学的属性。

第二，从师生双方的活动指向看，对应生活教育策略论关于人的概念，既能把握到在学校教育中师生双方施教性与受教性的双向度影响指向以及自返性影响指向，又能把握到在学校教育之外师生双方的自在性影响指向，而不是现行简单教育策略论关于人的概念所把握到的教师对学生单方面的施教性影响指向。这里的道理是：在学校教育的实际过程中，教师对学生的施教性与受教性影响指向，都必然会引起学生的反应，而这种反应，又必然会引起教师的反应。同时，师生双方施教性与受教性的双向度影响指向，又必然会引起双方自返性的影响指向。而在学校教育之外，师生双方都还具有自在性影响指向。这清楚地表明，在实际生活中，师生双方的影响指向，必然是师生双方双向度的影响指向与自返性的影响指向以及自在性的影响指向，而不可能是现行简单教育策略论关于人的概念所把握到的教师对学生单方面的施教性影响指向——这种单方面的影响指向，当然，也只能是抽象泛化的形而上学的影响指向。

第三，从师生双方的活动结果看，对应生活教育策略论关于人的概念，既能把握到在学校教育中师生双方施教性与受教性的相互性影响结果以及自返性影响结果，又能把握到在学校教育之外师生双方的自在性影响结果，而不是现行简单教育策略论关于人的概念所把握到的教师对学生单方面的施教性影响结果。这里的道理是：在学校教育的实际过程中，教师对学生的施教性与受教性影响指向，都必然会对学生产生影响结果，而这种结果，又必然会对教师产生影响结果。同时，师生双方施教性与受教性的相互性影响结果，又必然会引起双方自返性的影响结果。而在学校教育之外，师生双方都还具有自在性影响结果。这清楚地表明，在实际生活中，师生双方的影响结果，必然是师生双方相互性的影响结果与自返性的影响结果以及自在性的影响结果，而不可能是现行简单教育策略论关于人的概念所把握到的教师对学生单方面的施教性影响结果——这种单方面的影响结果，当然，也只能是抽象泛化的形而上学的影响结果。

四、对应生活教育策略论关于人的概念的积极功能

对应生活教育策略论关于人的概念，从师生双方规划性、被规划性、自返性以及自在性的对应规划性，切到对学校教育策略的理解，能够对实际的生活教育活动，产生哪些方面的积极影响呢？下面，分而论之。

第一，从师生双方的活动属性看，对应生活教育策略论关于人的概念，能够对实际的生活教育活动产生如下三方面的积极影响。首先，对应生活教育策略论关于人的概念，能够把握到在教育活动中师生双方的施教性、受教性与自返性，因此，不仅能够支持师生双方接受对方的施教性影响，而且能够支持师生双方对对方产生施教性影响，进一步，还能够支持师生双方对自身的反思性影响。其次，对应生活教育策略论关于人的概念，能够把握到在教育活动之外师生双方活动的自在性，因此，能够支持师生双方的自在性影响。最后，对应生活教育策略论关于人的概念，既能把握到在教育活动中师生双方的施教性、受教性与自返性，又能把握到在教育活动之外师生双方的自在性，因此，能够支持师生双方建构出以双方对应性为基础的对等关系。鉴于现行简单教育策略论关于人的概念的遮蔽或偏差，我们愿意特别强调如下三点。1. 在教育活动中，关注学生的施教性与教师的受教性以及师生双方的自返性。这里的关键是要走出人们熟悉的现行简单教育策略论关于人的概念的遮蔽，那就是认为师生双方活动只是教师施教性与学生受教性活动的观点——这当然是简单抽象思维泛化的后果。在对应思维看来，在教育活动中，师生双方的活动必然是施教性、受教性与自返性的对应活动，因此，不仅要关注教师的施教性与学生的受教性，而且要关注学生的施教性与教师的受教性以及师生双方的自返性。2. 在教育活动之外，关注师生双方活动的自在性。这里的关键也是要走出人们熟悉的现行简单教育策略论关于人的概念的遮蔽，那就是认为师生双方的活动只表现在教育活动中的观点——这当然是简单抽象思维泛化的后果。在对应思维看来，在实际生活中，师生双方的活动，既表现在教育活动中，也表现在教育活动之外。因此，不能仅仅关注在教育活动中师生双方活动的施教性与受教性以及自返性，而且要关注在教育活动之外师生双方活动的自在性。3. 关注师生双方在影响属性维度上对等定位的生活教育关系即五线定位的生活教育关系。在实际生活中，

既然师生双方都具有施教性、受教性、自返性与自在性的对应性，那么，师生双方就要关注在双方对应性影响的一致性与不一致性前提下的五线定位关系。这种五线定位包含教育活动中的四线定位与教育活动之外的自在性定位。在教育活动中，四线定位的基本内容是：关注理想性的上线，即师生双方在施教性与受教性影响的一致性前提下，走向对等的教育，以实现双方的互补性变化或发展；关注过渡性的自返线，即师生双方在施教性与受教性影响的不一致性前提下，返回自身，以调整自身与对方的关系；关注现实性的中线，即师生双方在施教性与受教性影响的不一致性前提下，经由过渡性的自返线而走向对话或讨论，以实现双方的生成性变化或发展；关注禁止性的底线，即师生双方在施教性与受教性影响的不一致性前提下，经由过渡性的自返线，都不能破坏或割裂对应的教育关系。而在教育活动之外，师生双方都还具有自立自为的自在性定位，以实现自我的自在性转换或变换。我们认为，在师生双方的影响属性维度上，经由五线定位的生活教育，就可以构建出师生双方以各自施教性、受教性、自返性以及自在性为基础的涉及理想、自返、现实、戒律与自在的对等关系，以实现师生双方活动的多样影响属性的转换或变换，由此，也可以规避由现行简单教育策略论关于教师对学生的片面施教性影响所必然导致的不对等关系，以免师生双方活动属性的单调或单薄。

第二，从师生双方的活动指向看，对应生活教育策略论关于人的概念，能够对实际的生活教育活动产生如下三方面的积极影响。首先，对应生活教育策略论关于人的概念，能够把握到在教育活动中师生双方施教性与受教性的双向度影响指向与自返性影响指向，因此，不仅能够支持师生双方的相互性影响指向，而且能够支持师生双方返回自身的影响指向。其次，对应生活教育策略论关于人的概念，能够把握到在教育活动之外师生双方的自在性影响指向，因此，能够支持师生双方回归自身的自在性影响指向。最后，对应生活教育策略论关于人的概念，既能把握到在教育活动中师生双方的双向度影响指向与自返性影响指向，又能把握到在教育活动之外师生双方的自在性影响指向，因此能够支持师生双方建构出以双方的对应性影响指向为基础的对等关系。鉴于现行简单教育策略论关于人的概念的遮蔽或偏差，我们愿意特别强调如下三点。1. 在教育活动中，关注学生对教师的影响指向以及师生双方的自返性影响指向。这里的关键是要走出人们熟悉的现行简单教育策略论关于人的概念的遮蔽，那就是认为师生双方活动的影响指向就是教师对学生施教性影响指向的观点——这当然是简单抽象思维泛化的后果。在对应思维看来，师生双方活动的影响指向，必然是双方施教性与受教性以及自返性对应的影响指向，因此，不仅要关注教师对学生的施教性影响指向，而且要关注学生对教师的施教性影响指向以及师生双方的自返性影响指向。2. 在教育活动之外，关注师生双方的自在性影响指向。这里的关键也是要走出人们熟悉的现行简单教育策略论关于人的概念的遮蔽，那就是认为师生双方活动的影响指向只存在于教育活动中的观点——这当然是简单抽象思维泛化的后果。在对应思维看来，在实际生活中，师生双方活动的影响指向，既存在于教育活动中，也存在于教育活动之外。因此，不能仅仅关注在教育活动中师生双方活动的双向度影响指向与自返性影响指向，而且要关注在教育活动之外师生双方的自在性影响指向。3. 关注师生双方在影响指向维度上对等定位的生活教育关系即五线定位的生活教育关系。在实际生活中，既然师生双方都具有施教性与受教性的双向度影响指向与自返性影响指向以及自在性影响指向，那么，师生双方就要关注在双方对应性影响指向的一致性与不一致性前提下的五线定位关系。这种五线定位包含教育活动中的四线定位与教育活动之外的自在性定位。在教育活动中，四线定位的基本内容是：关注理想性的上线，即师生双方在施教性与受教性影响指向的一致性前提下，走向对等的教育，以实现双方的互补性变化或发展；关注过渡性的自返线，即师生双方在施教性与受教性影响指向的不一致性前提下，返回自身，以调整自身与对方的关系；关注现实性的中线，即师生双方在施教性与受教性影响指向的不一致性前提下，经由过渡性的自返线而走向对话或讨论，以实现双方的生成性变化或发展；关注禁止性的底线，即师生双方在施教性与受教性影响指向的不一致性前提下，经由过渡性的自返线，都不能破坏或割裂对应的教育关系。而在教育活动之外，师生双方都还具有自立自为的自在性影响指向，以实现自我的自在性转换或变换。我们认为，在师生双方活动的影响指向维度上，经由五线定位的生活教育，就可以构建出师生双方以对应性影响指向为基础的涉及理想、自返、现实、戒律与自在的对等关系，以实现师生双方活动的多样影响指向的转换或变换，由此，也可以规避由现行简单教育策略论关于教师对学生的简单影响指向所必然导致的不对等关系，以免师生双方活动的单一影响指向的机械或僵硬。

第三，从师生双方的活动结果看，对应生活教育策略论关于人的概念，能够对实际的生活教育活动产生如下三方面的积极影响。首先，对应生活教育策略论关于人的概念，能够把握到在教育活动中师生双方施教性与受教性的相互性影响结果与自返性影响结果，因此，不仅能够支持师生双方的相互性影响结果，而且能够支持师生双方返回自身的影响结果。其次，对应生活教育策略论关于人的概念，能够把握到在教育活动之外师生双方的自在性影响结果，因此，

>>> 第十四章 对现行教育策略论中人的遮蔽性分析与对应改造

能够支持师生双方回归自身的自在性影响结果。最后，对应生活教育策略论关于人的概念，既能把握到在教育活动中师生双方的相互性影响结果与自返性影响结果，又能把握到在教育活动之外师生双方的自在性影响结果，因此能够支持师生双方建构出以双方的对应性影响结果为基础的对等关系。鉴于现行简单教育策略论关于人的概念的遮蔽或偏差，我们愿意特别强调如下三点。1. 在教育活动中，关注学生对教师的影响结果以及师生双方的自返性影响结果。这里的关键是要走出人们熟悉的现行简单教育策略论关于人的概念的遮蔽，那就是认为师生双方活动的影响结果就是教师对学生施教性影响结果的观点——这当然是简单抽象思维泛化的后果。在对应思维看来，师生双方活动的影响结果，必然是双方施教性与受教性以及自返性对应的影响结果，因此，不仅要关注教师对学生的施教性影响结果，而且要关注学生对教师的施教性影响结果以及师生双方的自返性影响结果。2. 在教育活动之外，关注师生双方的自在性影响结果。这里的关键也是要走出人们熟悉的现行简单教育策略论关于人的概念的遮蔽，那就是认为师生双方活动的影响结果只存在于教育活动中的观点——这当然是简单抽象思维泛化的后果。在对应思维看来，在实际生活中，师生双方活动的影响结果，既存在于教育活动中，也存在于教育活动之外。因此，不能仅仅关注在教育活动中师生双方活动的相互性影响结果与自返性影响结果，而且要关注在教育活动之外师生双方的自在性影响结果。3. 关注师生双方在影响结果维度上对等定位的生活教育关系即五线定位的生活教育关系。在实际生活中，既然师生双方都具有施教性与受教性的相互性影响结果与自返性影响结果以及自在性影响结果，那么，师生双方就要关注在双方对应性影响结果的一致性与不一致性前提下的五线定位关系。这种五线定位包含教育活动中的四线定位与教育活动之外的自在性定位。在教育活动中，四线定位的基本内容是：关注理想性的上线，即师生双方在施教性与受教性影响结果的一致性前提下，走向对等的教育，以实现双方的互补性变化或发展；关注过渡性的自返线，即师生双方在施教性与受教性影响结果的不一致性前提下，返回自身，以调整自身与对方的关系；关注现实性的中线，即师生双方在施教性与受教性影响结果的不一致性前提下，经由过渡性的自返线而走向对话或讨论，以实现双方的生成性变化或发展；关注禁止性的底线，即师生双方在施教性与受教性影响结果的不一致性前提下，经由过渡性的自返线，都不能破坏或割裂对应的教育关系。而在教育活动之外，师生双方都还具有自立自为的自在性影响结果，以实现自我的自在性转换或变换。我们认为，在师生双方活动的影响结果维度上，经由五线定位的生活教育，就可以构建出师生双方以对应性影响结果为基础的涉及理想、自返、现实、戒律与自在的对等关系，以实现师生双方活动多样影响结果的丰富或丰满，由此，也可以规避由现行简单教育策略论关于教师对学生简单影响结果所必然导致的不对等关系，以免师生双方活动单一影响结果的贫乏或贫穷。

五、本节小结

综上所述，我们对现行简单教育策略论关于人的概念的改造，涉及三层基本内容。首先，由现行简单教育策略论关于人的概念所包含的主观思维路线，转换到事实思维路线，之后在事实思维路线基础上，将现行简单教育策略论关于人的概念所包含的单一主观泛化的思维路线，改造为主观与客观的对应思维路线。其次，在对应思维路线上，将现行简单教育策略论所包含的认识教育策略的"教师对学生的规划性"的思维切入点，改造为"师生双方规划性、被规划性、自返性以及自在性的对应规划性"的思维切入点。最后，在"师生双方规划性、被规划性、自返性以及自在性的对应规划性"视野中，分别对师生双方的活动属性、指向与结果这些基本教育关系，做出了对应的考察。此外，我们分别考察了对应生活教育策略论，在师生双方的活动属性、指向与结果这些基本维度上对实际的生活教育活动所产生的积极影响，以推动人们从现行简单教育策略论关于人的概念，转换到对应生活教育策略论关于人的概念。

为了更简明地把握两种教育策略论关于人的概念的不同，我们不妨将其中所包含的不同思维路线，做出如下比较。

简单教育策略论关于人的概念的单线定位路线——学校教育策略，就是具有施教性的教育者对具有受教性的受教育者的简单教育策略，这里需要特别注意，简单教育策略论关于人的概念，仅仅是对教育者的单一主观性这一条思维路线的反应。

对应生活教育策略论关于人的概念的五线定位路线——生活教育策略，就是分别具有施教性、受教性、自返性以及自在性的教育者与受教育者双方对应教育的策略。它包含双方对应教育的理想的上线、过渡的自返线、现实的中线、戒律的底线以及自在线，这里需要特别注意，对应生活教育策略论关于人的概念，是对教育者与受教育者双方对应教育的理想、自返、现实、戒律以及自在的五条思维路线的反应。

六、本节提示

在本节最后，需要做两点提示。第一，由"教师对学生的规划性"，到"师生双方规划性、被规划性、自返性以及自在性的对应规划性"的过渡环节,就是由对师生双方活动的主观抽象思维,转向对师生双方活动的客观与主观的对应思维。第二,从"以单一规划性或被规划性为基础的人的概念",到"以规划性、被规划性、自返性以及自在性的对应为基础的人的概念"的过渡环节,就是师生双方活动在实际生活中所必然引起的规划性、被规划性、自返性以及自在性。不了解师生双方规划性、被规划性、自返性以及自在性的对应生成这一机制,就很难完成从以简单性为基础的不对等的人的概念,到以对应性为基础的对等的人的概念的过渡。

附言:

1. 从教师对学生的规划性开始的教育活动,其实,都是师生双方规划性、被规划性、自返性以及自在性的对应教育活动。

2. 对师生双方的施教性、受教性、自返性以及自在性的评价,都应该是具体的边界评价,而不能是抽象的泛化评价。

3. 仅仅把握到教师施教性与学生受教性的现行教育策略论,必然是教师向学生注入式的简单教育策略论。此种策略论,只能沦落为洗脑式的教育策略论。

4. 仅仅把握到教师施教性与学生受教性的现行教育策略论,必然会衍生出教师高出于学生的等级性的或不对等的关系。

5. 仅仅明白自己的施教性而不能明白自己的受教性与自返性以及自在性的教师,就只能成为傲慢而简单的教师。

6. 师生双方施教性与受教性以及自返性的一致性对应关系,是师生双方在简单生活中的简单教育的内在机理;而师生双方施教性与受教性以及自返性的不一致性对应关系,则是师生双方在对应生活中的对应教育的内在机制。

后记

关于对应定位思维的一点说明

对应定位思维，是对应简单定位思维而言的，因此，要明白对应定位思维，就需要明白简单定位思维。

什么是简单定位思维？那就是渗透在现行简单实践观中的思维。现行简单实践观，虽然自认为是马克思主义的实践观，但却是机械马克思主义的实践观或形而上学的实践观，其实，也就是源于近代欧洲的主体哲学的实践观。这种实践观认为，实践活动就是人的主体性活动，或者说，就是人的主观能动性或自觉性活动。很容易理解，这种实践观能够把握到实践活动的一个维度，即主观性，我们把这种仅仅把握到实践活动的主观性的思维，以术语表达为简单思维。因为简单思维仅仅把握到实践活动中的主观思维路线，所以，我们也把这种思维以术语表达为单线定位思维或简单定位思维。不难理解，简单定位思维所训练出的人，就只能是具有简单性的人。

简单定位思维，从人的主观性切到对实践活动的理解，这一切入点本身并不存在问题。简单定位思维的问题在于，从人的主观性切到对实践活动的理解，但是，却并没有对这一动态影响的过程做出对应的考察，而是仅仅停留在这里，并将实践活动简单地抽象为主观性活动。

从人的主观性开始的实践活动的动态过程，又是怎样的呢？征之于实际，我们看到，人的主观性活动，在实践活动中必然会引起对象的客观性反应，而这种反应又必然会反过来对人产生影响。由此，人的主观性与客观性的对应，又必然会带来人的自返性活动或反思性活动。而在实践活动之外，人与对象双方，都还具有自立自为的自在性。这清楚地表明，在实然状态的生活中，人必然会具有主观性、客观性、自返性以及自在性，而绝不是现行简单定位思维所把握到的单一的主观性。

既然人会具有主观性、客观性、自返性以及自在性的对应性，那么，在人的实然状态的生活中，就需要去关注以这四种属性为基础的五线定位的对应生活教育。这种对应生活教育的上线定位是，在主观性与客观性的一致性基础上，走向人与对象双方的互补性变化或发展；自返线定位是，在主观性与客观性的不一致性基础上返回自身，以调整人与对象的关系；中线定位是，在主观性与客观性的不一致性基础上，经由过渡性的自返线而走向人与对象的对话，以寻求人与对象双方的生成性变化或发展；底线或下线定位是，在主观性与客观性的不一致性基础上，经由过渡性的自返线，人与对象双方都不能破坏或割裂双方的对应关系，以保障双方对话的顺利进行。而在上述四线之外，人与对象双方都还具有自立自为的自在线定位，以保障双方的自在性变化或发展。不难理解，对应定位思维所涵养出的人，也就是具有丰富性的人。

以上内容，就是从简单定位思维到对应定位思维的粗略的逻辑转换过程。但是，作为认识的具体过程，我自己却是走过了从简单定位思维到三线定位思维，又到四线定位思维，再到五线定位思维的变化历程。在不同的认识阶段，我尽可能地做出对应的说明，一是为读者做一点必要的提示，二是为自己做一点必要的表白。

李春桥
2023 年 5 月 16 日